武汉大学党内法规研究中心
珞珈党规精品书系

法国政党法规和党内法规选译

TRADUCTION SELECTIONEE DES LOIS ET DES REGLEMENTS
INTERIEURS PORTANT SUR LES PARTIS POLITIQUES EN FRANCE

肖琼露 / 译
刘文戈 / 校
祝捷 / 策划

社会科学文献出版社
SOCIAL SCIENCES ACADEMIC PRESS (CHINA)

丛书编委会

主　　任：王永辉　周叶中

副主任：艾海滨　李斌雄　祝　捷

编　　委：（按姓氏音序排列）

　　　　　陈洪波　陈焱光　丁俊萍　刘茂林　罗永宽

　　　　　秦前红　孙大雄　孙德元　王广辉　王伟国

　　　　　伍华军　张晓燕　赵　静

武汉大学党内法规研究中心简介

武汉大学党内法规研究中心成立于2016年9月21日。中心由中共湖北省委办公厅与武汉大学共建，是全国第一家党内法规实体性科研机构。中心按照建设全国党内法规研究高端智库、党内法规理论研究和创新基地、党内法规制度教育培训基地的"一库两基地"目标进行定位，主要承担党内法规基础理论和应用理论研究、对策研究、人才培养和学术交流等基本任务。武汉大学是我国高校中最早开展党内法规相关问题研究的学术阵地。依托马克思主义理论、法学、政治学等优势学科，党内法规研究中心的专家学者围绕党内法规基础理论、党内法规与国家法律的关系、党内法规实施机制等问题，已经出版学术专著数十部，发表学术论文数百篇，并提交多篇咨询报告，形成了一批具有重要理论价值和实践价值的标志性成果。中心陆续获批招收全国首批党内法规研究方向博士研究生、硕士研究生，开创"党内法规学"学科建设先河。中心召开的2017年第一次工作会议图片入选2017年9月25日开幕的"砥砺奋进的五年"大型成就展，这充分肯定了中心在标志性、引领性、关键性党内法规制定出台工作中作出的贡献。面向未来，武汉大学党内法规研究中心将始终坚持正确政治方向，继续贯彻中央有关全面从严治党的大政方针，围绕党内法规建设问题开展跨学科协同创新研究，集中力量打造党内法规理论研究、智库建设、人才培养、高端培训的高质量研究平台与国家高端智库。

序　言

习近平总书记指出：加强党内法规制度建设是全面从严治党的长远之策、根本之策。党的十八大以来，以习近平同志为核心的党中央坚持思想建党与制度治党紧密结合，坚持依法治国与制度治党、依规治党统筹协调、一体建设，在党内法规制度建设领域取得了丰硕的成果。党内法规制度建设，已经成为中国共产党探索共产党执政规律的重要组成部分。世界上很多国家都采取政党政治，法治也成为治国理政的必然选择，将政党政治和法治结合起来，推进政党法治建设，已经成为一种潮流，也体现了人类政治文明发展的一般规律。政党法规，是国家或地区的公权力机构制定、施行，以规范政党行为的规范性文件，而党内法规则是由各政党自行制定、施行，以规范党组织和党员行为的规范性文件。政党法规在政党外部规范政党行为，体现了国家或地区的公权力机构对于政党的政策、立场和原则，而党内法规则在政党内部规范党组织和党员的行为，体现了政党对于自身建设的政策、立场和原则。世界上很多国家都在宪法中规定政党的地位和作用，有很多国家制定专门的政党法规规范政党组织和政党行为，一些国家的政党也制定党章、党纲和其他党内法规。他山之石，可以攻玉。学习、借鉴乃至于批判其他国家的政党法规和党内法规，对于加强中国共产党党内法规制度建设，推进党内法规制度建设更加科学化有着积极意义。

然而，受限于语言的障碍和资料的匮乏，对国外政党法规和党内法规的翻译工作开展得十分艰难。很多国家的政党法规和党内法规特别是一些长期执政或具有国际影响力的大党、老党的党内法规，我们缺乏对其系统的收集、整理和翻译，这不能不说是党内法规理论研究工作的一种遗憾。2017 年，中央印发《关于加强党内法规制度建设的意见》，明确提出要在建党 100 周年时形成比较完善的党内法规制度体系、高效的党内法规实施体系、有力的党内法规制度建设保障体系。国外政党法规和党内法规的构成和主要内容，是形成比较完善的党内法规制度体系的有效借鉴。国外公权力机构制定、运行政党法规，以及国外政党制定、运行党内法规的实践，是形成高效的党内法规实施体系的必要参考。国外政党法规和党内法规的比较研究，是党内法规制度建设理论研究的重要组成部分，因而也是形成有力的党内法规制度建设保障体系的关键环节。因此，对国外政党法规和党内法规的收集、翻译、整理以及在此基础上的研究工作，对于建立完善的党内法规体系有着重大理论和实践价值。

为此，武汉大学党内法规研究中心组织骨干力量，计划运用跨学科、多语言的优势，翻译出版"国外政党法规和党内法规译丛"，翻译德国、日本、俄罗斯、韩国、西班牙、法国等国家的政党法规和这些国家主要政党的党内法规，供学术界开展研究时参考，也供有关部门决策和制定相关党内法规时参考。对于这套译丛，有几个理论、实践和翻译方面的问题，必须予以说明。

第一，关于国外政党法规和党内法规的基本态度。尽管政党政治和法治是世界上很多国家进行治国理政的基本方式，也为越来越多的跨社会制度、跨文化背景和跨文明形态的国家所采用，人类在政治文明演进过程中，也的确形成了一些具有规律性的共识，但是，这并不意味着国外特别是西方国家的政党法规和党内法规已经成为一种具有普遍性的模式。世界各国的政党政治发展有着特异性，世界各国的法治形态和法治的实现形式也存在差异，因而并不存在"放之四海而皆准"的政党法规和党内法规模式。各国的政党法规和党内法规也存在诸多不同，差异性大于共同性，特色性大于一般性。国外的政党法规和党内法规对中国共产党党内法规制度建设的主要价值是参考和借鉴，中国共产党党内法规制度建设既需要从国外政党法规和党内法规中吸取、借鉴合理的因素，也需要批判、反思国外政党法规和党内法规中值得商榷或不符合中国国情和中国共产党党情的做法。国外政党法规和党内法规因而并不是中国共产党党内法规制度建设的唯一道路和终极目标，更不能作为判断中国共产党党内法规制度建设的标准。

第二，关于国外政党法规和党内法规文本在理论研究和实践运行中的参考价值。《中国共产党党内法规制定条例》第5条第1款规定，党内法规的内容应当用条款形式表述，不同于一般不用条款形式表述的决议、决定、意见、通知等规范性文件。据此，党内法规是具有规范形态的党的政策、纪律和各级党组织、党员行为方式的总和。党内法规的外在表现形态类似于国家法律，在规范原理、规范构成、规范表述和规范实施方式上，与国家法律有着共通之处。因此，法律文本对于法学研究的重要价值，可以类比迁移至理解党内法规文本对于党内法规理论研究的重要价值上来。注重文本，从文本中探寻规范演化规律、发展规律，研究党内各项制度的构成要件、调整方式和责任机制，是从理论角度研究党内法规的重要方法。而对党内法规文本的比较研究，在理论研究的层次适度引入国外政党法规和党内法规文本，有助于深化对党内法规制度建设规律的认识，建立党内法规制度建设的理论体系。党内法规制度建设是实践性、技术性和操作性较强的活动。党内法规实践运行，需要合理借鉴和吸取国外政党法规和党内法规实施的若干经验和教训。从文本出发，了解国外政党法规和党内法规的规范构成、基本框架、主要内容和实施体制，特别是与规范实施密切相关的立改废释制度、责任追究制度、实施评估制度等，都能够对党内法规制度建设的实践运行产生推动作用。

第三，关于本译丛翻译过程中的相关问题。翻译是一种文本再造的过程。规范文本的翻译，需要进入规范文本制定和实施的场域，既需要借助较高的外语能力和业务能力理解、吃透国外政党法规和党内法规文本的含义，又需要较高的语言表达能力将国外政党法规和党内法规文本的含义用准确的中文表达出来。众所周知，由于语言、法律传统以及政党自身的原因，国外政党法规和党内法规的文本都非常晦涩，一些条文的编列方式、表述方式与中国法律和中国共产党的党内法规差异较大，这给翻译工作造成了很大的困扰。本着坚持正确的政治立场、忠实条文原文原意和符合国内读者阅读习惯的原则，在翻译时有三点提请读者注意：一是翻译对象的选择，包括各国宪法中的政党条款、主要政党法规和主要政党的党章、党纲、其他重要党内法规等，其中所谓"主要政党"是指仍然活跃在该国政坛，曾经或正在执政，或者虽未执政但有着重大影响力的政党；二是翻译文本的结构，尽量忠实于原文本的结构，符合原文本的表述习惯，但是由于很多国外政党法规和党内法规自身存在文本瑕疵、结构谬误，在不影响阅读和不破坏原意的情况下，需要进行必要的调整和修饰；三是翻译语言的风格，尽量符合原文本的风格，也符合该国法律文本的表述风格，但同时也符合国内读者的阅读习惯,如德国政党法规和党内法规的文本,如同其他德国法一样,大量出现复杂句式和晦涩的法律用语,如果按原文直译,会给读者造成较大的困扰,因而在翻译时尽量使用国内读者易于理解的句式和语言,再如日本政党法规和党内法规的文本,有很多制度名称如果按日语直译,与中文同一制度名称含义差异较大且与其他制度名称难以严格区分,因而在翻译时也做了必要的处理。

  当然,翻译国外政党法规和党内法规是一项非常艰难的工作,只能逐步摸索、循序渐进,成熟一本、出品一本。但是,我们认为,这的确是一项有着重大理论价值和实践价值的工作,也是一项有意义的工作。因此,武汉大学党内法规研究中心将"不忘初心、砥砺前行",持续推动本项工作,以期为党内法规制度建设贡献智慧。

祝捷

目 录

法国宪法（节译） ……………………………………………………… 1

1901年7月1日关于结社契约的法律 …………………………………… 2

1988年3月11日第88－227号关于政治生活资金透明的法律 ………… 10

选举法（立法机构部分节译） ………………………………………… 17

共和国前进党 …………………………………………………………… 98
  共和国前进党价值纲领 …………………………………………… 98
  共和国前进党党章 ………………………………………………… 100

共和党 …………………………………………………………………… 120
  共和党党章 ………………………………………………………… 120
  共和党内部条例 …………………………………………………… 139
  共和党初选基本规则 ……………………………………………… 154

民主运动党 ……………………………………………………………… 158
  民主运动党价值纲领 ……………………………………………… 158
  民主运动党道德纲领 ……………………………………………… 160
  民主运动党党章 …………………………………………………… 161
  民主运动党中央内部条例 ………………………………………… 170

社会党 ··· 176
社会党党章 ·· 176
社会党内部条例 ·· 209

民主与独立派联盟 ··· 236
民主与独立派联盟章程 ··· 236
民主与独立派联盟内部条例 ····································· 247
民主与独立派联盟省级联合会内部条例 ····················· 252

"不屈法国" ·· 258
"不屈法国"集体行动章程 ·· 258
"不屈法国"2017年立法机构选举候选人提名规则 ········ 261

法国共产党 ·· 263
法国共产党党章 ·· 263

国民联盟（原"国民阵线"） ···································· 282
国民联盟章程 ··· 282
国民联盟内部条例 ··· 293

欧洲环保－绿党 ·· 303
欧洲环保－绿党党章 ·· 303
欧洲环保－绿党内部条例 ·· 321

后　记 ··· 368

法国宪法（节译）*

（2008年最新修改版本）

第1条 法国是一个不可分割的世俗、民主、社会的共和国。国家确保所有公民不分出身、种族、宗教，在法律面前一律平等。共和国尊重所有的信仰。国家实施地方分权制度。

法律促进女性和男性通过平等选举获得职位和职务，承担社会或专业职责。

第4条 政党和政治团体有助于促进选举的表达。在遵守国家主权和民主原则的基础上，政党和政治团体有建立组织和开展活动的自由。

政党和政治团体应依法实施宪法第1条第2款所规定的原则。

政党和政治团体的多元意见表达及在国家民主生活中的公平参与受法律保障。

---

* 来源：法国法律法规数据库网站，https：//www.legifrance.gouv.fr/affichtexte.do？cidtexte=legitext000006071194，最后访问日期：2018年11月12日。

1901年7月1日关于结社契约的法律[*]

第一章

第1条 社团由两个及以上的个人基于共同的认识或非营利的共同行动目标而签订协议。它的效力受到合同的一般法律原则及义务的约束。

第2条 公民可以自由结社，无须获得许可或者事前申报。但社团只有在满足本法第5条的规定时才具有法律行为能力。

第2-2条 在满足本法规定的条件下，任何未成年人都可以自由地成为社团的成员。未满十六周岁的未成年人，可以在取得其法定代理人书面同意并符合《民法》第1990条规定的情况下发起成立社会团体并负责其管理运营。在取得法定代理人书面同意的情况下，未满十六周岁的未成年人能够执行对社团管理有益的所有行为，但处分行为除外。

年满十六周岁的未成年人可以在符合《民法》第1990条规定的情况下自由发起成立社会团体并负责其管理运营。未成年人的法定代理人在政令规定的条件下，应立即得到通知。除非其法定代表人明确表示反对，未成年人能够独自执行对社团管理有益的所有行为，但处分行为除外。

第3条 不得成立任何建立在违反法律、社会公德的目标之上或旨在破坏国家领土完整或损害共和国政权组织的社会团体。

第4条 无论是否存在任何相反的规定，社会团体成员均可以在支付应缴款项及当年会费后的任何时候退出社团。

第5条 社团需要被发起者公示后才能够取得本法第6条规定的法律行

---

[*] 来源：法国法律法规数据库网站，https://www.legifrance.gouv.fr/affichtexte.do?cidtexte=LEGITEXT000006069570，最后访问日期：2018年1月23日。

为能力。

社团应当在住所所在地省政府进行事前申报。申报内容包括社团的名称、目的、办事机构所在地、主要负责人（无论其在社团内的职位名称为何）的姓名、职业、住所及国籍。申报应附社团章程副本，回执应在五日内开具。

社团在国外设有住所的，应当在社团主要机构所在地的省政府进行前款规定的事前申报。

社团的公示只能通过出具回执并在官方公报上刊登的方式进行。

社团的管理和章程如有任何紧急变更，均需在三个月内予以通报。

上述变更在通报之日前不产生对抗第三人的效力。

第 6 条 定期申报的社团，可以不经特别许可，提起诉讼、接受个人及公益事业单位捐赠。除接受国家、大区、省、市镇和当地公共机构补贴外，社团可以有偿获得、持有、管理以下财产：

1. 社团成员会费；
2. 用于管理社团及成员集会的处所；
3. 对于完成社团目标所必要的不动产。

申报超过三个月且其所有活动均包含在《一般税务法典》第 200 条第 1 款第 2 项的社团还可以：

1. 接受《民法》第 910 条规定情况下的生前遗赠或遗嘱财产；
2. 持有或管理无偿取得的不动产。

本条第 5 款到第 7 款在适用于以援助、慈善和科学医药研究为目的的社团时无须申报年限条件。但这些社团需要在《2014 年 7 月 31 日第 2014－856 号关于社会宏观经济的法律》颁布日之前已进行申报，并在该日前已取得捐赠或已取得根据《2009 年 5 月 12 日第 2009－525 号关于简化和澄清法律和简化程序的法律》第 111 条第 5 款规定的回复。

第 7 条 出现第 3 条所规定的社团无效的情况时，根据利益相关人或检察官的请求，由大审法院宣告解散社团。检察官请求时可以指定法院和开庭时间，无论是否有其他救济途径请求先予执行，包括关闭处所和禁止成员开会，否则即可根据本法第 8 条的规定采取惩戒措施。

第 8 条 违反本法第 5 条的，应根据《刑法》第 131－13 条第 5 款对于第五种犯罪的初犯及累犯的规定，判处罚金。

社团发起人、领导者和管理人员在社团被判解散后仍然非法维持和召集社团的，应被判处 3 年的监禁及 45000 欧元的罚金。

同意将自己拥有的房产给已解散的社团用于会员集会的，应受上述处罚。

第 9 条 社团自愿解散的、依章程解散或依判决解散的，社团财产的所有权应根据章程的规定发生转移。章程没有规定的，依据社团大会通过的规则处理。

第 9 - 2 条

一、社团的合并由各社团在满足其章程要求的解散条件下达成合意。当合并是通过建立一个新的社团来进行的时候，新社团的章程草案应得到每个终止的社团的一致同意，无须经过新社团的批准。

社团的分立根据章程所要求的条件来决定，若社团的分立是通过产生新的社团来实现的，新社团的章程草案应经原社团审议通过，无须经过新社团的批准。

社团间的部分资产转移应当在满足其各自章程所规定的条件下达成一致的合意。

根据前三项规定参与社团合并、分立和部分资产转移的社团，应在规章规定的期限内，于被授权接受法定公告的媒体上发布公告。

当资产转移的总额超过或等于规章所规定的限额时，在前三项规定的审议前需要提交审查一份由参与资产转移的社团的共同协议指定的，由合并、分立或部分资产转移的专员编写的报告。报告对于评估方法和资产负债价值做出决定，并阐述各方的财政状况。为了完成任务，上述专员可以从每个社团获得相关资料文件，并进行必要的验证。

二、如果合并或分立导致未经清算的社团终止，或导致在最终完成作业之日资产全面转让给受益社团，那么这种部分资产转移将不会产生转让资产的社团的解散。

被终止的社团的成员应当获得促成合并或分离的社团的成员资格。

《商法》第 236 - 14 条、第 236 - 20 条、第 236 - 21 条适用于社团的合并或分立。

三、除非有资产转让协议的相反规定，社团合并、分立或资产转让的行为以如下方式生效：

（一）在产生新的社团的情况下，上述行为自新社团于官方媒体上宣告公布之日生效；

（二）上述行为需要内部行政审批的章程修改时，自章程修改生效之日生效；

（三）在其他情况下，上述行为自最后一项决议通过之日生效。

四、因行政授权或通过授意、协议、资格授权等方式一个社团参与到一项合并、分立或部分资产转移中时，若这个社团希望得知促成这项合并、分立或部分资产转移的受益社团对于授权、授意、协议或资格授权是否有益，为维持这项授权，该社团可以向受益社团的行政主管提出如下申请：

（一）根据规定批准授权、授意、协议或资格授权的规定，该社团是否存在；

（二）在其他情形下，是否满足发出授权、授意、协议或资格授权的条件和期限。

上述第4款不适用于对于公益组织的认可。

五、最高行政法院可以发布政令以具体化本条的实施。

第二章

第 10 条 社团在经过不少于三年的考验期后，可以被最高行政法院发布的政令认可成为公益组织。

对公益组织的认定可以通过相同的程序被撤回。

如果申请公益组织认定的社团拥有预计可供三年使用的经费来确保财政收支平衡，三年的考验期可以免除。

第 11 条 被认定为公益组织的社团能够从事除了其章程所禁止事项之外的所有民事行为。

这些社团可投资《社会保障法》规定的保险机构和集团经手的资产。

被认定为公益组织的社团可在符合《民法》第 910 条的基础上，接受生前遗赠或遗嘱财产。

第 12 条 公益组织社团未经清算而合并或分立导致终止的，需要取得最高行政法院政令的批准。

上述政令同时撤回认定该社团为公益组织的政令。

第三章

第 13 条 任何宗教团体都可以经最高行政法院的政令获得法律承认；本法之前有关承认宗教团体的规定仍适用于他们。

根据最高行政法院的政令，所有新的宗教团体都可以获得承认。

任何宗教团体的解散或消灭只有在符合最高行政法院的政令的情况下才能得到宣告。

第 14 条（已废止）

第 15 条 宗教团体需要建立收支清单；该收支清单记录过去一年的财务账目及盘点其动产和不动产。

宗教团体成员的完整名单需载明他们的姓氏、在宗教团体中的名字、国籍、年龄、出生地、入境日期。这份名单需要在宗教团体的住所地留存。

省长及其代表有权查阅上述账目、名单、清单。

如果宗教团体的代表人或领导人虚报或拒绝服从前款规定的省长之要求，应被判处本法第 8 条第 2 款规定的处罚。

第 16 条（已废止）

第 17 条 所有有偿或无偿的生前遗赠或遗嘱财产捐赠，无论是直接完成的还是通过中间人或其他间接方式完成的，如果是为了合法地或非法地使得社团逃避本法第 2 条、第 6 条、第 9 条、第 11 条、第 13 条、第 14 条或第 16 条规定的义务，这些行为均无效。

无效的宣告通过检察官或利益相关人的请求而达成。

第 18 条 本法颁布时已存在的宗教团体，此前未经核准或认定的，应当在三个月的期限内证明该组织尽到了采取必要措施符合本法规定的义务。

如果没有这种证明，或者宗教团体的申请被拒绝，该宗教团体将被依法解散。

财产清算将在法庭上进行，法院可应检察官的请求任命一位清算人。在清算全部期间，清算人履行财产管理人的全部权利。

任命清算人的法院，是唯一有权受理清算人所提起或针对清算人的民事诉讼的法院。

清算人在变卖不动产的过程中应当遵循变卖未成年人财产的相关规定。

法院公布关于清算的判决，应当遵循法定公告的相关规定。

宗教团体成员在入会之前即拥有的财产和有价证券，或在入会之后通过直系或旁系亲属的法定继承，或直系亲属的赠与及遗嘱而取得的财产，仍归该成员所有。

宗教团体成员可以索回对于非直系亲属的赠与及遗嘱财产，但该社员需要证明他不属于本法第 17 条规定的中间人。

无偿取得的且未被特别规定用于捐助慈善事业的财产，可以由被赠与人及其法定继承人或指定继承人、立遗嘱人及其法定继承人或指定继承人索回，且不能在清算判决宣告之前遭到任何基于时效的反对。

如果一项财产或有价证券并非为了使宗教团体成员获益而取得，而是为了捐赠给某项慈善事业，那么这项财产仅可以在指定的捐赠目的完成时才可被索回。

任何针对清算人的追索或索赔之诉均应在清算判决公布后六个月内提起，否则视为逾期，丧失权利。清算人到席的对抗式判决具有即判力，可以对抗任何利益相关人。

六个月期限过后，清算人可以对所有未被索回且非用于捐助慈善事业的不动产进行司法拍卖。

出售所得及所有有价证券均应存放于信托局。

在清算完成之前，对贫困的病人的供养费用需要优先偿付。

如果没有争议，或者在规定的期限内所有的相关诉讼已经判决生效，那么净资产将在所有权利人之间分配。

本法第 20 条所称政令将规定上述分配后剩余的财产以一次性支付或终身年金的方式分配给被解散的宗教团体中缺乏生活来源，或能够证明曾为取得被分配的财产做出过个人劳动贡献的成员。

第 19 条 （已废止）

第 20 条 应制定政令规定保障实施本法的具体措施。

第 21 条 下列法律法规被废止：

《刑法》第 291 条、第 292 条、第 293 条、第 294 条关于社团的规定，《1982 年 7 月 5 日 – 8 日法令》第 20 条，《1834 年 4 月 10 日的法律》，《1848 年 7 月 28 日政令》第 13 条，《1881 年 6 月 30 日法律》第 7 条，《1872 年 3 月 14 日法律》，《1825 年 5 月 24 日法律》第 2 条第 2 款，《1852 年 1 月 31 日政令》以及所有与本法相悖的法律。

本法将不会减损任何专门关于行业工会、贸易公司、互助协会的法律。

第 21-2 条

一、本法适用范围包括《宪法》第 74 条规定的海外领地及新喀里多尼亚。但本法第 18 条为例外，并保留如下条款的适用。

二、本法适用于圣巴泰勒米、圣马丁、圣皮埃尔和密克隆时

（一）第 5 条中提及的各省的省政府替换为各海外领地的政府；

（二）第 6 条中"大区、省"替换为"海外领地"；

（三）第 15 条中提及的省长替换为政府代表。

三、本法适用于瓦利斯和富图纳群岛时

（一）本法第 5 条和第 15 条中提及的各省的省长替换为瓦利斯和富图纳群岛的行政长官。

（二）本法第 6 条中：

1. "大区、省、市镇"替换为"瓦利斯和富图纳群岛""地方选区"；

2. 在"16 欧元"的表述之后增加"或者当地的等值货币"。

（三）本法第 7 条涉及大审法院的表述替换为初审法院。

（四）本法第 8 条中，在"145000 欧元"的表述之后增加"或者当地的等值货币"。

（五）本法第 11 条中，"第 15 条规定的记名登记册上的证券"的表述及涉及省长的表述替换为行政长官。

（六）（已废止）

（七）（已废止）

四、本法适用于法属波利尼西亚时

（一）本法第 5 条和第 15 条中提及的各省的省长替换为法属波利尼西亚的高级专员。

（二）本法第 6 条中：

1. "大区、省"替换为"法属波利尼西亚"；

2. 在"16 欧元"的表述之后增加"或者当地的等值货币"。

（三）本法第 7 条涉及大审法院的表述替换为初审法院。

（四）本法第 8 条中，在"145000 欧元"的表述之后增加"或者当地的等值货币"。

（五）本法第 11 条中，"1987 年 6 月 17 日第 87-416 号法律第 55 条规

定的记名登记册上关于储蓄的证券"的表述删除。

（六）第 15 条中涉及省长的表述替换为高级专员。

五、本法适用于喀里多尼亚时

（一）本法第 5 条和第 15 条中提及的各省的省长替换为共和国在喀里多尼亚的高级专员。

（二）本法第 6 条中：

1. "大区、省"替换为"喀里多尼亚及其省份"；

2. 在"16 欧元"的表述之后增加"或者当地的等值货币"。

（三）本法第 7 条涉及大审法院的表述替换为初审法院。

（四）本法第 8 条中，在"145000 欧元"的表述之后增加"或者当地的等值货币"。

（五）本法第 11 条中，"1987 年 6 月 17 日第 87-416 号法律第 55 条规定的记名登记册上关于储蓄的证券"的表述删除。

第 21-3 条 本法适用于马约特时

（一）本法第 5 条中提及的省替换为马约特的省；

（二）本法第 6 条中"大区、省"替换为"省"。

第四章 外国社团（已废止）

1988年3月11日第88-227号关于政治生活资金透明的法律[*]

第一章 关于政府官员及担任选举职能人员财产申报的规定（已废止）

第1条（已废止）

第2条（已废止）

第3条（已废止）

第4条（已废止）

第5条（已废止）

第5-1条（已废止）

第二章 关于国民议会议员竞选资金的规定（已废止）

第6条 ［因选举法第167（M）条而修改］

第三章 关于政党、政治团体及其资金的规定

第7条 政党和政治团体拥有结社和进行活动的自由，并享有法人的资格。

政党和政治团体有权进行诉讼。

政党和政治团体有权无偿及有偿取得动产或不动产，能够从事所有与

---

* 来源：法国法律法规数据库网站，https://www.legifrance.gouv.fr/affichtexte.do?cidtexte=jorftext000000321646&datetexte=20181201，最后访问日期：2018年1月23日。

其使命相符的活动，尤其是创办及运营合法的刊物及培训机构。

第8条 国民议会办公室及参议院办公室可以向政府提出有关年度财政预算中用于政党及政治团体的经费总额的联合立法建议。

此项经费等分为两部分：

1. 第一部分用于政党（政治团体）在国民议会选举结果中的职务；
2. 第二部分专门用于政党（政治团体）在议会中的席位。

第9条 本法第8条第一部分经费用于以下政党（政治团体）

在最近一次国民议会的改选中在至少五十个选区中获得至少1%选票的政党（政治团体）；在最近一次国民议会改选中代表一个或数个《宪法》第73条、第74条规定的海外领地，且获得其所代表的选区中1%选票的政党（政治团体）。

资金根据上述政党（政治团体）在第一轮选举中所获选票的数量按比例分配。《选举法》第L128条规定的被宣布无被选资格的候选人所获选票不得计算在内。

为保证前款规定的资金分配，参加参议院选举的候选人，在必要时应在候选人提名宣言中注明其所属政党（政治团体）。该政党（政治团体）可以从被列于发布在内政部长下达的法国官方公报中的清单中选出，该清单应当最迟于投票日前第六个星期五公布。该政党（政治团体）也可在清单之外选出。清单上所列政党（政治团体）应最晚于投票日前第六个星期五下午六时前提交本法第8条规定的第一部分资金的使用请求。

候选人属于未列于上述清单的政党（政治团体）时，应当声明其不属于本条第4款、第5款规定的资金分配之政党。本款规定的申请方式，由一部特别规定政党（政治团体）产生候选人名单条件的政令予以规定。

第二部分经费用于有资格获得第一部分资助的政党（政治团体），这部分经费根据政党（政治团体）在议会的议员数量按比例分配。议员需要于11月向参议院办公室报告其所属或登记的政党（政治团体）。

在实施前款规定时，每个议员只能代表一个政党（政治团体）。议员也可不代表任何政党（政治团体），此时应从第二部分经费的总数中扣除相应部分。

只有在《宪法》第73条、第74条规定的海外领地或新喀里多尼亚的选区当选的议员才能注册或归属于在最近一次国民议会改选中没有候选人代表的政党。

最晚在该年 12 月 31 日前，国民议会办公室和参议院办公室应向总理汇报议员在政党和政治组织中的分布，并形成议员分布情况声明，公布于官方公报上。

每个政党或政治团体所获得的资助总额应当形成报告，作为当年的年度财政预算计划的附件。

第 9 – 1 条 最近一次国民议会改选后，每个政党或政治团体根据本法第 9 条第 5 款声明所确定的男女候选人数量的差额超过所有候选人数量的 2% 的，根据本法第 8 条、第 9 条规定的给予他的第一部分经费应当降低的比例为上述差额与候选人总数之比的 150%，但降低数额不得超过第一部分经费的总额。

经费的降低不适用于满足下列条件的政党或政治团体：专门代表海外领地的候选人；男女候选人差额不超过一人。

第 10 条 《1922 年 8 月 20 日有关支出监督机关的法律》中涉及经费监督的条款不适用于本法第 8 条、第 9 条提及的经费的管理。

获得资助的政党或政治团体不受审计法院的监督，也不适用《1935 年 10 月 30 日关于管理受国家补助的私人社团、机构、企业管理的政令》。

第 11 条 政党、政治团体及其地方机构或是其任命的资源获取的专员可以委托资产管理机构或自然人来获得本法第 8 条规定的资助。

第 11 – 1 条 关于资产管理机构资质许可的决议，应由一个政党或政治团体的全国竞选审计和政治资金委员会做出。该资产管理机构的目标应仅限于为该政党或社会团体筹资，符合其章程及本条下一款的规定。许可的决定应于官方报刊上公布。

有资质成为政党或政治团体资产管理机构的组织章程应当包含以下内容：

（一）规定该机构从事活动的选区范围；

（二）承诺于银行或邮局开设唯一账户用于存放政党或政治团体所筹措的经费。

第 11 – 2 条 政党或政治团体可任命自然人作为财务代理人。政党或政治团体应以书面形式向其住所地省政府申报其任命财务代理人的姓名。申报材料需要附有该财务代理人的同意函，并载明该财务代理人从事活动的选区范围。

财务代理人有义务于银行或邮局开设唯一账户用于存放政党或政治团体所筹措的经费。

第11-3条 政党或政治团体可以连续使用两个或多个中间人。在这种情况下，政党或政治团体应当终结财务代理人的职责，或以授予许可的相同程序解除对于资产管理机构的许可。政党或政治团体任命新的财务代理人或对新的资产管理机构授予许可之前，其银行或邮局的唯一账户应被冻结。每个资产管理机构或每个财务代理人均需建立资产管理账目，除非财务代理人死亡。

第11-3-1条 自然人可向政党或政治团体提供贷款。

贷款的期限不能超过五年，最高行政法院制定政令规定授予贷款的最高限额和条件，以保证这笔贷款不构成变相的赠与。

政党或政治团体向贷款人提供有关贷款的信息，这些信息包括贷款利率、贷款总额、贷款期限以及还款形式和还款条件。

政党或政治团体需要向贷款人明确借款人违约时的法律后果。

政党或政治团体需要在其账户附录中向全国竞选资金和政治资金委员会通报贷款的偿还情况，并在年终报告中提交一份贷款合同的附件。

第11-4条 法国籍或居住于法国的自然人可以向政党或政治团体进行捐赠。

一个有合法身份的自然人向一个或数个政党或政治团体的一个或数个资产管理机构或财务代理人捐赠或捐助的资金每年不得超过7500欧元。

选举产生的国家及地方官员捐赠的资金不被计算在前款规定的总额之中。

除政党或政治团体之外的法人不得以任何形式向政党或政治团体提供资金或捐赠，不论是向其资产管理机构还是向其财务代理人进行，也不得向政党或政治团体以低于通常的价格提供任何财产、服务或其他直接或间接的便利。住所地在欧盟成员国或《欧洲经济区协定》缔约国的信贷机构、金融公司，不能向政党或政治团体提供借贷，也不能为其借贷提供担保。

资产管理机构或财务代理人应就每一笔捐赠向捐赠人提供收据。最高行政法院政令会对全国竞选资金和政治资金委员会收据的开具、使用和流转条件进行明确规定。根据全国信息及自由委员会颁发的政令，获得捐赠的政党或政治团体应当每年向全国竞选资金和政治资金委员报告向其捐赠者的名单及捐赠资金总额。

所有向政党或政治团体资产管理机构或向财务代理人捐赠超过150欧元的捐款，应以不可撤销的方式进行，如支票、转账、账户自动扣款或银行卡支付，并且没有对价。

政党或政治团体资产管理机构或财务代理人不得直接或间接地接收外国政府或外国法人的捐款或物质援助。政党或政治团体也不能接受外国政府或外国法人的贷款，除本条第3款所提及的信贷机构和金融公司之外。

资产管理机构或财务代理人向第三人做出的募捐行为及公布的材料应当根据情况注明机构名称、授权日期，或代理人的名字及向省长申报的日期，还应注明接受捐赠的政党或政治团体，及本条第1款、第3款及本法第11-5条。

第11-5条 违反本法第11-3-1条及第11-4条向一个或数个政党或政治团体捐赠或提供贷款的个人，应被判处3年的监禁和45000欧元的罚金。

在下列情况下，接受捐赠或贷款的受益人也会被判处同样的处罚：

1. 违反本法第11-3-1条或第11-4条第5款的自然人捐款；
2. 违反本法第11-4条第1款向一个政党或政治团体捐赠；
3. 违反本法第11-4条的外国法人捐款。

第11-6条 对违反本法第11-1条、第11-4条的资产管理机构之授权应立即撤回。

在上述情况下，或资产管理机构未在章程中列明第11-1条规定的要点的，第二年对该机构进行授权的政党或政治团体在该机构所在区域内获得的选票，应按照本法第9条第1款的规定减少。

第11-7条

一、全部或部分根据本法第8条至第11-4条接受捐赠的政党或政治团体应当根据账务主管部门颁布的条例建立账簿。

该账簿应当记录政党或政治团体的账目。政党或政治团体持有一半以上股权的公司、持有一半以上管理人席位的机构或享有管理决策权的机构的账目需记录于上述账簿中。政党或政治团体的地方机构的账目允许根据

<<< 1988年3月11日第88-227号关于政治生活资金透明的法律

政令被记录于上述账簿中。

政党或政治团体的财务需要每年结算一次。

二、年度资产超过230000欧元的政党或政治团体需两名会计专员对账目进行认证，年度资产低于或等于230000欧元的，则需一名会计专员。

上述账目需要在下一年度的上半年提交给全国竞选资金和政治资金委员会，该委员会将公布前述账目并刊登于公报。政党或政治团体的账目允许附于上述报告中，并包含其筹集的借款之条件、金额、贷款人的身份及根据《选举法》第L52-12条规定为候选人建立的竞选账户的资金流动。

账目公布时，委员会公布的贷款总额应按照贷款人、贷款种类、贷款人公司的法人身份、候选人资金流分列。

如果委员会发现有违反本条所规定的义务的情形，直到下一个会计年度内，委员会可剥夺政党或政治团体根据本法第8条至第10条所获最多三年的全部收益以及根据《一般税务法》第200条第3款规定的捐赠减税金额。

到期时，委员会有权要求提交所有账目及能够证明完成管理义务的所有必要证据材料。

第11-8条 指派资产管理机构或财务代理人的政党及政治团体，不可收取该机构或该代理人的中间人搜集的经费。否则，按本法第11-7条倒数第2款的规定处理。

第11-9条

一、未依本法第11-3-1条、第11-7条第二部分规定主动或根据要求向全国竞选资金和政治资金委员会提供政党或政治团体的相关信息，相关责任人可被处一年监禁及15000欧元的罚金。

二、政党或政治团体违反法定义务，或未按本法第11-7条规定的条件提交账目，相关责任人可被处三年监禁及45000欧元的罚金。

第11-10条 本法规定的公布信息，适用《政府与公众关系法》第三章规定的条件。

第12条 以下条款修改：

修改《选举法》第L106（M）条。

第13条 以下条款修改：

废除《1978年1月6日第78-17号法律》第32（Ab）条；

修改《选举法》第 L28（VT）条。

第 14 条 以下条款修改：

修改《1966 年 7 月 24 日第 66-537 号法律》第 168（M）条。

第 15 条 以下条款修改：

制定《1982 年 6 月 7 日第 82-471 号法律》第 5-2（M）条。

第 16 条 以下条款修改：

修改《1986 年 7 月 30 日第 86-1067 号法律》第 14（M）条。

第四章 杂项和过渡性条款

第 17 条 本法第 1 条及第 2 条仅适用于本法公布后于总统选举中被提名或当选的个人。

第 18 条 本法颁布后八个月，政府应当向议会两院的办公室提交关于本法及《1988 年 3 月 11 日第 88-226 号关于政治生活资金透明的组织法律》之内容的实施报告。

上述报告提交一个月后、两个月前，应在 1989 年至 1990 年第一个常会的会期内组织对于本条第 1 款所述相关法律的公众讨论。

第 19 条 本法与其修订版本（《2017 年 7 月 15 日第 2017-1339 号关于政治生活之信任的法律》）适用于新喀里多尼亚、法属波利尼西亚、瓦利斯和富图纳群岛。

在适用本法第 11-4 条于新喀里多尼亚、法属波利尼西亚、瓦利斯和富图纳群岛时，欧元应改为等值太平洋法郎，除烟草外的居民家庭消费价格指数应改为：

1. 在新喀里多尼亚，改为新喀里多尼亚经济数据研究所提供的除烟草外的生活消费指数；

2. 在法属波利尼西亚，改为法属波利尼西亚数据统计局提供的家庭消费价格指数；

3. 在瓦利斯和富图纳群岛，改为当地的消费价格指数；

4. 在马约特岛，改为国民经济数据研究所提供的当地生活消费指数。

选举法(立法机构部分节译)*

第一编 国民议会议员、省议会议员、市议员、市镇合作机构议员选举

第一章 各级议员选举的共同规定

第一节 选民资格

第 L1 条 选举采用直接普选制。

第 L2 条 年满十八周岁、具有民事权利和政治权利的法国人可以参加投票,具备选民资格。

第 L5 条 法官判处或变更监护措施时,应当就被监护人的选举权作出裁决。

第 L6 条 在法院判决书确定的期间内,不得在选民名册上列入法院剥夺选举权和被选举权的人,并适用授权该禁令的法律。

第二节 选民名册

第一部分 列入选民名册的条件

第 L9 条 选民应当在登记后被列入选民名册。

最高行政法院应当通过政令规定实施本条规定的具体条件。

第 L10 条 选民不得登记于数个不同的选民名册。

第 L11 条 以下选民可通过申请登记列入选民名册:

---

* 来源:法国法律法规数据库网站,https://www.legifrance.gouv.fr/affichcode.do? cidtexte = LEGITEX000006070239,最后访问日期:2018 年 9 月 28 日。

1. 在市内拥有实际住所，并在该住所居住六个月以上的个人；

2. 未居住在市内，但在登记当年已连续五年在该市内直接缴税，欲在该市行使选举权的个人，符合本款条件的个人，其配偶可与其登记在同一选民名册上；

3. 因担任公职而必须居住在某一市的个人。

在编制选民名册时未满足上述年龄和居住条件的公民，如果在选民名册编制完成之前满足上述条件，应当被纳入选民名册。

因国家服务的缺失而缺少市编制时，不影响公民登记于选民名册的权利。

第 L11-1 条 在不影响第 L11 条适用的情况下，公民在上一次的选民名册编制完成后达到了年龄条件或在下一次选民名册编制完成前达到了年龄条件，并满足法律规定的其他条件时，该公民应当登记于其实际居住地市的选民名册。

第 L11-2 条 在三月正常举行大选之前可对选民名册进行调整，第 L11-1 条的规定适用于选民名册编制完成后、选举日之前满足年龄条件的公民。

如果大选的举办日期在三月之前，上一次选民名册编制完成后、选举日之前满足年龄条件的公民，在满足法律规定的其他条件时，应当登记于其实际居住地市的选民名册。

第 L12 条 登记为境外领事选区并在境外拥有住所的法国公民，可以申请登记于下列之一的市的选民名册：

出生地市；

上一住所地市；

上一居住六个月以上的居住地市；

有直系亲属出生并登记选民名册的市；

有父母一方四次登记选民名册的市。

第 L13 条 陆、海、空军军人成为选民的条件与其他公民相同。

无论其驻扎地在哪里，未满足本法第 L11 条规定的正规军或雇佣军军人可以请求登记于本法第 L12 条规定的市的选民名册。

如果军人根据第 L12 条规定可选择的市均不在法国境内，他们也可以要求登记于其征兵办公室所在地市的选民名册。

第 L14 条 登记为境外领事选区并在境外拥有住所的法国公民及正规军

或雇佣军军人的配偶,也可以根据其婚姻证明登记于其配偶所登记的选民名册。

第 L15 条 不具备前述居住条件的船员、工匠、雇员及其家庭成员,在符合现行法律规定的其他条件的情况下,可以登记在下列其中一个城市的选民名册。

法兰西岛及周边的大区:巴黎十二区、孔弗朗－圣－奥诺里讷、隆格亚内勒、圣马梅斯、新城圣乔治。

北部的大区:杜埃、敦刻尔克、贝蒂讷、布尚、德南、阿伯维尔。

下塞纳河流域的大区:鲁昂。

东部的大区:维特里勒弗朗索瓦、南希、梅斯、斯特拉斯堡、科尔马、米卢斯。

中部的大区:蒙吕松、布尔日、罗阿讷、蒙梭雷明。

西部的大区:南特、雷恩。

南部的大区:波尔多、图卢兹、贝济耶。

东南部的大区:塞特、马赛、阿尔莱、里昂、索恩河畔沙隆、圣让德洛斯恩。

第 L15－1 条 符合以下条件的无稳定住所公民应依其意愿登记于他们根据《社会行动及家庭法》第 L264－1 条选择的组织所在城镇的选民名册中:该城镇登记在其国家身份证上六个月以上。《社会行动及家庭法》第 L264－2 条规定提供的关系证明应有六个月以上。

第二部分　选民名册的编制和修订

第 L16 条 选民名册是永久的。

每年国家应当对选民名册进行修订。

国家应颁布政令以明确修订选民名册的程序。

每年的选举应在选民名册编制完成后根据新修订的选民名册进行。

在实施本法第 L11－2 第 2 款时,补充的选民名册在大选当天生效。

第 L17 条 投票站应按地理区域设置。

每个投票站设立执行委员会,该委员会由市长或市长代表、省长任命的执行代表,或副省长,以及大审法院院长任命的代表构成。执行委员会应当将选民名册交送投票站。

在居民人数多于 10000 的城市，省长应当在相关市议会成员以外的人中选任执行代表。

在实施本法第 L11-2 条第 2 款的过程中，执行委员会最迟应当在大选前第二个月第一天召开会议并进行登记。

另外，由市长或市长代表、省长任命的执行代表，或副省长，以及大审法院院长任命的代表构成的执行委员会应当根据每个投票站的选民名册汇总出该市的总选民名册。

在巴黎、里昂和马赛，总选民名册由市内各区制定。

第 L17-1 条 在实施本法第 L11-1 条及第 L11-2 条的过程中，根据《兵役法》的规定以及强制医疗保险制度的基础性资料，管理人口普查信息的机构应当将满足上述条款中年龄要求的人的个人信息（包括姓名、国籍、出生日期、出生地、地址）交送执行委员会。上述资料中的信息应通过国家统计和经济研究所转送给执行委员会。

对于本法第 L20-25 条规定的期限届满后转交的信息或在诉讼程序开始后最终判决涉及的信息，执行委员会应当将其销毁。

处理本法规定的个人信息时应依据《1978 年 1 月 6 日第 78-17 号有关信息、资料和自由的法律》中规定的条件。

第 L18 条 负责修订选民名册的执行委员会应当在名单中载明选民的姓名、住所、居住地。住所和居住地的表述应包括其所在的街道及门牌号码。

本法第 L15-1 条提及的选民的住所、居住地应以其登记在选民名册中的收件地址为准。

第 L19 条 选民名册上应载明每个选民的出生日期和出生地。

第 L20 条 对选民名册进行增补或删减的表格应提交给省长，省长若认为其违反了本法第 L18 条规定的形式要求，可在接收上述表格后两日内，向行政法院提起对执行委员会的控告。如果存在过错，不影响本法第 L113 条的实施。

第 L21 条 选民名册应存放在市政厅秘书处，并根据政令的规定进行转交或公布。

第 L23 条 选民若被本法第 L17 条指定的执行委员会除名，或其登记因异议而被提交上述委员会裁决的，市长应免费通知该选民。该选民可就此提出申诉。

第 L25 条 当事人可以就执行委员会的决议向小审法院提出申诉。

在同样的条件下,登记在市选民名册中的所有选民均有权撤回登记或者删除遗漏、错误的登记。

省长或副省长具有同样的权力。

第 L27 条 小审法院的裁决是最后的救济途径,但对其有异议的可提交最高法院。

最高法院对上诉作出的判决是终审判决。

第 L28 条 选民名册应汇总于一个登记册中,并保存在市政府的档案中。

所有的选民、候选人、政党或政治团体均有权调阅、复印选民名册。

第 L29 条 国家保障编制选民名册的印刷费用。

第三部分 修订期外的登记

第 L30 条 以下公民在选民名册修订期外被召集后也可登记列入选民名册:

1. 登记期限结束后调动工作或退休的公务员、公共行政官员,及在调动或退休时与其居住在一起的家人;

2. 完成法定行动任务后返回家乡的军人,在登记期限结束后退伍或复员,且因返回公民生活而变更居住地的;

2-1. 在登记期限结束后因上述 1 和 2 之外的工作原因在其他市定居,且在变化居住地时与其居住在一起的家人;

3. 登记期限结束后满足选民年龄条件的法国人;

4. 在登记期限结束后通过声明和意思表示归化而获得法国国籍的法国人;

5. 因法院判决被剥夺选举权后,恢复选举权的法国人。

第 L31 条 前一条规定的登记申请应附上必要的证明材料,并提交给市长。

受理期限为投票日之前的十日。

第 L32 条 本条第 L17 条规定的执行委员会应当对登记申请进行审查,并应在选举进行的五日前做出决定。

第 L33 条 市长应当在执行委员会决定做出后十日内将决定送达当事

人,如果有必要还应送达被除名者所在市的市长。

市长应在选民会议五日前将选民登记列入选民名册及公开的修正表。修正表已经公开时,市长应发出专门的公告。

第 L33-1 条 当事人、市选举名单中的所有选民、省长或副省长均可以就执行委员会根据本法第 L30 条做出的决定向小审法院提出异议,小审法院应在选举举行之前作出裁决。

第 L34 条 认为因纯粹事实错误而被选举名单遗漏的选民或因违反本法第 L23 条及第 L25 条的程序性规定而被除名的选民可直接向小审法院提出申诉,法官应当在选举举行之前作出裁决。

第 L35 条 小审法院判决送达当事人后,当事人可在十日内提出上诉。

第四部分 选民名册登记的监督

第 L36 条 若一个公民在多个选民名册上登记,市长或其登记的名单中任意一个名单中的选民应当在名单订立完结八日前向执行委员会提出,要求该公民选择唯一的选民名册,并对选民名册进行修订。

若通过挂号信的方式通知当事人八日后其仍未进行选择,则应当将其留在最后一次登记的市选举名单上,并从其他名单上将其除名。

上述异议和争议由委员会处理并由小审法院作出裁决,该小审法院有权处理涉及做出选择的选民所在选民名册修订的事项。上述异议、争议的处理和裁决应当遵循本节第二部分规定的形式和期限。

第 L37 条 国家统计和经济研究所负责保存选民的一般档案,以监督选民登记。

第 L38 条 省长应通过各种合法手段对选民名册进行必要的更正。

省长发现违反《刑法》的行为时,应提交检察官进行追诉。

第 L39 条 一个选民在数个选民名册登记时,省长应当与其最后登记的选民名册所在市一同进行干预。

即使修订期已结束,市长也应当以附回执的挂号信的方式告知该选民,除非他提出反对意见。应当将该选民留在最后一次登记的市选民名册上,并从其他选民名册上将其删除。

该选民回复后或挂号信寄出八日后,市长应从选民名册删除,或告知相关市长进行删除操作。

第L40条 即使修订期已结束,本法第L17条规定的执行委员会对前一条规定的选民名册所做的修订也没有期限限制。当事人可就委员会的决议向小审法院提出申诉,小审法院根据本法第L25条的规定进行裁决。

第五部分 税收的减免

第L41条 根据《一般税务法》第1131条的规定,与选举程序有关的行为、决议和名单均免缴印花税、登记费以及《一般税务法》第698条规定的司法费用。

第L42条 确定选民年龄所需的出生证明免费向任何申请人发放。出生证明应在开头载明其特殊用途,不得用在其他地方。

第六部分 选民证

第L43条 选民证产生的费用由国家承担。

第三节 候选人资格的获得和丧失

第L44条 除了法律规定的无能力或无资格者外,所有具有选民资格的法国公民均可成为候选人并获选。

第L45条 不能证明已履行《兵役法》规定的义务者不得当选。

第L45-1 以下个人不得提交候选人申请:

1. 被行政法院法官根据本法第L118-3条和第L119-4条的规定判决撤销候选人资格者,在决定做出后三年内不得提交候选人申请;

2. 被宪法委员会根据本法第L136-1条、第L136-3条的规定判决撤销候选人资格者,在决定做出后三年内不得提交候选人申请。

第四节 兼任限制

第L46条 正在服役或已超出法定服务期限的职业军人或非战斗人员不得兼任本法第一编涉及的职务。

本条规定不适用于根据军事预备役承诺参与行动的预备役人员。但是,宪兵预备役不得在其辖区内兼任相关职务。

第L46-1条 任何人均不得兼任以下范围中的两个及以上职务:大区议员、科西嘉议会议员、省议员、巴黎议员、圭亚那议会议员、马提尼克议会议员、市议员。

除本法第L270条、第L272-6条规定的情形,任何兼任者均应当辞去其中之一的职务,以结束兼任的状况。他应当在当选使其产生兼任状况之后的三十日内辞去兼任职务。发生争议时,应当在确认选举结果判决生效后的三十日内辞去兼任职务。在指定期限内当事人没有做出选择或没有辞去最后获得的职务时,其较早获得的职务或连任的职务自动终止。

前款的例外情形包括:根据本法第一编第四章第二节的规定当选市议会议员者若出现兼任的状况,应当根据其选择结束兼任的状况。为此,该议员应当于导致兼任的选举结果宣布后的三十日内辞职,选举出现异议时,应当于确认选举结果的司法判决生效后的三十日内辞职。在指定期限内当事人没有做出结束兼任选择时,应视为其已放弃较早获得的职务或连任的职务。

在本条第 2 款及第 3 款规定的条件下,当事人若没有结束本条第 1 款规定的兼任状况,当选的当事人不得因其最后获得的或连任的职务而获得津贴。

第 L46-2 条 担任本法第 L46-1 条第 1 款列举的两个职务者,若当选成为欧洲议会代表,则应根据《1977 年 7 月 7 日第 77-729 号有关欧洲议会代表选举的法律》的规定,辞去其较早获得的职务以结束兼任状况。为此,当事人应当于选举结果宣布后的三十日内辞职,选举出现异议时,应当于确认选举结果的判决生效后的三十日内结束兼任状况。在指定期限内当事人没有做出结束兼任的选择时,应视为其已放弃较早获得的职务或连任的职务。在指定期限内当事人没有做出选择或没有辞去最后获得的职务时,其较早获得的职务或连任的职务自动终止。

第五节 选举宣传

第 L47 条 《1881 年 6 月 30 日有关集会自由的法律》和《1907 年 3 月 28 日有关公共会议的法律》规定了举行选举会议的条件。

第 L48 条 《1881 年 7 月 29 日有关新闻自由的法律》(第 16 条除外)的规定适用于选举的宣传。

根据上述法律第 15 条第 3 款的规定,政府机关的广告只能印刷在空白的纸张上。

在上莱茵省、下莱茵省、摩泽尔省,上述法律的第 15 条、第 17 条只有在《1906 年 7 月 10 日地方性法律》规定的条件下才能适用。

第 L48－1 条 本法中关于选举宣传的禁令和限制应适用于通过任何电子手段向公众传播的具有选举宣传性质的信息。

第 L48－2 条 在竞选活动结束前,候选人不得在其对手无法有效回应时,向公众提出选举论战的新观点。

第 L49 条 自选举前夜零点开始,禁止分发或委托他人分发选票、通告或其他文件。

自选举前夜零点开始,禁止通过任何手段(包括电子手段)向公众传播或委托他人传播具有选举宣传性质的信息。

第 L49－1 条 自选举前夜零点开始,禁止通过自动化系统或其他电话推广的方式为候选人拉票。

第 L50 条 市政府或公共机构不得分发选票、竞选声明以及候选人通告。

第 L50－1 条 选举月首日六个月前至选举日当天,候选人、候选人名单上的人员,或其委托的其他人均不得向公众公布免费的电话号码或其他通信方式。

第 L51 条 在选举期间,市政当局应当为选举海报的张贴设立专门地点。

在专门地点,每个单独候选人、每对"双提名选举"候选人或每个候选人名单应拥有相同大小的区域。

选举月首日六个月前至选举日当天,所有与选举有关的海报、盖章宣传资料均不得在专门地点之外的地方张贴,也不得在留给其他候选人的区域张贴。若该市设有自由表达广告栏,与选举有关的海报、盖章宣传资料均不得在该广告栏外张贴。

第 L52 条 市长拒绝遵守或疏于遵守本法前一条规定或相关实施办法时,省长或其代表应当立即确保相关法规的实施。

第 L52－1 条 选举月首日六个月前至选举日当天,禁止以选举宣传为目的,通过新闻或任何视听通信方式的商业广告。

从大选前的第六个月的第一天起,在与投票相关的地区不得组织有关地方管理的公共竞选宣传活动。在不与本节规定冲突的情况下,该禁令不适用于候选人或其代理人在竞选活动中对其履职资产负债情况的介绍。相关开支应符合本章第五节之二有关选举资金及开支上限的规定。

第 L52－2 条 在大选中最后一个投票站关闭之前,任何人均不得以任何方式在法国本土向公众宣布部分或全部的选举结果。海外领地相关省的最后一个投票站关闭前,也应适用同样的规定。

在补选时,相关选区最后一个投票站关闭前,也应适用同样的规定。

第 L52－3 条 每位单独候选人,每对"双提名选举"候选人或候选人名单上的相关人员均可在选票上印上其标志。

第五节之二 选举资金及开支上限

第 L52－3－1 条 为了将本节规定应用于"双提名选举",每对候选人不可分割地行使候选人权利、承担候选人义务。

每对候选人只能委托一个唯一的财务专员,并设立一个唯一的竞选账户。

第 L52－4 条 根据本法第 L52－5 条、第 L52－6 条的规定参加选举的候选人最晚应当在其候选人资格登记日宣布其财务专员。该财务专员可以是一个选举财务委员会或职位名称为财务专员的自然人。同一财务专员不得代理数个候选人。

财务专员应当在选举月首日六个月前至候选人竞选账户的存放日募集竞选资金。

财务专员应规范除了政党或政治团体花费之外的选举支出以及投票日之前选举经费的使用。候选人或成对候选人中的一员在提名之前直接支付的费用或为其利益而支付的费用应当由财务专员从选举经费账户中予以报销。

提前选举或部分选举中,上述规定仅适用于选举必要的场合。

本条规定不适用于少于 9000 居民的市议会选举,不适用于沃利斯和富图纳的地方议会选举及圣皮埃尔岛和密克隆岛的地方议会选举,不适用于少于 9000 居民选区的选举。

第 L52－5 条 当事人应当根据《1901 年 7 月 1 日关于结社契约的法律》第 5 条规定的方式宣布其选举财务委员会。选举财务委员会的声明应附上候选人的书面同意。候选人不得成为其选举财务委员会成员;在名单选举中,候选人名单上的人均不得成为支持选举名单首位候选人的选举财务委员会成员;在"双提名选举"中,每对候选人及其候补候选人均不得成为选举财务委员会成员。负责报告竞选账户的财务专员不得成为选举财务委员会的主席和财务主管。

选举财务委员会应当开立一个存款账户以承担所有的资金往来。委员会的账户应附上其支持的候选人的竞选账户或其支持选举名单首位候选人的竞选账户。

选举财务委员会只能在本法第 L52 – 4 条第 2 款规定的期限内募集资金。

选举财务委员会自其支持的候选人竞选账户交存六个月后自动解散。在此期限之前，该委员会应报告来自候选人或"双提名选举"候选人成员之外的净资产的转移。账户余额应当归属于政党财务委员会、财务专员，或一个或多个公共事业机构。选举财务委员会若未根据上述期限和条件转移财产，该协会所在省的省长应当提请检察官向大审法院院长提出控告，大审法院院长应决定接收其净资产的一个或数个公共事业机构。上述规定同样适用于资产转移未获得接收的情形。

若选举财务委员会支持的候选人未提交竞选申请，该协会应自竞选申请交存期限结束时自动解散。该协会应在解散后的三个月内根据前款规定完成净资产的转移。

第 L52 – 6 条 候选人应当以书面形式向其所在选区省会宣布其财务专员的姓名。该声明应取得其所选的专员的明确同意。负责报告竞选账户的财务专家不得成为财务专员。在名单选举中，候选人名单上的人均不得成为支持选举名单首位候选人的财务专员；在"双提名选举"中，每对候选人及其候补候选人均不得成为该对候选人的财务专员。

财务专员应当开立一个存款账户以承担所有的资金往来。账户名称应表明其持有人以候选人财务专员的名义从事相关活动。

财务专员账户应附上其支持的候选人的竞选账户或其支持选举名单首位候选人的竞选账户。

财务专员只能在本法第 L52 – 4 条第 2 款规定的期限内募集资金。

财务专员的职务自其支持的候选人竞选账户交存六个月后自动停止。若候选人在法定期限内未提交竞选申请，该财务专员的职务自竞选申请交存期限结束时自动终止。

在财务专员的任期结束时，财务专员应向候选人提交其行动的结算表。根据候选人的决定，来自候选人或"双提名候选人"成员之外的净资产应转移至某政党的财务协会、财务专员，或一个或多个公共事业机构。财务专员若未根据上述期限和条件转移财产，候选人或"双提名选举"候选人所在省的省长应当提请共和国检察官向大审法院院长提出控告，大审法院院长应决定接收其净资产的一个或数个公共事业机构。上述规定同样适用于资产转移未获得接收的情形。

第 L52－6－1 条 根据本法第 L52－5 条、第 L52－6 条的规定任命的财务专员有权在其选择的信贷机构开立存款账户并获取其履职所必需的支付手段和银行服务。开立账户时应出示财务专员的信用证明，以说明其尚未作为财务专员为其他候选人开立账户。

拒绝开立账户申请的信贷机构应当尽快系统且免费地向申请人提供拒绝开户的证明，并告知其可向法兰西银行申请指定一家可开立账户的信贷机构。开户申请提交后十五日内信贷机构未做出回应时，其申请视为被拒绝。

财务专员选择的信贷机构拒绝开户申请时，财务专员有权向法兰西银行请求指定其支持的候选人选举举办地的信贷机构或财务专员选择的其他地点的信贷机构。法兰西银行应当在收到财务专员的申请书和所需文件后的一个工作日内做出决定。

法兰西银行指定的信贷机构要求的关闭账户的任何决定，应当免费向财务专员和法兰西银行发送书面通知，并告知理由。当通知可能有损国家安全或维持公共秩序的目标时，可无须告知理由。关闭账户的决定应当给予财务专员至少两个月的期限，除非信贷机构有理由怀疑财务专员故意将账户用作非法目的或客户曾提供不实信息。账户关闭时，财务专员有权根据本条规定重新行使其对账户的权利。在这种情况下，开设后续账户的行为不构成违反本法第 L52－5 条、第 L52－6 条第 2 款规定的持有唯一存款账户义务。

国家机关对上述权利和义务的遵守进行审慎监督，并根据《货币和金融法》第 L612－31 条规定的程序给予解决方案。

法兰西银行指定的信贷机构应当根据《货币和金融法》第 L312－1 条的规定，向账户持有者提供免费的基础银行服务。

第 L52－7 条 在同一场选举中，候选人不得同时委托一个选举财务委员会和一名财务专员。

候选人可以连续使用两个或多个中间人。在这种情况下，候选人应当终止财务专员的职务或解除其与选举财务委员会的协议,其形式与任命财务专员或达成与选举财务委员会协议的形式相同。候选人单一存款账户应被冻结,直至候选人任命新的财务专员或与新的选举财务委员会达成协议。除了财务专员死亡的情形外,每个协会和财务专员均应创立管理账户。

第 L52-7-1 条 自然人可向候选人发放贷款,此项贷款不得为经常性贷款。

此项贷款的期限不得超过五年。最高行政法院应当规定贷款上限和监管条件,以免此项贷款成为捐赠的伪装。

贷款受益的候选人应当向贷款人提供有关贷款的信息,包括适用的利率、贷款总额、持续时间以及还款的方式和条件。

贷款受益的候选人应当将借款人违约的后果告知贷款人。

候选人每年应当向全国竞选账户和政治财务委员会报告其贷款偿还状况。

第 L52-8 条 拥有法国国籍或居住在法国境内的自然人可以向候选人提供捐赠。自然人为同一选举中一名或数名候选人的竞选活动提供的捐赠不得超过46000欧元。

除政党(政治团体)之外,法人不得参与候选人的竞选筹资,不得以任何形式向候选人捐赠财务、提供服务或低于市场交易价格向其提供直接或间接的利益。

除了政党(政治团体)、在欧盟成员国或欧洲经济协定区拥有住所的信贷机构或金融机构外,法人不得向候选人提供贷款、不得为政党或政治团体的贷款提供担保。

向参与竞选的候选人提供的超过150欧元的捐赠应当以支票、转账、自动扣款或银行卡的方式支付。

候选人为政党或政治团体有偿借款时,应当由政党或政治团体签署合同,且利息应当在规定的限度内。

根据本法第 L52-11 条的规定,当捐赠财物的总价值超过15000欧元时,其中现金的金额不得超过授权支出金额的20%。

候选人不得以任何支出为目的收受外国政府或国外法人提供的直接或间接的捐赠或物质帮助。候选人不得接受外国政府或国外法人(除本条第2款规定的信贷机构或金融机构外)提供的贷款。

作为本法第 L52-1 条的例外,候选人或候选人名单上的人员可以通过新闻广告的形式募集符合本条规定的资金。募集资金的广告不得包含募集资金以外的其他内容。

本条规定的金额每年可根据法令而更新，并应根据家庭的消费者价格指数（不包括烟草）而变更。

第 L52-8-1 条 候选人不得直接或间接地使用议会为其成员提供的津贴或福利支付与其完成工作有关的费用。

第 L52-9 条 选举财务委员会或财务专员的契约或文件，特别是用于募集资金的契约或文件，均应载明资金用于支持的候选人、候选人名单或双提名候选人、协会名称或财务专员姓名、协会创立日期及财务专员任命日期。

上述契约或文件应当载明，单独候选人、"双提名选举"候选人名单成员只能根据本法第 L52-8 条第 1 款、第 L113-1 条第 3 项的规定通过上述选举财务委员会或财务专员募集资金。

第 L52-10 条 选举财务委员会或财务专员应就每一笔捐赠向捐赠人提供收据。最高行政法院应当通过政令规定全国竞选账户和政治财务委员会收据的开具、使用和流转。该政令应当征求国家信息和自由委员会的意见。根据该政令规定的条件，候选人应当向全国竞选账户和政治财务委员会通报捐赠人名单和募捐金额。

第 L52-11 条 在本法第 L52-4 条规定的选举过程中，各候选人，或候选人名单成员账户中选举支出（除国家承担的宣传费用之外）设有限额。

支出限额根据相关选区居民的数量决定。

选区人口规模	人均最高选举支出上限（欧元）			
（居民人数）	市议会选举		省议会选举	大区议会选举
	第一轮选举名单	第二轮选举名单		
少于15000	1.22	1.68	0.64	0.53
15001—30000	1.07	1.52	0.53	0.53
30001—60000	0.91	1.22	0.43	0.53
60001—100000	0.84	1.14	0.30	0.53
100001—150000	0.76	1.07	—	0.38
150001—250000	0.69	0.84	—	0.30
多于250000	0.53	0.76	—	0.23

每个参加参议院议员选举的候选人支出上限为 38000 欧元。选区每个选民增加 0.15 欧元。

大区议会选举的候选人支出上限同样适用于科西嘉议会选举及圭亚那和马提尼克议会选举。

本条规定的金额每年可根据法令而更新,并应根据家庭的消费者价格指数(不包括烟草)而变更。从 2012 年至政府赤字为零时,不对上述金额进行更新。这一赤字是根据欧盟理事会《2009 年 5 月 25 日第 479/2009 号条例》第 3 条第 2 款规定的条件确定的。该条例旨在实施建立欧洲共同体条约的过渡性赤字程序议定书。

第 L52-11-1 条 在本法第 L52-4 条规定的选举中,候选人的支出为国家报销支出上限的 47.5%。国家报销的费用金额不得超过候选人个人向竞选账户出资额的支出。

如果候选人在第一轮投票中获得少于 5% 的选票,不符合本法第 L52-11 条的要求,且未在本法第 L52-12 条第 2 款规定的期限内提交竞选账簿,或竞选账簿因其他原因被拒绝,或被要求申报资产的候选人未履行申报义务时,该候选人不得获得上述报销款项。

如果候选人的违规行为并不导致竞选账簿被拒绝,那么国家可根据违规行为的数量和规模减少报销金额。

第 L52-12 条 遵循本法第 L52-11 条规定的上限,并获得至少 1% 选票的候选人或选举名单首位候选人,均应在本法第 L52-4 条规定的期间内设立竞选账簿。根据资金来源载明收入,根据资金性质显示选举产生的所有支出(除了竞选办公室、候选人自己的花费和为设立账簿产生的费用)。根据本法第 L52-8 条的规定并依据《一般税务法》第 200 条规定的方式获得自然人捐赠的候选人或选举名单首位候选人也应当履行设立竞选账簿的义务。为支持候选人的自然人或为了支持候选人而建立的政党(政治团体)直接为候选人的利益并经候选人同意而产生的支出应视为其竞选支出。候选人应当将其收到的直接或间接的利益、获得的服务,以及让候选人获益的捐赠均纳入收入和支出的范围。账簿必须保持平衡或有盈余,不能产生赤字。

参加第一轮选举的候选人或选举名单首位候选人最晚应于第一轮投票后的第二个星期五的 18 时前向全国竞选账户和政治财务委员提交其竞选账

簿及附件，包括收入证明、根据本法第 L52－7－1 条规定的借贷合同复印件、发票、估价单，以及其他能够证明候选人花费的文件。竞选账簿应当由特许工人会计师及注册会计师提供，会计师应当对竞选账簿进行竞选检查并检验其所需的证明文件。若竞选账户中没有任何收入和支出，则无须提交账簿，但此时财务专员应制作一份无收入和支出的证明。候选人或选举名单首位候选人若未获得多于 1% 的选票，且其未根据《一般税务法》第 200 条规定的方式获得自然人捐赠，则无须提交账簿。

除非对第一轮投票前的花费做出规定，第一轮选举的竞选账簿无法追踪选举前的支出。第 L52－4 条规定的期间内产生的固定资产剩余市场价值应当从竞选账簿记录的费用中扣除。

该委员会应确保以开放标准公布竞选账簿，通过自动处理系统使用和利用该账簿，并确保在官方期刊上发布。竞选账簿的公布应包含候选人或选举名单首位候选人为竞选募集资金而借贷的金额，并按贷款人类别、贷款类型、贷款人机构所在地或住所地，以及法人借款人的身份分类。

为了实施本法第 L52－11 条的规定，候选人在议会选举、参议院选举、各省或海外领地的大区选举中的空运、海运、内河交通运输费用不计入支出上限。

作为本条第 2 款规定的例外，在瓜德罗普岛、圭亚那、马提尼克、留尼汪，进行账簿也可提交给当地政府办公室。

在"双提名选举"中，本条中的候选人也可以指一对候选人。

第 L52－13 条 第一轮选举前，候选人被列入同一名单前单独行动所产生的费用应当计入为该名单利益而支出的费用。

候选人被列入"双提名选举"候选人前单独行动所产生的费用应当计入为该对候选人利益而支出的费用。

若候选人在第二轮选举中组建新的选举名单，那么新名单中在第一轮选举中各名单上首位候选人所属名单支出应计入新选举名单根据本法第 L52－12 条规定的支出。如果没有首位候选人，那么在新名单中有最多候选人的第一轮选举名单支出应计入新选举名单的支出。

第 L52－14 条 国家设立全国竞选账户和政治财务委员会作为行政主管机关。

该委员会由九名成员构成，其成员通过政令任命，任期五年。该九名成员包括：最高行政法院根据其副院长的建议并征求其办公室意见后任命的三名最高行政法院荣誉成员；最高上诉法院根据其首席院长的建议并征求其办公室意见后任命的三名最高上诉法院荣誉成员；法国审计法院根据其首席院长的建议并征求其庭长的意见后任命的三名法国审计法院荣誉成员。

该委员会成员空缺时，应当根据本条规定的条件任命一名与被替代成员同等性别的新成员。

该委员会成员可以连任一次。

共和国总统应当以政令在该委员会成员中任命一名主席，委员会主席任期与总统任期一致。

委员会主席全职履行其职务。

委员会可请求专家评估竞选账户中记载的服务的价值，并请求专家协助其完成《1988年3月11日第88-227号关于政治生活资金透明的法律》所规定的监督任务。

委员会工作人员对其因履职了解的事实、行为和信息负有保密义务。

委员会可请求司法警察对其履职时认为必要的事务进行调查。

第L52-15条 全国竞选账户和政治财务委员会有权经过辩论程序后批准、驳回或变更竞选账簿。它有权对本法第L52-11-1条规定的报销金额进行规定。

除了本法第L118-2条规定的情形外，该委员会引导在账簿交存后的六个月内宣布审核结果，超过六个月后，该账簿应视为被批准。

若候选人未在规定的期限内将竞选账簿提交给委员会，提交的账簿被驳回或被修改后出现开支超过限额的情况，委员会可向选举法官提出诉讼。

若发现违反本法第L52-4条、第L52-13条、第L52-16条规定的行为，委员会应将相关材料提交检察官。

只有在委员会批准候选人的竞选账簿后，该候选人才能获得竞选账簿中全部或部分的支出报销金额。

委员会发现某候选人的花费超出竞选支出上限时，应要求该候选人向公共财政支付与超出金额等额的罚金。这款项作为外国政府税务债券而回收。在"双提名选举"中，两名候选人应共同遵循债权规定。

第L52-16条 未经候选人、候选人名单负责人或其代表的明确同意，任何为了候选人或候选人名单的利益而发布的商业广告均不得被投入选举。

第 L52 – 17 条 若候选人进行账簿及其附件中的开支低于实际一般价格，全国竞选账户和政治财务委员会有权评估差额，在要求候选人提供有助于澄清事实的证明材料后，将差额纳入竞选支出。差额应被视作本法第 L52 – 8 条规定的相关自然人的捐赠。

委员会应根据前款规定处理候选人收到的其他直接或间接的利益、获得的服务，以及让候选人获益的捐赠。

第六节　投票

第 L52 – 19 条 本章对于候选人的规定同样适用于"双提名选举"中的每对候选人。

第一部分　选举筹备工作

第 L53 条 选举在各市举行。

第二部分　投票的进行

第 L54 条 投票只能持续一天。

第 L55 条 投票应于星期五举行。

第 L56 条 需要进行两轮投票时，第二轮投票应当在第一轮投票后的下一个星期五举行。

第 L57 条 只有登记列入选举名单且参与了第一轮选举的选民才能参与第二轮投票。

第 L57 – 1 条 国家代表在每个省统计的名单上居民人数超过 3500 的市可以在投票站使用投票机。

投票机必须是内政部长批准的型号，并满足以下条件：拥有在投票时使选民免于被窥视的设备；无论选民有何种残疾，均可允许其自主投票；从 1991 年 1 月 1 日起允许在同一天进行数个不同类型的选举；可记录空白选票；同一场选举中只能记录一个选民的一张选票；可通过计数器记录投票者总数，且在投票过程中对外显示；可通过计数器记录各选举名单、每对候选人，及每位候选人获得的票数和空白选票数量，并仅能在投票结束后对外显示；需要两个不同的钥匙才能开启，在投票过程中，一把钥匙由投票站主席保管，另一把钥匙由一名评审员保管，该名评审员通过抽签产生。

第 L58 条　在每个投票期间,每个候选人或候选人名单的代理人应当在专用的桌子上放置选票。

本条不适用于配备投票机的投票站。

第 L59 条　投票是不记名的。

第 L60 条　选票应被装入信封,必须与先前民调的信封颜色不同。

信封应在投票当日放置于投票间供选民使用。

投票开始前,投票站应确保信封的数量与登记的选民数量一致。

若因为发生本法第 L113 条规定的不法行为或其他原因产生的不可抗力,使得投票站无法足数提供上述信封,投票站应当使用其他盖有市长印章的信封,并根据本法的规定举行投票。投票记录中应载明替换信封的事实,并附上其使用的五个信封。

第 L61 条　禁止携带武器进入选举场合。

第 L62 条　投票人进入投票间后,应根据规则确认其身份,或出示小审法院法官做出的登记命令以证明其选举权,又或出示最高上诉法院撤销其除名决定的判决以证明其选举权。投票人随后应取一枚信封。投票人应独自在投票间内,并避开其他人的窥视,将选票放入信封,这期间不得离开投票间。随后投票人应向投票站主席表明其只有一个信封,投票站主席应在不触及信封的情况下做出检查。检查完成后,选民应将信封放入投票箱。

在每个投票站,每三百个选民拥有一个写票室。

写票室的安排方式不得有损选举的公开性。

在配备投票机的投票站,选民根据本条第 1 款规定证明其身份和选举权,并在投票机上填写提交选票。

第 L62 - 1 条　在整个选举过程中,相关人员应当将市长认证的并包含由本法第 L18 条、第 L19 条规定的内容以及各投票人编号的选举名单副本放置于投票站的桌子上。

该名单应包含签到表。

每位投票者应当以墨水笔在签到表上签署其名字。

第 L62 - 2 条　投票站和投票的技术手段应当允许残疾人使用,无论其为身体、感官、精神或心理的何种残疾,具体条件均由政令做出规定。

第 L63 条　投票箱是透明的,并只有一个开口,仅允许包含选票的信封通过。投票开始前,投票箱由两个不同的锁封住,一把钥匙由投票站主席保管，另一把钥匙由一名评审员保管，该名评审员通过抽签产生。

在选举结束后，主席并未掌握两把钥匙，但应采取所有必要措施以立即开启投票箱。

在配备投票机的投票站，投票站应当在投票开始前，公开确保投票机的正常运行，且所有计数器都显示为零。

第 L64 条 选民若因患有疾病而无法将选票放入信封并将之投入投票箱，或不能操作投票机，则有权选择另一名选民协助其完成投票。

选民若无法在本法第 L62-1 条第 3 款规定的签到表上签名，则有权选择另一名选民在其签名栏后注明"选民无法自己签名"。

第 L65 条 选举结束后，应对签到表进行统计。随后，计票程序应以如下方式进行。打开投票箱并检验信封数量，如果信封数量多于或少于签到数量，则应在投票记录中载明这一事实。投票站应选定数个选民作为读写选票的计票员，每张桌子应设四位计票员。若有数个候选人或多个候选人名单，则应允许其分别选定计票员，计票员应当根据每个计票桌尽可能平均地分配。计票桌的数量不得超过写票室的数量。

包含选票的信封应当每一百个分为一叠，每叠信封应当装入专用的大信封。一百张选票被装入一个大信封后，应将大信封密封并由投票站主席以及至少两名计票员代表在其上签名。如果仅有一名候选人或一个候选人名单，则无需上述操作。

在每一张计票桌上，一个计票员负责打开信封取出选票，并将其展示给另一个计票员。前者应高声读出选票上的姓名，并有至少两名计票员计入表格。如果一个信封中包含两张选票，且两张选票中填写的是不同的候选人或候选人名单，则这两张选票无效。同一个信封里的数张选票若均选择相同的名单、候选人或双提名候选人，则应算作一张选票。空白选票应单独记录，且被载入选举记录。空白选票不影响明示的选票统计结果，应在投票结果中被特别提及。没有选票的信封应被视作空白选票。

在配备投票机的投票站，投票站主席应当展示每个名单、候选人或双提名候选人所得选票以及空白选票的计数器，从而让投票站工作人员、候选人代表以及在场的选民可以看到。投票站主席应大声读出选举结果并要求秘书将之记录在案。

第 L66 条 以下选票不计入计票结果：没有足够明确选择的选票；暴

露投票人身份的选票；投票箱中未装入信封内的选票，或装入不符合规格的信封中的选票，写在彩色纸片上的选票；信封或选票上带有内部或外部标志的选票；信封或选票上带有对候选人或第三人侮辱性话语的选票。

这些选票以及不符合规格或包含投票站成员签名的信封均应附在选举记录中。

每个附在选举记录中的选票应附上其作为附件的原因。

如果相关人员为了损害投票的信用度而未将上述内容附在选举记录中，则应取消本次选举。

第 L67 条 候选人及其指定的代表均有权在所有选举地点监督投票的操作、选票的统计和结果的宣布，并确保投票记录中载明投票结果宣布前后有关选举操作的事实、抗议或争议。

本条实施的方式由最高行政法院以政令的方式予以规定。

第 L68 条 第一轮投票至第二轮投票过程中，各投票站的签到表、依法作为附件的文件资料均应当在计票后与选举记录一同提交给省政府。省议员选举和市议员选举中的上述材料应提交给专区政府。

若需要进行第二轮选举，省政府或专区政府应当最晚于第二轮选举前的星期三将签到表交给市长。

在不与本法第 L179 条规定冲突的情况下，提交给省政府或专区政府的签到表应当在选举进行后的十日内发送给所有选民。若在两轮选举之间，签到表应提交给省政府或专区政府或市长。

第 L69 条 提供信封的费用、做出本法第 L62 条规定的特殊安排所需费用，以及由于购买、租赁和维护投票机而产生的费用均由国家承担。

第 L70 条 召开市选举大会的费用由国家承担。

第三部分 代理投票

第 L71 条 选民可委托代理人投票的情形包括：

1. 以诚信担保而因为职业义务、残障、身体健康，以及需要照顾病人等无法在投票日到达其登记的市，或即使在其登记的市也无法参加选举的选民；

2. 以诚信担保而因培训义务、度假或因为居住在其登记市以外的地点，无法于投票日到达其登记的市的选民；

3. 被临时拘留，或正在服刑但未被剥夺选举权的选民。

第 L72 条 代理人应当与委托人登记在相同的市，并有权代为行使委托人的选举权。

第 L73 条 每个代理人最多只能代理两个选民，在法国境内的被代理人只能有一个。

若选民违反本条规定，则较早取得的代理有效，之后取得的代理自动失效。

第 L74 条 代理人在本法第 L62 条规定的条件下参加选举。

代理人出示委托投票证明后可拿取信封。

代理人应当在签到表中委托人的姓名栏签署代理人的姓名。

第 L75 条 委托人随时有权终止委托。

委托人可更换新的代理人。

第 L76 条 委托人在代理人代为行使选举权之前来到投票站，则可以亲自进行投票。

第 L77 条 代理人死亡或被剥夺公民权时，委托自动解除。

第 L78 条 为了实施本部分规定而产生的各种挂号信、建议、通知均是免费的。由此产生的费用由国家一般预算承担，该预算用来支付上述行为产生的邮寄、电信费用。

第五部分 投票监督委员会

第 L85-1 条 居民人数超过 20000 的市应设置投票监督委员会。该委员会应负责检查投票站的构成，监督投票、计票、点票的过程，并确保选民、候选人得以自由行使其权利。

该委员会主席应当是法官，委员会应包括该省选民代表。

委员会主席、成员及代表可进行所有必要的检查和验证。他们有权随时访问投票站，可在选举结果宣布之前或之后查阅选举记录。

市长和投票站主席应当向投票监督委员会提供信息，并提交其履职所需的文件资料。

每轮选举结束时，如有必要，该委员会应当起草一份报告，并与选举记录一同提交给省政府。

最高行政法院应发布政令，以规定投票监督委员会的组成、任命和职权。

第七节 刑事规定

第 L86 条 在选举名单上登记虚假姓名、虚假资格、隐瞒法律规定的无选举权的事实，或在两个或数个选举名单上登记的公民，应被判处一年监禁和 15000 欧元的罚金。

第 L87 条 在提交、制作选民登记证明或撤销选举登记的过程中欺诈的公民，应被判处本法第 L113 条规定的处罚。

第 L88 条 通过欺诈性声明或虚假证明，在选举名单上非法登记或试图非法登记的人，或借助同样的手段帮助他人在选举名单上非法登记、注销或试图非法登记、注销的人，以及这些罪行的同谋，应被判处一年监禁和 15000 欧元的罚金。

第 L88－1 条 候选人在申请时故意以虚假姓名、虚假资格申请，或故意隐瞒法定无行为能力的公民，应被判处一年监禁和 15000 欧元的罚金。

第 L89 条 任何违反本法第 L49 条规定的行为应被处以 3750 欧元的罚金，但无须没收其以任何方式分发或传播的选票和资料。

第 L90 条 以下行为应被判处 9000 欧元的罚金：候选人在适用或允许他人使用其公告板时，将其用于除介绍自己、为其候选人资格辩护、宣传项目、表达感谢或表达放弃选举目标之外的其他目的；候选人将其公共位置让与第三人使用。

候选人使用未贴印花的竞选海报的应受到刑事处罚。

本条第 1 款规定的罚款也适用于任何违反本法第 L51 条最后一款规定的人。

第 L90－1 条 任何违反本法第 L52－1 条和第 L52－2 条规定的公民，应被处以 75000 欧元的罚款。

第 L91 条 因为司法判决或未被恢复权利破产而被剥夺选举权的人，根据其丧失权利之前登记的选举名单或丧失权利之后登记的选举名单（并非其主动操作）而参与投票的，应被判处三个月监禁和 7500 欧元的罚金。

第 L92 条 在签到表上故意替换、模仿签名，或在本法第 L86 条规定的前两种情形下登记列入名单并投票，又或错误地使用其他选民的姓名和资格进行投票的人，应被判处六个月至两年的监禁和 15000 欧元的罚金。

第 L93 条 任何进行多次登记从而进行多次投票的公民将会受到与上一

条相同的处罚。

第 L94 条 在投票中负责接收、计票、点票的公民，若增减、涂改选票，或读出的名字与选票所写不同，应被判处五年监禁和 22500 欧元的罚金。

第 L95 条 受选民委托填写选票的公民若在选票上填写与委托人指定不同的内容，将会受到与上一条相同的处罚。

第 L96 条 违反本法第 L61 条规定并藏匿武器的公民，应被判处三个月监禁和 7500 欧元的罚金。

第 L97 条 通过虚假新闻、诽谤或其他不当行为而获得选票，或以此使得一个或多个选民放弃投票的公民，应被判处一年监禁和 15000 欧元的罚金。

第 L98 条 通过聚集人气、高声喧哗或以威胁示威的方式干扰选举的运行，损害其他公民选举权和投票自由的公民，应被判处两年监禁和 15000 欧元的罚金。

第 L99 条 闯入选举人团或试图以暴力阻止选民的选择的公民，应被判处五年监禁和 22500 欧元的罚金。

第 L100 条 携带武器并破坏选举的公民，应被判处十年监禁。

第 L101 条 如果犯罪行为经过精心策划并在全国范围内，或在数个省、多个区域内施行，行为人的监禁应延长为 20 年。

第 L102 条 选举人团成员在会议期间对选举站或对其他成员犯有侮辱罪或暴力罪，或通过攻击、威胁，推迟或阻止选举进程的公民，应被判处五年监禁和 22500 欧元的罚金。

第 L103 条 抢夺包含尚未统计的选票的投票箱的公民，应被判处五年监禁和 22500 欧元的罚金。

若抢夺以暴力方式并在会议中发生，那么行为人应被判处十年监禁。

第 L104 条 投票站成员、负责看守尚未统计的选票的机关工作人员破坏选举的，应被判处十年监禁。

第 L105 条 已被有权机关宣布生效的选举结果，及因为在各类选举的法定期限内无人提出抗议而生效的选举结果，均不得因判决的宣布而被撤销。

第 L106 条 直接或通过第三人，以金钱实物捐赠、捐赠承诺、公私职务恩惠，或其他利益输送，影响一个或数个选民投票，获得及试图获得其选票或要求或试图要求一个或多个选民放弃投票的，应被判处两年监禁和15000欧元的罚金。

接受上述捐赠、礼物或承诺的公民应被判处相同的刑罚。

第 L107 条 通过对选民施以暴力、威胁的手段，以使其丧失工作，伤害其人身、财产或家人作为恐吓，要求或试图要求选民放弃投票，影响或试图影响其投票的，应被判处两年监禁和15000欧元的罚金。

第 L108 条 为了影响选举人团或部分选举人团的投票而进行捐赠、承诺捐赠，或给予行政上的便利的公民，应被判处两年监禁和15000欧元的罚金。

第 L109 条 在第 L106 条、第 L108 条规定的情况下，如果违法行为人是公职人员，则应处以双倍刑罚。

第 L110 条 选举结果发布前，不得根据本法第 L106 条、第 L108 条的规定对候选人进行追诉，不得根据本法第 L115 条的规定直接起诉公职人员。

第 L111 条 任何旨在违反本法第 L71 条至第 L77 条规定的欺诈行为将受到本法第 L107 条规定的处罚。

第 L113 条 除了现行法规规定的违法情形外，在行政委员会或市政委员会任职的人员、在投票站或市长办公室任职的人员、在省政府或专区政府任职的人员，无论在选举前、选举中还是选举后，故意违反法律、省的法令或以其他欺诈行为，破坏或试图破坏投票的保密性，改变或试图改变投票结果的，均应被判处15000欧元的罚金和一年监禁，或被判处二者之一的刑罚。

若违法行为人是行政或司法公职人员、政府机关或公共行政机构工作人员、负责公共服务的工作人员，或投票站主席，均应被处以双倍刑罚。

第 L113－1 条

一、在单提名选举或"双提名选举"中的候选人、名单选举中的名单首位候选人在以下情况下应被判处三年监禁和45000欧元的罚金：

1. 违反本法第 L52－4 条的规定募集选举资金；

2. 违反本法第 L52－7－1 条、第 L52－8 条、第 L308－1 条的规定接受财物；

3. 花费超出本法第 L52－11 条规定的竞选支出上限；

4. 违反本法第 L52-12 条、第 L52-13 条有关建立竞选账簿的规定；

5. 在竞选账簿或其附件中故意少报开支。

二、在单提名选举或"双提名选举"中的候选人、名单选举中的名单首位候选人在以下情况下应被判处一年监禁和 15000 欧元的罚金：

1. 违反本法第 L51 条、第 L52-1 条的规定，要求或明确同意利用商业广告或海报；

2. 要求或明确同意向公众公布免费的电话号码或其他通信方式。

三、在竞选过程中违反本法第 L52-7-1 条、第 L52-8 条的规定，接受捐赠或借贷者，应被判处三年监禁和 45000 欧元的罚金。

若捐赠者或贷款人是法人，则应对该法人的负责人判处同样的刑罚。

四、在单提名选举或"双提名选举"中的候选人、名单选举中的名单首位候选人花费本法第 L52-12 条规定的支出（无须主动要求或明确同意）时，应被判处三年监禁和 45000 欧元的罚金。

五、候选人利用本法第 L52-7-1 条规定的贷款，但未向全国竞选账户和政治财务委员会通报第 L52-7-1 条同款规定的相关材料和文件的，应被判处一年监禁和 15000 欧元的罚金。

第 L114 条 根据本法第 L86 条、第 L87 条、第 L91 条至第 L104 条、第 L106 条至第 L108 条，及第 L113 条的规定，或因违反本法第 L61 条且携带武器而进行的行政诉讼或民事诉讼，其诉讼时效在选举结果宣布六个月后到期。

第 L116 条 本法第 L113 规定的地方机构或委员会之外的人，通过欺诈手段损害或试图损害选举的公正性、破坏或试图破坏投票的保密性、妨碍或试图妨碍投票的进行，或者通过欺诈手段改变或试图改变投票结果的，应被判处本法第 L113 条规定的刑罚。

损坏或试图损坏投票机的运行从而妨碍选举或篡改投票结果的个人应被判处同样的刑罚。

没有正当理由将评审员、代表驱逐出投票间，或妨碍评审员、代表行使权利的个人应被判处同样的刑罚。

第 L117 条 本法第 L86 条至第 L88 条、第 L91 条至第 L104 条、第 L106 条至第 L109 条、第 L111 条、第 L113 条及第 L116 条规定的犯罪行为人还应根据法律规定的方式被判处剥夺《刑法》第 131-26 条第 1 款及第 2

款规定的剥夺公民权利的处罚,以及《刑法》第131-26-1条规定的剥夺被选举权的处罚。

本法第L101条规定的犯罪行为人还应根据《刑法》第131-27条规定的方式被判处附加的禁令处罚。其包括禁止从事犯罪时的公职、专业工作或社会工作;禁止为自己或他人的利益而担任商业企业、工业企业或商业公司的领导、负责人、管理人或监督人。上述禁令可以累加判处。

法院可根据《刑法》第131-35条的规定命令公示或公开判决结果。

第L117-1条 行政法院法官若在其终审判决中确认了选举舞弊的事实,则应将相关材料提交给有管辖权的检察机关。

第L117-2条 本节规定适用于投票机和电子远程投票的选举。

第八节 争议

第L118条 根据《一般税务法》第1131条的规定,与选举程序有关的决议、决定和注册簿,无需根据该法第698条规定的印花、注册和费用。

第L118-1条 行政法院在宣布撤销舞弊的选举结果时,可决定由大审法院院长指定相关人选在后续的补选中担任一个或数个选举站的主席。

第L118-2条 因候选人花费超出竞选支出上限产生纠纷时,行政法院法官应在本法第L52-14条规定的委员会做出决定后才能作出判决。该委员会应当在第L52-12条第2款规定的截止日期届满后的两个月内对相关候选人的竞选账簿做出审查决定。

在不违反本法第L52-15条规定的情况下,若本法第L52-14条规定的委员会未依法做出决定,法官应当根据本法第L52-11-1条的规定要求候选人退还资金。

第L118-3条 本法第L52-14条规定的委员会向法院提起诉讼时,若发现即使修改账簿后其花费仍然超过支出上限,选举法官可判决该竞选账簿的候选人失去候选人资格。

上述委员会向法院提起诉讼时,若单提名选举或"双提名选举"中的候选人未在本法第L52-12条规定的期限内提交竞选账簿,法官可判决该竞选账簿的候选人失去候选人资格。

若单提名选举或"双提名选举"中的候选人提交的账簿因为欺诈或严重违反竞选筹资规则而被驳回,法院可判决该竞选账簿的候选人失去候选人资格。

法院根据本条前三款判决其失去候选人资格时，应在三年内作出判决，并可在所有选举中适用，判决对其之前的职务不具有溯及力。

若单提名选举或"双提名选举"中已当选的候选人被法院判决失去候选人资格，且此时无人就选举提出异议，法院应当撤销选举结果或判决当选的候选人辞去其职务。

第 L118-4 条 若有人向法院提出选举异议的诉讼，法院应在三年内作出判决，对于从事欺诈行为损害投票公正性的候选人，作出取消候选人资格的判决。

前款规定的取消候选人资格的判决适用于所有类型的选举，判决对之前的职务不具有溯及力。

已当选的候选人被法院判决失去候选人资格，法官应撤销选举结果，在"双提名选举"中，法官应撤销候选人所属的"双提名选举"结果。

第二章 国民议会议员选举的特别规定

第一节 国民议会的组成和议员的任职期限

第 L119 条 国民议会议员人数为五百七十七人。

第 L120 条 国民议会议员应进行整体改选。

第 L121 条 一届国民议会的权力在其当选后的第五年六月的第三个星期二到期。

第 L122 条 除国民议会被解散的情况外，大选应在国民议会届满六十日前举行。

第二节 投票方式

第 L123 条 国民议会议员以两轮不记名多数投票的方式选出。

第 L124 条 选举在各选区内进行。

第 L125 条 各省选区的划分见本法"附表一之二"（略），选区在新喀里多尼亚和《宪法》第 L74 条规定的其他海外领地的划分见本法"附表一之二"（略），选区在海外的法国人之间的划分见本法"附表一之三"（略）。

第 L126 条 同时满足以下条件的候选人在第一轮选举中胜出：

1. 获得绝对多数有效选票；

2. 总投票数量相当于登记选民总数的四分之一。

第二轮选举中，获得相对多数选票的候选人胜出。

候选人得票数量相同的情况下，年龄较长的候选人胜出。

第三节 候选人资格的取得和丧失

第 LO127 条 在第一轮投票举行当天满足选民资格的所有条件，且未从事本编规定的丧失候选人资格的行为的公民有资格当选成为国民议会议员。

第 LO128 条 以下公民不得申请成为候选人：

1. 行政法院法官根据本法第 L118－3 条、第 L118－4 条判处失去候选人资格的公民在判决作出后三年内不得参选；

2. 宪法委员会根据本法第 LO136－1 条、第 LO136－3 条、第 LO136－4 条的规定判处失去候选人资格的公民在判决作出后三年内不得参选；

3. 宪法委员会根据本法第 LO136－2 条的规定判处失去候选人资格的公民在判决作出后一年内不得参选。

第 LO129 条 处于被监护或财产被代管状态下的成年人没有候选人资格。

第 LO130 条 以下公民在履职期间没有候选人资格：

1. 人权专员及其助理；

2. 监管场所的主管。

第 LO131 条 未履行《兵役法》规定义务的公民不得当选成为国民议会议员。

第 LO132 条

一、在投票时任职于相关选区全部或部分范围，或投票时三年内曾任职于相关选区全部或部分范围的省长，没有候选人资格。

二、在投票时任职于相关选区全部或部分范围，或投票时一年内曾任职于相关选区全部或部分范围的以下官员，没有候选人资格：

1. 副省长、省政府秘书长、省长办公室主任，及省长办公室部门主管；

2. 秘书长、大区事务或科西嘉事务秘书处负责人；

3. 省政府主席、省政府办公室主任，及专区政府秘书长；

4. 大区或省的民政部门负责人或主任；

5. 大区、省或地方的公共财务负责人、财务负责人律师以及公务会计师；

6. 大学校长、学术督察员、学术督察助理、一级区域的全国教育督察员；

7. 劳动督察员；

8. 地方选区负责人、地方国家公共机构负责人、法兰西银行的分行经理和大区主管；

9. 上诉法院、大审法院法官、基层法院法官；

10. 上诉行政法院院长、上诉行政法院及行政法院法官；

11. 区域金融法院院长、法官；

12. 商事法庭庭长、劳资调解委员会主席；

13. 执行地方任务的国家宪兵队官员和士官，及协助其完成任务的助手；

14. 执行地方任务的全国警察机关的官员，及协助其完成任务的助手；

15. 执行地方任务或行政机关任务的宪兵之外的士兵，及协助其完成任务的助手；

16. 隶属于金融法院的大区及地方社会安全机构主管；

17. 大区卫生机关书记、主管和副主管；

18. 公共卫生部门的主管和总监；

19. 省消防救援局局长，及副局长；

20. 大区议会、科西嘉议会、省议会、居民超过20000人的市议会、居民超过20000人的市社区公共机构、市间合作公共机构，城市和大都市社区公共机构的总干事、副总干事、主任、副主任、部门主管。

21. 审议机构主要有前款提及的地方代议机构的国家机关的总干事、副总干事、主任；

22. 大区议会议长、科西嘉议会议长、科西嘉执行理事会主席、省议会议长、居民超过20000人的城市市长、居民超过20000人的市社区公共机构主席、市间合作公共机构主席、城市和大都市社区公共机构主席的办公室成员。

第 LO134 条　国民议会议员、参议院议员及议会的候补议员不得成为国民议会选举候选人的候补者。

第 LO135 条 根据《1958 年 11 月 17 日第 58-1099 号法令》第 2 条第 2 款有关适用《宪法》第 23 条的组织法规定,在本法第 LO176 条规定的条件下接替被任命成为政府成员的国民议会议员不得在下一次选举中成为候选人与其竞争。

第 LO135-1 条

一、国民议会议员应当在其就任后的两个月内向公共生活透明高级管理局提交一份财产状况声明,该声明应包含有关其个人财产、共有财产和不可分财产状况的完整、准确、真诚的声明。声明中对财产的评估是免费的。在其就任后的两个月内,国民议会议员还应当向公共生活透明高级管理局和国民议会办公室提交一份说明,载明其在当选之日和该日期之前的五年内所持有的利益,并附上其希望保留的专业活动及一般利益活动(有偿或无偿)的清单。该议员可以对他的每条陈述附上说明。

议员应当将财产状况、所持利益的任何重大变化,以及可能影响到活动清单的各种事实,在两个月内以相同的手续上报。

国民议会议员任职期限届满之前的六至七个月,应根据上述规定向公共生活透明高级管理局提交财产状况声明。如果国民议会解散或议员因死亡之外的原因而终止任职,则应在任职结束前的两个月内提交财产状况声明。该声明应当包含议员收到的所有收入概要,如有必要还应当包含其开始担任议员以后从市获得的收入。议员可以在声明中附上财产变化的说明。

若国民议会议员根据本条规定以及《2013 年 10 月 11 日关于公共生活透明的第 2013-907 号法律》第 4 条和第 11 条的规定,提交财产状况声明不到一年,则无须根据本条第 1 款第 1 项的规定提交新的财产状况声明,且仅需提交本条第 1 款第 3 项规定的收入概要和第 2 款最后一项规定的介绍。

在财产状况声明中遗漏部分资产或利益,或对其资产仅需进行虚假评估的国民议会议员,应被判处三年监禁和 45000 欧元的罚金,并可根据《刑法》第 131-26 条和第 131-26-1 条的规定判处剥夺公民权利或根据《刑法》第 131-27 条的规定判处禁止担任公职,作为附加刑。

在不与本法第 LO136-2 条规定冲突的情况下,违反本条第 1 款第 3 项规定的公民应被判处 15000 欧元的罚金。

二、财产状况声明应包含以下内容:

1. 房屋或土地;

2. 证券;

3. 人寿保险;

4. 现金或储蓄银行账户、存折和其他理财产品;

5. 价值超出法定额度的动产;

6. 陆地机动车、船只、飞机;

7. 商业资产、客户资产、办公费用;

8. 海外的动产、不动产和账户;

9. 其他财产;

10. 债务。

上述财产状况声明中的要素应包含其本人的财产、共同财产或不可分财产。

根据本条第 1 款第 3 项提交的财产状况声明中除了上述要素外还应当包括提交上一次声明以来影响财产结构的重大事件说明。

三、利益及活动声明应包括以下内容:

1. 选举日时从事的有偿或无偿的职业活动;

2. 选举前五年内所从事过的有偿或无偿的职业活动;

3. 选举日时或选举前五年内从事的咨询性活动;

4. 选举日时或选举前五年内参加的公共或私人机构领导部门或公司的管理机构;

5. 选举日时直接持有的公司资本,能够直接或间接控制企业、公司、机构(主要业务为提供咨询)的投资;

6. 选举日时其配偶、同居伴侣或者签署民事连带责任协议的伴侣所从事的职业活动;

7. 可能引起利益冲突的志愿服务;

8. 被宪法委员会宣告违宪;

9. 选举日时从事的其他当选职务;

10. 议会合作者的姓名及其宣布的职业活动;

11. 国民议会议员在履职期间从事的职业活动或一般利益活动(有偿或无偿)。

声明中应载明议员从本款第 5 项至第 9 项及第 11 项规定的活动中获得的报酬、津贴及奖金。

四、最高行政法院应当通过政令规定本条所述声明的方式和内容，并设置其更新和保留条件。该政令应当征求国家信息和自由委员会的意见。

第 LO135 – 2 条

一、公共生活透明高级管理局应当在本条第 3 款规定的限制条件下，将国民议会议员根据本法第 LO135 – 1 条的规定提交的利益及活动声明及其必要的说明向社会公布。选民可向公共生活透明高级管理局提交有关这些利益和活动声明的书面意见。

公共生活透明高级管理局应当将国民议会议员根据本法第 LO135 – 1 条的规定提交的财产状况声明提交给财政机关。财政机关应在接收后三十日内反馈所有使其能够评估财产声明的完整性、准确性和真诚性的要素，特别是当事人所得税、共同财产税的纳税状况。

公共生活透明高级管理局应在收到议员提交的本法第 1 款第 2 项的信息三个月内，根据本条第 3 款对外公布之前，要求相关议员提交说明，并对信息的完整性、准确性和真诚性等其认为需要的方面进行评估。

财产状况证明旨在使选举名单上登记的以下选民可以获得信息的参考。其存放地包括：

1. 国民议会议员选举省的省政府；
2. 高级委员会（在新喀里多尼亚和法属波利尼西亚当选的国民议会议员）；
3. 《宪法》第 74 条规定的海外领地政府（在海外领地当选的国民议会议员）；
4. 巴黎市政府（海外法国人选举的国民议会议员）。

选民可向公共生活透明高级管理局提交有关他们所查阅信息的书面意见。

二、本条第 1 款的最后八项规定的程序适用于根据本法第 LO135 – 1 条规定而提交的财产情况声明。

三、以下信息不得对外公布：声明人的个人住址、配偶、同居伴侣或者签署民事连带责任协议的伴侣的姓名、其他家庭成员的姓名。

财产状况声明中以下不动产信息不得对外公布：建筑名称之外有关不动产地址的信息、不动产之前所有人的姓名、处于共同所有权状态的财产的其他未分割共有人的姓名、用益物权人姓名（议员拥有设立用益物权的不动产时）、所有人姓名（议员作为他人所有不动产的用益物权人时）。

利益活动声明所包含的，除建筑名称之外的有关不动产地址的信息不得对外公布，若涉及配偶、同居伴侣或者签署民事连带责任协议的伴侣，则不得公布以下信息：

1. 不动产之前所有人的姓名；
2. 处于共同所有权状态的财产的其他未分割共有人的姓名；
3. 用益物权人姓名（议员拥有设立用益物权的不动产时）；
4. 所有人姓名（议员作为他人所有不动产的用益物权人时）。

财产状况声明中动产之前所有人的姓名不得对外公布；利益活动声明涉及配偶、同居伴侣或者签署民事连带责任协议的伴侣时，动产之前所有人的姓名不得对外公布。

声明涉及金融工具时，金融机构的地址、账户号码不得对外公布。

如有必要，可进行以下处理：

1. 共有财产应在评估和公布中按照市价的一半处理；
2. 不可分财产在评估和公布中按照声明人持有的不可分的权利份额评估。

只有根据声明人及其代理人的要求，或根据司法机关的请求（当相关信息对于解决争议或发现事实必要的情况下），高级管理局可将本条第3款规定的信息通报给相关人员或机关。

四、根据本条规定公布的利益活动声明中的信息可以在《公众与行政关系法》第L321－1条、第L321－2条、第L322－1条及第L322－2条规定的条件下得到重复利用。

五、最高行政法院应当通过政令规定实施本条的具体方式。该政令应当征求国家信息和自由委员会的意见。

第LO135－3条

公共生活透明高级管理局可以要求国民议会议员根据《一般税务法》第170条至第175A条的规定提交声明，如有必要可依据《一般税务法》第885W条的规定。

公共生活透明高级管理局若认为有必要，也可以要求相关国民议会议员的配偶（分别持有财产）、同居伴侣或者签署民事连带责任协议的伴侣提交声明。

当事人未在两个月内提交本条前两款规定的声明时，公共生活透明高级管理局可向税务机关索取这些声明的副本，税务机关应在三十天内提供。

公共生活透明高级管理局可要求税务机关履行财务程序说明书第一编第二章第二节第一部分的通知权，从而收集有利于完成其监督任务的信息。税务机关应当在公共生活透明高级管理局请求后的六十日内将信息提交给公共生活透明高级管理局。

出于同样的目的，公共生活透明高级管理局可以要求税务机关启动国际行政协助程序。

税务官员为了实施本节的规定而进行检查和控制的过程中，对于公共生活透明高级管理局的成员及报告员免于保守专业秘密的义务。

第 LO135-4 条

一、若根据本法第 LO135-1 条提交的声明不完整或不符合公共生活透明高级管理局的明确要求，公共生活透明高级管理局可向相关国民议会议员发出指令要求立即提交完整声明或符合要求的解释。

二、国民议会议员若不遵守公共生活透明高级管理局的指令，或在指令、要求收到后三个月内仍未提交相关信息或文件，应被判处一年监禁和 15000 欧元的罚金。

公共生活透明高级管理局发现国民议会议员的财务状况发生变化时，议员应当提交声明，载明其需要报告的信息。

国民议会议员成为公共生活透明高级管理局监督对象时，若公共生活透明高级管理局发现议员违反本法第 LO135-1 条、第 LO135-4 条规定的义务，或发现议员未对其财产变化做出足够说明，公共生活透明高级管理局可将相关文件资料提交给检察院。

第 LO135-6 条 公共生活透明高级管理局发现议员违反本法第 LO135-1 条、第 LO135-4 条规定的义务时，可向国民议会办公室提出控告。

第 LO136 条 选举结果公布且经过法定期限无人提出异议后，国民议会议员的候选人资格被撤销，或根据本法规定在议员履职期间其资格被取消，该议员应当立即丧失国民议会的议员资格。

国民议会办公室、掌玺官兼司法部长可请求宪法委员会对候选人资格的撤销进行审查，若候选人资格的撤销发生在选举之前，检察官可在法院判决撤销后请求宪法委员会进行审查。

第 LO136－1 条 宪法委员会对选举的异议或因本法第 L52－15 条规定的条件而产生的异议进行审查时，若发现即使修改竞选账簿后其花费仍然超过支出上限，可判决该竞选账簿的候选人失去候选人资格。

未根据本法第 L52－12 条规定的条件提交竞选账簿的候选人可被宪法委员会判决失去候选人资格。

候选人提交的账簿因故意欺诈或严重违反竞选筹资规则而被驳回的，宪法委员会可判决该竞选账簿的候选人失去候选人资格。

在各种选举中，根据本条前三款规定撤销候选人资格的判决应当持续最多三年的期限。该判决对于判决前取得的职务不具有溯及力。

宪法委员会判决撤销已当选者的候选人资格时，应同时撤销选举结果。若无人对选举结果提出异议，宪法委员会应撤销当选者的职务。

在不违反本法第 L52－15 条规定的情况下，若本法第 L52－14 条规定的委员会未依法做出决定，宪法委员会应当根据本法第 L52－11－1 条的规定要求候选人退还资金。

第 LO136－2 条 若国民议会议员未根据本条第 LO135－1 条的规定提交声明，公共生活透明高级管理局可向国民议会办公室提出控告。

国民议会办公室向宪法委员会提出审查申请后，宪法委员会可判决撤销相关议员的资格，并解除其职务。

第 LO136－3 条 在宪法委员会受理的选举异议案件中，候选人以损害选举公平性为目的采取欺诈行为的，应被判处最多三年内不得参选。

前款规定的取消候选人资格的判决适用于所有类型的选举，判决对之前的职务不具有溯及力。

已当选的候选人被宪法委员会判决失去候选人资格时，宪法委员会应同时撤销选举结果。

第 LO136－4 条

一、国民议会议员入职后的第一个月，税务机关应当根据其掌握的信息在议员入职之日向他发送一份关于其是否履行申报和支付税款义务的证明。该证明不构成税务机关正式的税务执法证明。在没有会计师介入的情况下议员若已缴纳税款或提交了足够的担保；或议员与会计师订立了具有约束力的纳税协议，载明利息、罚款、附加费或罚金，并遵守该协议的情况下，议员应被视为履行了纳税义务。

当税务机关的证明表明议员未履行申报和支付税款义务时，国民议会议员应当在收到证明后的一个月内履行义务或提出异议，一个月结束时税务机关应将证明提交给国民议会办公室，并告知议会提出的异议。

二、确认国民议会议员未履行纳税义务的行政决议或司法判决生效后的一个月内，税务机关应当向该议员发送新的纳税证明，并要求其在受到证明后的一个月内履行纳税义务。一个月期限结束时税务机关应将证明提交给国民议会办公室。

三、税务机关根据前两款规定发送证明时应将证明附件提交给国民议会的道德监督机关。

四、若国民议会议员收到证明后仍未履行义务，国民议会办公室可向宪法委员会提起控告。宪法委员会根据该议员违法行为的严重程度，判决撤销相关议员的资格，并解除其职务。

第四节 兼任限制

第 LO137 条 国民议会议员与参议院议员不得相互兼任。

国民议会议员当选参议院议员的，应辞去国民议会议员职务；参议院议员当选国民议会议员的，应辞去参议院议员职务。出现争议时，应待宪法委员会确认选举效力后再发表辞职声明。

议员在任何时候都不得同时参与国民议会和参议院的工作。议员只能获得其最后取得的职务的津贴。

第 LO137-1 条 国民议会议员和欧洲议会议员不得相互兼任。

国民议会议员当选欧洲议会议员的，应辞去国民议会议员职务。出现争议时，应在司法机关确认选举效力后再发表辞职声明。在等待判决期间，当事人不得参加国民议会的工作。议员只能获得其最后取得的职务的津贴。

第 LO138 条 任何有候补国民议会议员或候补参议院议员资格的公民，在当选国民议会议员后即丧失其候补议员资格。

第 LO139 条 国民议会议员和经济、社会及环境理事会成员不得相互兼任。

第 LO140 条 根据《1958年12月22日第58-1270号法令》第9条有关法官的组织法规则，禁止兼任法官和国民议会的职务。

国民议会议员不得兼任《宪法》规定之外的其他司法职务、仲裁职务、中间人，或调解人。

第 LO141 条 国民议会议员不得兼任以下职务：大区议员、科西嘉议会议员、省议员、巴黎议会议员、圭亚那议会议员、马提尼克议会议员以及以本编第四章第三节规定的方式选举的市议员。

若当事人未能在本法第 LO151 条规定的条件下结束前款列举的兼任状态，相关人员只能获得国民议会议员的津贴，以及其选择的职务之外的其他津贴。

第 LO141-1 条 国民议会议员不得兼任以下职务：

1. 市长、区长、市长代表、市长助理；

2. 市间合作公共机构主席、副主席；

3. 省议会议长、副议长；

4. 大区议会议长、副议长；

5. 混合工会的主席、副主席；

6. 科西嘉行政理事会成员和主席、科西嘉议会议长；

7. 圭亚那议会和马提尼克议会议长、副议长，马提尼克行政理事会成员和主席；

8. 新喀里多尼亚政府成员、主管、副主管，新喀里多尼亚议会议长、副议长，新喀里多尼亚各省议会议长、副议长；

9. 法属波利尼西亚政府成员、主管、副主管，法属波利尼西亚议会议长、副议长；

10. 沃利斯和富图纳地方议会的议长、副议长；

11. 圣巴尔代莱弥、圣马丁、圣皮埃尔和密克隆地方议会的议长、副议长，圣巴尔代莱弥、圣马丁、圣皮埃尔和密克隆行政理事会成员；

12. 法定的其他自治地方的议会议长、副议长；

13. 海外法国人联合会主席、海外法国人联合会办公室成员、领事馆副主席。

国民议会议员若未能根据本法第 LO151 条的规定结束兼任状态，相关当选人仅能获得作为国家议员的津贴。

第 LO142 条 国民议会议员不得兼任委任制公职，以下职务除外：

1. 在当选日因职位空缺而担任的职务，或担任研究主管；

2. 上莱茵省、下莱茵省、摩泽尔省的宗教部长或宗教行政部门的代表。

本条规定适用于《宪法》第 25 条规定的委员会成员职位。

第 LO143 条 国民议会议员不得兼任外国政府或国际组织提供并授薪的职位。

第 LO144 条 受政府指派从事临时任务的公民可以在六个月内兼任国民议会议员。

上述临时任务的执行不得获得任何报酬、薪金或津贴。

第 LO145 条

一、国民议会议员不得兼任国有企业的董事长、总经理、执行副总经理，国家公共机构的主席、主任、副主任，也不得兼任企业或机构的永久性顾问职位。

若非担任顾问性职务，国民议会议员不得兼任国有企业或公共机构的行政理事会成员，也不得兼任独立的行政机构或独立的公共权力机构中的职位。

国民议会议员不得兼任独立的行政机构或独立的公共权力机构中的领导职务。

二、在上述机构或组织担任顾问性职务的国民议会议员不得获得任何报酬、薪金或津贴。

三、本条第 1 款不适用于信托局监督委员会成员及主席的职位。

第 LO146 条 国家议员不得兼任以下机构的负责人、董事会主席、董事会成员、监事会主席、首席执行官、总经理、总经理代表或主管：

1. 国家或地方政府以利益担保、补贴等效形式给予优待的公司、企业或机构，除非这些优待来源于一般法规的适用；

2. 以金融为主营业务并公开吸收存款的公司，公开吸收存款的民事企业以及此类公司的领导机构、行政机构和管理机构；

3. 专门为国家、地方政府、公共机构、国有企业，或外国政府执行项目、供应物资、提供服务的企业或公司；

4. 目的为购买或出售建筑土地（无论其性质如何）的营利性企业或公司，或进行房地产开发，建造用于出售的不动产的营利性企业或公司；

5. 大部分资本来源于本款第 1 项至第 4 项规定的企业、公司、机构；

6. 对本款第 1 项至第 4 项规定的公司、企业或机构实施有效控制的公司和机构；

7. 混合所有制公司；

8. 主营业务为向本款第 1 项至第 4 项规定的公司、企业或机构提供咨询服务的公司、企业。

本条规定适用于任何直接或通过中间人担任上述机构、企业或公司管理职务的公民。

第 LO146 – 1 条 国民议会议员不得从事以下活动：

1. 当选后接受新的咨询性职务；

2. 继续从事就任议员的十二个月之前接受的咨询性职务；

3. 向本法第 LO146 条第 1 项至第 7 项规定的公司、企业、机构提供咨询服务；

4. 向政府、公有企业、行政机关或其他外国政府机构提供咨询服务。

第 LO146 – 2 条 禁止国民议会议员取得主营业务为提供咨询服务的公司、企业、机构的控制地位。

禁止国民议会议员对以下公司、企业、机构进行控制：

1. 主营业务是提供咨询服务，且议员于就职的十二个月之前取得控制地位；

2. 主营业务是向本法第 LO146 条第 1 项至第 7 项规定的公司、企业、机构提供咨询服务。

第 LO146 – 3 条 禁止国民议会议员以个人名义在公共生活透明高级管理局公布的游说代表名录中登记的法人、机构、组织内担任游说代表。

第 LO147 条 国民议会议员在履职期间禁止担任本法第 LO146 条规定的公司、企业、机构的董事会成员或监事会成员。

第 LO147 – 1 条 国民议会议员不得兼任以下机构的主管或副主管：

1. 地方公共机构的行政理事会；

2. 各地国家公共服务中心的行政理事会，或各地公共服务中心管理处；

3. 地方混合所有制公司的董事会、监事会；

4. 地方公有公司、地方公共事业发展公司的董事会、监事会；

5. 廉租房主管机关。

第 LO149 条 律师公会注册的律师若被提名为国民议会议员，则禁止直接或间接地通过合伙人、合作人或秘书，在法院对颠覆国家、破坏和平犯罪进行追诉的刑事案件中或涉及行为、信贷或储蓄的案件中执业（高等法院、共和国司法法院审理的案件除外）。禁止此类议员代表本法第 LO145 条、第 LO146 条规定的公司、企业、机构与国家、国有企业、公共事业单位进行诉讼，或在其纠纷中提供咨询，除了《1957 年 12 月 31 日第 57 - 1424 号有关汽车肇事侵权案件管辖的法律》所规定的案件外。

第 LO150 条 金融、工业、商业企业的广告均不得出现国民议会议员的姓名和身份。

金融、工业、商业企业或机构的创始人、领导人、管理人若在其管理或创立的公司广告中提及国民议会议员的姓名和身份，应被判处六个月的监禁和 3750 欧元的罚金，或被判处二者之一的刑罚。若当事人为累犯，应被判处一年的监禁和 7500 欧元的罚金。

第 LO151 条

一、出现本法第 LO141 条规定的兼任情况的国民议会议员应当辞去其较早获得的职务以结束兼任状况。为此，议员应当于选举结果宣布后的三十日内辞职，选举出现异议时，应当于确认选举结果的司法判决生效后的三十日内辞职。若其兼任职务于同一天取得，议员应在相同的条件下，辞去其在人口最少的选区获得的职务，以结束兼任状态。

若议员未在期限内选择辞职，那么其最早取得的职务应视为自动到期。

若兼任职务于同一天取得，且议员未在期限内选择辞职，那么其在人口最少的选区获得的职务应视为自动到期。

二、出现本法第 LO141 - 1 条规定的兼任情况的国民议会议员应当辞去其较早获得的职务以结束兼任状况。为此，议员应当于选举结果宣布后的三十日内辞职，选举出现异议时，应当于确认选举结果的司法判决生效后的三十日内辞职。若其兼任职务于同一天取得，议员应在相同的条件下，辞去其在人口最少的选区获得的职务，以结束兼任状态。

若议员未在期限内选择辞职，那么其最早取得的职务应视为自动到期。若兼任职务于同一天取得，且议员未在期限内选择辞职，那么其在人口最少的选区获得的职务应视为自动到期。

第 LO151 - 1 条 违反本法第 LO139 条、第 LO140 条、第 LO142 条至第 LO146 - 1 条、第 LO146 - 2 条第 1 款、第 LO146 - 3 条、第 LO147 条至第 LO147 - 1 条规定兼职的国民议会议员，应当在选举结果宣布后的三十日内，或选举出现异议时宪法委员会判决作出后的三十日内,辞去与其议员职位冲突的其他职务或职位。

议员若承担本法第 LO142 条第 1 款、第 2 款以外的公共职务,则应当在其任职期间内安排其担任其他合法的同级职务,但其无权获得晋升和养老金。

出现本法第 LO146-2 条第 1 款、第 2 款规定的兼任情况的国民议会议员应当于就任后三个月内,或选举出现异议时宪法委员会判决作出后的三个月内,终止所有或部分参与,或在其任期内采取必要措施确保不再全部或部分参与相关事务,包括不再行使任何形式的审查权。

第 LO151-2 条 国民议会办公室应根据本法第 LO135-1 条第 3 款第 5 项、第 11 项的规定,确保其议员利益声明中的职业活动、一般利益活动,或出资行为与其议员的职务相适应。国民议会办公室、掌玺官兼司法部长或国民议会议员若对议员职务与其利益活动和出资行为的相适性有异议,可请求宪法委员会作出判决。

若宪法委员会认定该议员出现法律所禁止的兼任情况,则该议员应当在受到宪法委员会判决后的三十日内结束兼任状况,否则宪法委员会可判决解除该议员的职务。

第 LO151-3 条 若国民议会议员违反本法第 LO149 条、第 LO150 条的规定,国民议会办公室、掌玺官兼司法部长可请求宪法委员会作出判决,宪法委员会应对该议员作出解除职务的判决。

第 LO151-4 条 宪法委员会作出的解除国民议会议员的判决应告知国民议会议长及内政部长。该判决不会导致议员候选人资格的丧失。

第 LO152 条 根据《1958 年 11 月 7 日第 58-1067 号法令》第 4 条有关宪法委员会组织法的规定,宪法委员会成员不得兼任国民议会议员。

被提名加入宪法委员会的国民议会议员若在提名公布后八日内未做出相反意思表示,则视为辞去议员职务。

第 LO153 条 根据《1958 年 11 月 17 日第 58-1099 号法令》第 2 条第 2 款有关适用《宪法》第 23 条的组织法规定,宪法第 23 条规定的国民议会议员和政府职务的兼任规定于行为人成为政府成员的一个月后生效。在此期限内,该名国民议会议员不得参加投票,不得获取议员津贴。若该议员在此期限到期之前辞去政府成员的职务,则《宪法》第 23 条的规定不产生效力。

第五节 候选人资格声明

第 L154 条 候选人应当提交一份附其签名的候选人资格声明，该声明应包含其姓名、性别、出生日期、出生地、居住地和职业。

候选人资格声明应当附上一份证书，表明该候选人年满十八周岁并拥有选民资格。

在第一轮投票时，候选人资格声明还应附上一份证书，表明候选人已根据本法第 L52-5 条、第 L52-6 条的规定完成财务专员任命，若其未任命财务专员，则应提交本法第 L52-5 条第 1 款、第 L52-6 条第 1 款规定的证明文件。

第 L155 条 候选人声明中还应当包括当选候选人出现职位空缺后的候补人选的姓名、性别、出生日期、出生地、居住地和职业，并附上接受候补的书面凭证，以及表明候补人选满足候选人资格条件的证书。

同一人不得在数个候选人资格声明中担任候补人选。

候选人不得担任其他候选人的候补人选。

第 L156 条 任何人均不得在多个选区成为候选人。

若候选人违反本条规定在多个选区均提交候选人资格声明，相关机关不得对其进行候选人登记。

第 L157 条 候选人应当在投票前的第四个星期五的 18 点前向省政府提交两份候选人资格声明。

候选人资格声明应当由候选人本人或其候补人选送达省政府。

省政府收到候选人资格声明后应发放临时回执。

第 L159 条 若候选人资格声明未能满足上述条件，省长应当在二十四小时内向行政法院申请裁决，行政法院应当于三日内作出判决。当事人对行政法院的判决不服的可向宪法委员会提出诉愿。

第 LO160 条 丧失候选人资格者不得提交候选人资格声明。省政府应拒绝其提交的声明。

提交候选人资格声明时被省政府拒绝的候选人可向行政法院提出诉愿，行政法院应当在诉愿提出后三日内作出判决，当事人对行政法院的判决不服的可向宪法委员会提出诉愿。

若法庭未在上述期限内作出判决，则政府应当接收登记该候选人资格声明。

第 L161 条 候选人资格声明提交后的四日内，省政府应向候选人发放最终的回执。

提交符合现行法律规定的候选人资格声明的候选人才可获得最终回执。

第 L162 条 候选人应当于第一轮投票后的星期二的 18 点前提交第二轮选举的候选人资格声明。

若因不可抗力而无法于本法第 L175 条规定的期限内举行第二轮选举，候选人应当于第一轮投票后的星期三的 18 点前提交候选人资格声明。

在符合本法第 L163 条规定的条件下，未参加第一轮选举或未获得注册选民总数至少 12.5% 投票的候选人不得成为第二轮选举的候选人。

若仅有一名候选人满足上述条件，那么第一轮投票中选票数仅次于他的候选人可参加第二轮投票。

若无候选人满足上述条件，则由获得选票数最多的两名候选人参加第二轮投票。

候选人无法参加第二轮投票时，应由其在第一轮选举的候选人资格声明中指定的候补人选代为参选。

本法第 L157 条第 2 款、第 3 款和第 L159 条的规定适用于第二轮投票的候选人资格声明。这种情况下，行政法院应当在二十四小时内作出判决。

第 L163 条 若候选人在候选人资格声明提交的期限前死亡，其候补人选应代替他成为候选人，并应指定新的候补人选。

若候补人选在候选人资格声明提交的期限前死亡，候选人可指定新的候补人选。

第六节　宣传

第 L164 条 竞选活动从投票日前的第二十天开始，并在当日开始实施本法第 L51 条的规定。

第 L165 条 最高行政法院应规定候选人根据本法第 L51 条在专门地点张贴海报的数量和尺寸，以及印刷并寄送给选民的通告、海报、选票的数量和尺寸。

根据本法第 L163 条的规定，选票应当包含候选人及其候补人选的姓名。

禁止候选人印刷和使用任何其他形式的通告、海报或选票。

第L166条 选举二十日前,国家应在每个选区设立委员会负责选举宣传材料的寄送和分发。

最高行政法院应当通过政令规定该委员会的组成和运行条件。

候选人可指派专员以咨询者的名义参与该委员会的工作。

第L167条 国家应承担本法第L166条规定的委员会开展的业务及其运作所产生的费用。

获得不少于5%选票的候选人所花费的相关通告、海报、选票的纸张和印刷费用应由国家承担。

第L167-1条

一、在竞选期间,党派和政治团体可利用视听传播公共机构的节目进行竞选活动,其具体条件由本条予以规定。

二、在第一轮选举期间,若政党或政治团体根据最高行政法院的政令规定而拥有至少七十五名候选人,则该政党或政治团体可申请获得七分钟的节目时长。

在第二轮选举前,前述政党或政治团体可在相同的条件下获得五分钟的节目时长。

三、在第一轮选举中,国民议会党团主席按照其议员的数量比例获得两小时的节目时长。这一时长的分配由获得本条第2款规定时长的政党或政治团体主席根据最高行政法院政令规定的条件自由分配。

在第二轮选举前,应按照前述方式分配一小时的节目时长。

四、在第一轮选举中,为了使各政党或政治团体获得的竞选节目时长与其参与国家民主政治生活的活跃程度相匹配,可在本条第2款规定的政党或政治团体间额外分配一小时的补充节目时长。

在分配补充节目时长过程中,应考虑以下因素:

1. 根据本法第2款、第3款已经分配的时长;

2. 根据国民议会上一次整体换届的选举结果、最近一次候选人选举结果,或根据民意调查所指向的结果而确定的政党或政治团体所具有的代表性;

3. 政党或政治团体对于选举辩论的参与活跃度和贡献度。

在第二轮选举前,应按照前述方式分配半小时的补充节目时长。

五、本法第 2 款、第 3 款、第 4 款规定的竞选节目可在《1986 年 9 月 30 日第 86-1067 号有关传播自由的法律》第 44 条规定的国有信息传播公司播出，具体选择由高级视听理事会根据前法第 16 条做出。电视节目播出的文本应当相同，广播节目播出的文本可进行改动。

六、高级视听理事会应监督竞选节目时长根据本法第 2 款、第 3 款、第 4 款的规定进行分配。

高级视听理事会同本法第 5 款规定的信息传播公司协商后，规定竞选节目的制作和传播条件。

根据本条第 3 款的规定向数名国民议会党团主席分配节目时长或向数个政党或政治团体分配节目时长时，可根据其申请增加共同竞选节目。上述申请应当根据最高行政法院的规定向高级视听理事会提出。

七、对于在大城市之外的地区播放的竞选节目，高级视听理事会应考虑传播延时和时区的差异。

八、视听媒体的竞选宣传费用由国家承担。

第 L168 条　违反本法第 L158 条第 2 款、第 3 款以及第 L164 条至第 L167 条规定的任何人，均应被判处 3750 欧元的罚金和三个月的监禁，或被判处二者之一的刑罚。

第 L169 条　对于违反本法第 L156 条第 1 款规定的候选人，禁止签署或张贴与之相关的海报，禁止寄送或分发与之相关的选票、通告、宣言。

第 L170 条　对于违反本法第 L156 条规定的候选人，其在选区内张贴或发放的海报、标语、宣言、选票应当被没收或扣押。

第 L171 条　违反本法第 L156 条第 1 款规定的候选人应被判处 9000 欧元的罚金，违反本法第 L169 条规定的公民应被判处 4500 欧元的罚金。

第七节　投票的筹备工作

第 L172 条　国家颁布政令召集选民参加选举。

第 L173 条　选举应于召集选民选举的政令发布后的第七个星期五举行。

除了本法第 L55 条规定的情况外，国民议会的整体改选在瓜德罗普岛、圭亚那和马提尼克应于星期三举行。

第八节　投票的进行

第 L174 条　在多个选区提交候选人申请的候选人所获选票无效，且不得在任何选区当选。

第 L175 条　各选区的选票统计工作应在各省会进行，计票时间为投票后的第一个星期一。候选人代表及专门委员会应到场监督，该委员会的组成和运行由最高行政法院规定。

第九节　国民议会议员的补选

第 LO176 条　除本条第 2 款规定的情形外，空缺的国民议会议员职位应当在下一次改选时由与其同时当选的议员予以填补。以下行为产生的国民议会议员职位空缺除外：选举无效，宪法委员会根据本法第 LO136 - 1 条、第 LO136 - 4 条规定做出的辞退决定，本法第 LO137 条、第 LO137 - 1 条、第 LO141 条、第 LO141 - 1 条规定的情形之外的辞职，宪法委员会根据本法第 LO136 条规定做出免职决定。

接受政府职务的国民议会议员职位应当由与其同时当选的议员予以填补，直至其停职一个月后。

第 LO177 条　根据《1958 年 11 月 17 日第 58 - 1099 号法令》第 1 条第 2 款有关适用《宪法》第 23 条的组织法规定，议员履职而产生的政府职位空缺应当于本法第 LO153 条规定的期限到期当月予以填补。

第 LO178 条　因以下原因产生职位空缺后应于三个月内进行补选：

选举无效；宪法委员会根据本法第 LO136 - 1 条、第 LO136 - 4 条规定做出的辞退决定；因本法第 LO137 条、第 LO137 - 1 条、第 LO141 条、第 LO141 - 1 条规定的情形之外的辞职，宪法委员会根据本法第 LO136 条规定做出免职决定，根据本法第 LO176 条规定无法填补职位空缺。

但是，在国民议会届满之前的十二个月内不得举行补选。

第 L178 - 1 条　本法第 LO178 条规定的补选应当按照一般改选的程序进行。

第十节　争议解决

第 LO179 条　以下事项应符合《1958 年 11 月 7 日第 58 - 1067 号法令》第 32 条有关宪法委员会组织法的规定：

1. 向国民议会报告当选人姓名的方式；
2. 提出选举异议的人士调阅计票委员会提交选举记录及其附件的期限；
3. 向档案馆提交前款所述文件的方式及与档案馆的沟通方式。

第 LO180 条 以下事项应符合《1958 年 11 月 7 日第 58 - 1067 号法令》第 33 条的规定：

1. 对国民议会选举提出异议的期限；
2. 有权对国民议会选举提出异议的人员范围。

第 LO181 条 向宪法委员会提出申诉的方式由《1958 年 11 月 7 日第 58 - 1067 号法令》第 34 条规定。

第 LO182 条 根据《1958 年 11 月 7 日第 58 - 1067 号法令》第 35 条的规定，申诉书应当包括申请人的姓名、资格，被申诉的选举当选人姓名、申诉理由。

申请人应当在申诉书中附上支持其申诉理由的相关证明文件。宪法委员会可特别向申请人提供一定期限以准备这些证明文件。

申诉不具有暂停效力，申诉人无须支付任何邮寄或登记费用。

第 LO183 条 根据《1958 年 11 月 7 日第 58 - 1067 号法令》第 38 条第 2 款的规定，宪法委员会可不经过事先辩论庭审，对不可受理的申请，或异议针对的事项不影响选举结果的申请，作出驳回判决，判决结果应抄送国民议会。

第 LO184 条 根据《1958 年 11 月 7 日第 58 - 1067 号法令》第 39 条的规定，在其他情况下，宪法委员会应当向被申诉的选举当选人或其候补人提供意见，并向其提供一定期限以针对申诉书和委员会秘书处文件提交书面意见。

第 LO185 条 根据《1958 年 11 月 7 日第 58 - 1067 号法令》第 40 条的规定，被申诉的选举当选人提交书面意见后，或其提交意见的期限到期后，宪法委员会应当对事实进行审理，并作出判决，判决结果应抄送国民议会。

第 LO186 条 根据《1958 年 11 月 7 日第 58 - 1067 号法令》第 41 条的规定，宪法委员会支持申诉人的主张时，可判决撤销选举结果、改变计票委员会的公告，或宣布合法当选的候选人。

第 LO186 - 1 条 宪法委员会应当根据《1958 年 11 月 7 日第 58 - 1067 号法令》第 41 - 1 条规定的条件判决宣布本法第 LO136 - 1 条规定的候选人资格丧失或撤销选举结果。

第 LO187 条 根据《1958 年 11 月 7 日第 58 - 1067 号法令》第 42 条的规定，宪法委员会可进行调查并要求各方提交与选举相关的文件和报告，特别是相关候选人的账簿,以及本法第 L52 – 14 条规定的委员会起草搜集的文件、报告和做出的最终决定。

报告的接收应经过证人宣示。选举记录应由报告人提交给当事人各方,各方应在收到后三日内提交书面意见。

第 LO188 条 根据《1958 年 11 月 7 日第 58 – 1067 号法令》第 44 条的规定,宪法委员会有权审理申请中提出的任何问题或例外情况。在这种情况下,其判决仅在涉及受诉的选举问题时具有司法效力。

第 LO189 条 根据《1958 年 11 月 7 日第 58 – 1067 号法令》第 45 条的规定,除了候选人或其之后接替职位的候补人选失去资格的情况,宪法委员会可对候选人及其候补人选的选举合法性作出裁决。

第十一节 实施条件

第 L190 条 最高行政法院应发布政令规定本章第二节、第七节、第八节以及第 L154 条至第 L159 条、第 L161 条至第 L168 条的实施方式。

第三章 省议员选举的特别规定

第一节 省议会的组成及省议员的任期

第 L191 条 省内每个区的选民应选出一男一女两名省议员。这两名议员由"双提名"候选人选出,其名字在选票上按照字母顺序排列。

第 L191 – 1 条 各省选举省议员的选区数量为 2013 年 1 月 1 日存在的选区数量的一半。若 2013 年 1 月 1 日存在的选区数量为奇数则加一以偶数计。

居民人数超过 500000 的省的选区数量不得少于十七个。居民人数介于 150000 至 500000 的省的选区数量不得少于十三个。

第 L192 条 省议员任期六年,可连任。

省议员应进行整体改选。

省议员选举应在三月举行。

各省选举组织者应在选举当天召集选举人团会议。

第二节 投票方式

第 L193 条 在第一轮投票中当选省议员的"双提名"候选人应满足以下条件:

1. 获得绝对多数的有效选票；
2. 选票总数相当于注册选民总数的四分之一。

第二轮选举中，获得相对多数选票的候选人胜出，对投票人数量不做要求。候选人得票数量相同的情况下，包含年龄最长者的"双提名"候选人胜出。

第三节　候选人资格的取得和丧失

第 L194 条　年满十八周岁的公民方可被选为省议员。

候选人应在选举日前在选民名册上登记，且在该省拥有住所，或虽无住所但从选举当年的1月1日起在该省登记直接缴税或可证明能够在选举当年的1月1日登记缴税，或虽无住所但从选举当年的1月1日起继承了该省的土地财产。

第 L194-1 条　当地限制自由场所的主管若先于候选人提名而取得其职务，则不得在其任职期间成为省议员候选人。

第 LO194-2 条　人权专员不得在其任职期间成为省议员候选人。

第 L195 条　以下公民不得成为省议员。

1. 现职或三年内曾任职的省长；现职或一年内曾任职的副省长、省政府秘书长、省长办公室主任、负责协助省长工作的副省长、专区政府秘书长。

2. 在当地实施司法管辖的现职或一年内曾任职的上诉法院法官和检察官。

3. 在当地实施司法管辖的现职或一年内曾任职的行政法院法官、大区金融法庭法官和书记长。

4. 在当地实施司法管辖的现职或一年内曾任职的大审法院法官。

5. 在当地拥有指挥权的现职或一年内曾任职的海、陆、空军指挥官。

6. 在选区内的现职或一年内曾任职的国家警察。

7. 在当地从事工作的现职或一年内曾任职的总工程师、总工程师助理，以及桥梁和道路工程师。

8. 在当地从事工作的现职或一年内曾任职的矿产服务工程师。

9. 在学区内任教的现职或一年内曾任职的学校校长。

10. 省内现职或一年内曾任职的学术督察员和小学教学督察员。

11. 省内现职或一年内曾任职的负责评估管理直接或间接的税收以及各种公共开支的公职专员或公职会计师。

12. 省内现职或一年内曾任职的邮政及电信主管及首席督察员。

13. 省内现职或一年内曾任职的烟草制造部门主管工程师、烟草生产督察员、烟草文化及销售服务主管。

14. 选区内现职或一年内曾任职的首席工程师，主管工程师，建筑工程师，及农村、水利、森林管理建设工程师。

15. 选区内现职或一年内曾任职的测量仪器督察员。

16. 省内现职或一年内曾任职的卫生和社会行动的部门主管和督察员。

17. 省内现职或一年内曾任职的国家民政局大区服务主管和负责人。

18. 选区内现职或一年内曾任职的省议会议长办公室成员，大区议会议长，省议会办公室及大区议会办公室的主任、副主任、部门负责人。

19. （已废除）

本条第 3 款至第 19 款的限制性规定对象不含在选举日退休的公民。

第 L196 条 在省内停止任职不满一年的兽医总督察员、首席兽医督察员、负责领导兽医服务职能的兽医督察员不得当选成为省议员。

农业服务管理部门或植物保护监督局的总工程师或农业服务工程师在省内停止任职不满一年的，不得当选成为省议员。

第 L197 条 根据本法第 L118－3 条、第 L118－4 条、第 LO136－1 条或第 LO136－3 条的规定被宣布失去候选人资格的公民不得提交候选人申请。

第 L199 条 根据本法第 L6 条的规定，被司法机关依法剥夺被选举权的公民不得参选。

第 L200 条 被监护或禁治产下的成年人不得参选。

第 L203 条 根据《1944 年 10 月 18 日第 58－1099 号有关没收违法所得的法律》第 3 条第 7 款第 2 项及其 1945 年 1 月 6 日的修正案，被判处单独或共同承担罚款的公民不得当选成为省议员。

第 L204 条 根据《1871 年 8 月 10 日法律》第 34 条、第 91 条的规定被判处解除省议会职务的省议员在受到处罚后三年内不得参选。

根据《普通地方管理法》第 L3121－4 条的规定辞去职务的省议员在一年内不得再次参选。

第 L205 条 因选举之后发生的原因，根据本法第 L195 条、第 L196 条、第 L199 条及第 L200 条的规定失去候选人资格的省议员，或因为失去能力而丧失选民资格的议员，应被省内的国家代表宣布辞退。除非当事人在收到辞退通知后十日内向行政法院提起诉讼，或最高行政法院根据本法第 L222 条、第 L223 条的规定进行救济。省议员因受到刑事处罚并被剥夺民事权利和选举权利后而被辞退的，对辞退决定的审查和对当事人的救济不具有暂停处罚实施的效力。

前款规定也适用于候选人资格剥夺发生在选举之前但通知候选人后告知国家代表的情形。

第四节 兼任限制

第 L206 条 省议员不得兼任本法第 L46 条第 1 款、第 6 款及第 L195 条列举的职务。

第 L207 条 省议员不得兼任省内的以下职务：省建筑师、国家公共工程的工程师、主要部门主管、地方国家公共工程的部门负责人、省政府或专区政府办公室雇员，以及所有省政府雇佣或补贴的专员。

省议员不得兼任《1986 年 1 月 9 日第 86-33 号关于公立医院职能的法律》第 2 条第 1 款、第 3 款所列举的省级机构或跨省机构的法定代表人，不得兼任省内公共服务承包商。

前款规定的机构应排除选区或相邻选区的儿童保护机构、防疫服务机构、疫苗服务机构，及其他具有慈善性质的服务机构。

前款规定的机构应排除动物流行病防治机构的兽医。

第 L208 条 任何人都不得担任多个省的省议员。

违反本法第 L210-1 条第 7 款的规定，在多个选区成为候选人并当选同一届省议员的，立即丧失其省议员的职位。

第 L210 条 因选举之后发生的原因，出现本法第 L206 条、第 L207 条、第 L208 条规定的兼任状况的省议员，应被省内的国家代表宣布辞退。除非当事人在收到辞退通知后十日内向行政法院提起诉讼，或最高行政法院根据本法第 L222 条、第 L223 条的规定进行救济。

第四节之二 候选人资格声明

第 L210-1 条 参加省议员选举的"双提名"候选人应在每轮投票前

根据最高行政法院政令规定的条件签署一份联合候选人声明。该声明应包含每个候选人的姓名、性别、出生日期、出生地、居住地和职业。候选人声明中还应当包括当选候选人出现本法第 L221 条第 2 款、第 L155 条、第 L163 条规定的职位空缺时填补其职位的候补人选。

候选人与其候补人选应当为相同的性别。

本条第 1 款规定的候选人资格声明应当附上一份证书，表明"双提名"候选人及其候补人选均满足本法第 L194 条规定的候选人资格条件。

在第一轮投票时，候选人资格声明还应附上一份证书，表明"双提名"候选人已根据本法第 L52-3-1 条、第 L52-5 条、第 L52-6 条的规定完成财务专员声明，若其未任命财务专员，则应提交本法第 L52-5 条第 1 款、第 L52-6 条第 1 款规定的证明文件。

若候选人资格声明不符合本条第 1 款规定的条件，或未附上本条第 3 款、第 4 款规定的证书，或声明中的候选人、候补人选失去候选人资格，相关机关不得接收登记该候选人资格声明。

任何人均不得同时在多个选区成为候选人。

若候选人违反本条第 7 款规定在多个选区申请成为候选人，其所属的"双提名"候选人均不得被接收登记。

提交候选人资格声明时被省政府拒绝的"双提名"候选人可在二十四小时内向行政法院提出诉愿，行政法院应当在诉愿提出后三日内作出判决。

若法庭未在上述期限内作出判决，则政府应当接收登记该候选人资格声明。

未参加第一轮选举或未获得注册选民总数至少 12.5% 投票的"双提名"候选人不得成为第二轮选举的候选人。

若仅有一对"双提名"候选人满足上述条件，那么第一轮投票中选票数仅次于他们的"双提名"候选人可参加第二轮投票。

若无候选人满足上述条件，则由获得选票数最多的两对"双提名"候选人参加第二轮投票。

第五节 选举宣传

第 L211 条 除了现行法律法规允许的宣传方式外，候选人不得印刷、使用其他任何形式的通告、海报、选票。

第 L212 条 国家应在每个选区设立一个委员会负责选举宣传材料的寄送和分发。最高行政法院应当根据本法第 L217 条通过政令规定该委员会的组成和运行条件。各选区的"双提名"候选人应指派代表参与该委员会的工作。

第 L215 条 实施以下行为的公民应被判处 3750 欧元的罚金、一年的监禁，或被判处二者之一的刑罚：

1. 违反本法第 L211 条规定者；
2. 向选民发送除委员会发送的文件以外的任何其他文件的人。

第 L216 条 国家承担本法第 L212 条规定的委员会行使职权所需的费用。满足本法第 L213 条（已废除）规定的义务且在第一轮或第二轮投票获得至少 5% 有效选票的"双提名"候选人所花费的相关通告、海报、选票的纸张和印刷费用由国家承担。

第 L217 条 最高行政法院应颁布政令以明确实施本节规定的具体条件。

第六节 选举筹备工作

第 L218 条 国家应发布政令召集选举。

第 L219 条 为了进行补选，市政府应根据现行法律法规发布政令召集选举。

第 L220 条 选举的召集令发布至投票日应当间隔十五日。

第八节 省议员的补选

第 L221 条

一、省议员根据本法第 L118-3 条的规定辞去职务，或撤销候选人或"双提名"候选人选举时，应在辞职宣布或撤销决定做出后的三个月内根据本条第 5 款的规定进行补选。

二、因前款规定以外的事由而空缺的国民议会议员职位应当由与其同时当选的议员予以填补。

三、若无法根据前款规定进行替换，则应当在职位空缺后的三个月内组织补选。补选以不记名多数决的方式进行。本法第 L191 条第 2 款及第 L210-1 条的规定不适用于本款所规定的补选。

四、若同一个选区的两个议员职位同时出现空缺，且无法根据本条第 2 款的规定进行替换，应根据本条第 6 款规定的条件组织这两个职位的补选。

五、若同一选区的两个议员职位相继空缺，无法根据本条第 2 款的规定进行替换，且第一轮投票候选人申请提交期限尚未结束，应根据本条第 6 款规定的条件在第二个职位空缺后的三个月内组织这两个职位的补选。

六、本条第 1 款、第 4 款、第 5 款规定的补选应适用于一般选举的程序，但本法第 L192 条除外。

七、省议会整体改选前的六个月内不得进行补选。

第九节　争议解决

第 L222 条　各选区的选民、候选人、省议员、省长均可向行政法院提起选举诉讼。

省长只能就违反法定条件和程序的选举提起诉讼。

第 L223 条　法院对选举异议作出生效判决之前，省议员应保留其职务。

第 L223-1 条　行政法院若发现制定选举名单或举行投票时的违法行为，可撤销选举结果判决暂停该选区当选议员的职务。即使当事人提起上诉，该暂停职务的判决仍应实施。

行政法院作出暂停议员职务的判决时，最高行政法院应当在受理上诉三个月内作出判决，若到期未作出判决，职务被暂停的议员应恢复职务。

前款规定以外的情况下最高行政法院应在受理上诉后六个月内作出判决。

第十节　实施

第 L224 条　最高行政法院应制定政令以规定实施本章（除第五节外）法律规定的条件。

第四章　市议员选举及巴黎市议员选举的特别规定

第一节　适用于所有市的规定

第一部分　市议会的组成和市议员的任期

第 L225 条　巴黎以外其他城市的市议员数量由《普通地方管理法》第 L2121-2 条规定。

第 L227 条　市议员任期六年。即使有议员在选举期间当选，市议会也应进行整体改选。市议员选举应在三月举行，部长会议应做出政令以规定市议员选举的具体日期。该政令还应召集选民参加选举。

第一部分之二 法国以外的欧盟成员国公民在市议员和巴黎议员选举中行使选举权的特别规定。

第 LO227-1 条 除法国公民以外居住在法国的欧盟公民，可以与法国公民在同等条件下参加市议员选举，但应遵循本部分的特别规定。

居住在法国的欧盟公民应在法国拥有实际住所或其居住地具有连续性。

本部分的规定中，市议员选举包含巴黎议员选举。

第 LO227-2 条 本法第 LO227-1 条规定的欧盟公民应当申请登记于补充选举名单中后才能行使选举权。

在其来源国拥有选举权，满足法国公民行使选举权、登记选举名单需要的条件的欧洲公民可以登记列入选举名单。

第 LO227-3 条 各投票站的相关管理人员应当负责编制和修改补充选举名单。

《1998 年 5 月 25 日第 98-404 号有关选举名单的编制和合法性审查的法律》第 L10 条至第 L11 条、第 L15 条至第 L17 条、第 L18 条至第 L41 条、第 L43 条规定应适用于补充选举名单的编制和合法性审查。本法第 LO227-1 条规定的欧洲公民有权行使上述规范授予法国公民的权利。

除了本法第 L18 条和第 L19 条规定的内容之外，补充选民名单还应包括相关欧洲公民的国籍。

法国选民和补充名单中的欧洲公民均可利用本法第 L25 条第 2 款规定的救济途径。

第 LO227-4 条 欧盟成员国居民在注册列入补充选举名单时，除了法国居民需要提交的证明外还应提交有效的身份证明以及一份书面声明。声明中应载明以下事项：

1. 国籍；

2. 在法国境内的住址；

3. 在国籍国未被剥夺选举权。

第 LO227-5 条 以下行为将导致行为人被判处一年监禁和 15000 欧元的罚金：

1. 以虚假住所、姓名或资格登记于补充选举名单，或在登记时隐瞒其被国籍国剥夺选举权的事实；

2. 申请登记于数个补充选举名单，或已在数个补充选举名单登记；

3. 登记或注销补充选举名单时制作或提交虚假证明材料；

4. 帮助他人通过虚假声明或证明登记或试图登记于补充选举名单，或帮助他人通过相同方式进行非法登记或注销。

第二部分　候选人资格的取得和丧失

第 L228 条　未满十八周岁的公民不得当选成为市议员。

本市所有选民或从选举当年的 1 月 1 日起在该市登记直接缴税或可证明能够在选举当年的 1 月 1 日登记缴税的公民具有候选人资格。

在居民人数超过 500 的城市，在选举时未在该市居住的市议员人数不得超过市议员总数的四分之一。

在居民人数不多于 500 的城市，市议会成员有七人的，在选举时未在该市居住的市议员人数不得超过四人；市议会成员有十一人的，在选举时未在该市居住的市议员人数不得超过五人。

若前议员比例违反两款规定，则应优先根据《城市法》第 R121-11 条的规定处理。

第 LO228-1 条　以下法国以外的欧盟成员国公民具有市议员选举和巴黎议员选举的候选人资格：

1. 登记列入该市的增补选民名单；

2. 或满足非法国人选民的法定条件，并在登记列入法国的增补选民名单，并从选举当年的 1 月 1 日起在该市登记直接缴税或可证明能够在选举当年的 1 月 1 日登记缴税。

第 L229 条　国民议会议员和参议院议员在其成为候选人的省内各市均有候选人资格。

第 L230 条　以下公民不得成为市议员：

1. 被剥夺选举权的公民；

2. 处于被监护或财产被管理状态下的成年人；

3. （废除）；

4. （废除）。

第 L230-1 条　当地限制自由场所的主管若先于候选人提名而取得其职务，则不得在其任职期间成为市议员候选人。

第 LO230 - 2 条 在国籍国被剥夺候选人资格的非法国欧盟成员国公民不得成为市议员或巴黎议员。

第 LO230 - 3 条 人权专员不得在其任职期间成为市议员候选人。

第 L231 条 现任或三年内曾任省长、现任或一年内曾任副省长、省政府秘书长、省长办公室主任、负责协助省长工作的副省长、大区事务或科西嘉事务秘书长不得成为市议员。

在市内现职或六个月内曾任职的以下官员不得成为市议员：

1. 上诉法院法官；
2. 行政法院法官、大区金融法庭法官；
3. 在当地拥有指挥权的现职或一年内曾任职的海、陆、空军指挥官；
4. 大审法院法官；
5. 国家警察；
6. 公职款会计及市公共服务承包商；
7. 市政府办公室主管、主任，专区政府秘书长；
8. 在大区议会、省议会、科西嘉议会、圭亚那议会、马提尼克议会、有权征税的市镇间合作公共机构及其公共机关任职的公共机关总监、副总监，办公室主任、办公室副主任，作为议长代表的办公室主任；
9. 总工程师、分部工程师，国家公共项目工程师、国家公共项目部门主管和首席部门主管。

政府雇佣的职员不得当选该市的议员。以下人员除外：仅因提供专业服务而领取津贴的公务人员或独立职业人员，在居民少于 1000 人的市镇中仅为季节性或偶然性活动而在市政当局工作的人员。

本条前款规定的限制不及于在选举日退休的公民。

第 L233 条 候选人资格的取得和丧失应依据本法第 L199 条的规定。

第 L234 条 根据本法第 L118 - 3 条、第 L118 - 4 条、第 LO136 - 1 条及第 LO136 - 3 条规定被宣布失去候选资格的公民不得提交候选人申请。

第 L235 条 根据《普通地方管理法》第 L2121 - 5 条第 3 款关于市议会拒绝行使特定职能的规定，被宣布辞退的市议员在一年内不得参选。

第 L236 条 因选举之后发生的原因，根据本法第 L230 条、第 L231 条、第 L232 条规定失去候选人资格的市议员，应被省长直接宣布辞退。除非当事人在收到辞退通知后十日内向行政法院提起诉讼，或最高行政法院根据本法第 L249 条、第 L250 条规定进行救济。市议员因受到刑事处罚并被剥夺民事权利和选举权利后而被辞退的，对辞退决定的审查和对当事人的救济不具有暂停处罚实施的效力。

第 LO236 – 1 条　来自法国以外的欧盟成员国的市议员和巴黎议员因选举之后发生的原因，根据本法第 L230 – 2 条规定失去候选人资格，应由省内的国家代表宣布辞退。

第三部分　兼任限制

第 L237 条　市议员不得兼任以下职务：

1. 省长、副省长、省政府秘书长；
2. 国家警察中负责计划、领导、指挥的公职人员；
3. 本市范围内依《1986 年 1 月 9 日第 86 – 33 号关于公立医院职能的法律》第 2 条第 1 款、第 3 款的市级机构或跨市机构的法定代表人。

处于本法第 L46 条及本条规定的兼任状态的市议员应当在选举结果宣布后的十日内选择接受议员职务或保留其工作。若其在十日内未向上级表明其选择，则视为其辞去议员职务保留其他工作。

第 L237 – 1 条

一、市议员不得兼任该市的市镇社会活动中心的雇员。

市镇合作机构议员不得兼任市镇间合作公共机构设立的市镇间社会活动联合会雇员。

二、市镇合作机构议员不得兼任市镇间合作公共机构雇员或其理事。

第 L238 条　任何人均不得同时成为多个市的市议员。

在多个市提交候选人申请并当选为多个市的市议员的公民应在当选同一天自动失去其市议员职务。

曾任市议员的公民若当选为其他选区的市议员，则应立刻失去其原先取得的市议员的职务。

居民人数超过 500 的市内，同时担任同一市议会议员的父母、子女、兄弟姐妹的数量不得超过两人。

但按照区域选举的市镇，前款规定的人员若在不同区域当选，则均可同时担任同一市议会议员。

顺序表适用于本条第 4 款规定的情形。

第 LO238 -1 条　实施《欧洲共同体成立条约》第一章第 8 - B 条的指令中所规定的来自非法国欧盟成员国的居民，不得担任法国的市议会议员及另一欧盟成员国地方审议机关成员。

若上述居民在兼任状况被发现后的十日内为辞去其中之一的职务，省长应当立即宣布其被辞退。除非启动本法第 L239 条规定的申诉程序。

第 L239 条　因选举之后发生的原因，根据本法第 L46 条、第 L237 条、第 L237 -1 条、第 L238 条规定失去候选人资格的市议员，应立即被省长宣布辞退。除非当事人在收到辞退通知后十日内向行政法院提起诉讼，或最高行政法院根据本法第 L249 条、第 L250 条规定进行救济。

但是处于根据本法第 L238 条第 4 款规定的兼任状态的当选者，应保留其职务直到议会的下一次改选。

第四部分　竞选宣传

第 L240 条　除了现行法律法规允许的宣传方式外，候选人不得印刷、使用其他任何形式竞选宣传通告、海报、选票。

第 L241 条　国家应在居民数量超过 2500 的城市设立委员会，其负责选举宣传材料的寄送和分发。该委员会的组成和运行条件由政令规定。

第 L242 条　国家承担本法第 L241 条规定的宣传委员会行使职权所需的费用及其产生的费用。

本章第三节和第四节规定的市议会选举的候选人所花费的相关选票、海报、通告的纸张和印刷费用由国家承担。

第 L243 条　单独候选人或名单候选人应当获得至少 5% 的有效选票才能获得本法第 L242 条规定的国家补贴。

第 L246 条　违反本法第 L240 条规定的公民应被判处 3750 欧元的罚金、一年的监禁，或单处二者之一的刑罚。

第五部分　选举筹备工作

第 L247 条　作为本法第 L227 条规定的例外，专区政府发布法令以召集选民参加选举。

召集函应当在选举十五日前对外公布。

第六部分　投票的进行

第 LO247 -1 条　在采取本章第三节规定的投票方式组织选举的市镇，

分发给选民的选票应当包含非法国欧盟成员国居民候选人的姓名、国籍,否则选票无效。

在采取本章第二节规定的投票方式组织选举的市镇,各投票站张贴的候选人名单应当包含本条第1款规定的事项。

第七部分 争议解决

第L248条 选民和有候选人资格者有权向行政法院提起选举诉讼。

省长可就违反法定程序和条件的选举向行政法院提起诉讼。

第L249条 行政法院就其所受理的选举诉讼作出裁决。

第L250条 省长或利益相关人可就行政法院的判决向最高行政法院提起上诉。

法院对选举异议作出生效判决之前,市议员应保留其职务。

第L250-1条 行政法院若发现制定选举名单或举行投票时的违法行为,可在撤销选举结果时判决暂停该选举中当选议员的职务。即使当事人提起上诉,该暂停职务的判决仍应实施。

行政法院作出暂停议员职务的判决时,最高行政法院应当在受理上诉三个月内作出判决,若到期未作出判决,职务被暂停的议员应恢复职务。

前款规定以外的情况下,最高行政法院应在受理上诉后六个月内作出判决。

第L251条 撤销全部或部分选举的判决生效后,组织者应当在三个月内召开选民大会,除非撤销判决在新的市议会改选前的三个月内作出。

第二节 居民人数小于1000的市镇特别规定

第一部分 投票方式

第L252条 居民人数小于1000的市议会选举以多数决的方式进行。

第L253条 同时满足以下条件的候选人在第一轮选举中胜出:

1. 获得绝对多数有效选票;
2. 总投票数量相当于登记选民总数的四分之一。

第二轮选举中,获得相对多数选票的候选人胜出,对投票人数量不做要求。候选人得票数量相同的情况下,年龄较长的候选人胜出。

第L254条 各市的议会议员选举以名单投票的方式进行。

居民人数大于或等于20000且包含数个独立居民点的市镇可分区进行选

举，各区依其登记选民的比例选出一定数量的议员，各区议员数量不得少于两人。

各区的范围内的领土应当是连续的。

第 L255 条 以区为单位的市议员选举应根据市议会或市内选民的提议由省长决定。

相关市的市长可就此进行调查，并由市议会向省长提供建议。市议会向在省长提供建议的六个月后才能做出举行以区为单位选举的决定。

省长做出决议时应遵守时限和程序。以区为单位的市议员选举的形式在新的决定做出前保持不变。选区的划分适用于当年的全部选举。

第 L255-1 条 作为本法第 L254 条、第 L255 条的例外，市镇合并时若合并后的市镇居民人数超过 20000，那么各被合并的市镇均可成为一个选区并选出一个以上的议员。

作为本法第 L254 条的例外，被合并的市镇的议员人数与该市人口成正比。

若被合并的市镇只有一名议员代表，则应在同场选举中选出一名候补议员，当该市镇唯一的议员临时无法履职时，候补议员以咨询者身份参与投票。

第一部分之二：候选人资格与声明

第 L255-2 条 任何人均不得在多个选区成为候选人。

第 L255-3 条 候选人可以为独立代表或集体代表。只有参与第一轮投票的候选人才能参加第二轮投票，除非第一轮选举中的候选人数量少于待选席位数量。

第 L255-4 条 第一轮投票中所有候选人均应提交候选人资格声明，第二轮选举中未参加第一轮投票的候选人应提交候选人声明。

候选人资格声明应提交给省政府或专区政府，提交时限如下：

1. 第一轮投票时，投票日之前的第三个星期四的 18 点；
2. 第二轮投票时，第一轮投票后的第一个星期三的 18 点。

提交候选人资格声明的候选人应获得回执。

候选人资格声明应明确包含每个候选人的姓名、性别、出生日期、出生地、居住地、职业及候选人签名。候选人声明应附官方证明，表明候选人满足本法第 L228 条第 1 款、第 2 款规定的候选人资格条件。

候选人资格声明符合本条规定的条件，且其所附的官方证明能够表明候选人满足本法第 L228 条第 1 款、第 2 款规定的候选人资格条件时，候选人才能得到回执。

接收声明的省政府或专区政府拒绝发放回执时，相关候选人可在二十四小时内向行政法院提起诉讼。行政法院作为第一个也是最后的救济机关，应当在诉讼递交后三日内作出判决。

行政法院若未能在上述期限内作出判决，接收声明的省政府或专区政府应当向该候选人发放回执。

第 LO255-5 条 候选人若是非法国欧盟成员国公民，则应在其候选人声明中写明其国籍。

另外，其候选人资格声明中还应包含以下补充事项：

1. 声明候选人在国籍国未被剥夺候选人资格；

2. 官方证明材料，表明候选人满足本法第 L228-1 条规定的候选人资格条件。

接收声明的省政府或专区政府若对本条第 1 款规定的声明内容有疑义，则应在投票前或投票后要求相关候选人国籍国的主管部门出具证明，表明其在国籍国未被剥夺候选人资格，或主管部门未掌握其候选人资格被剥夺的信息。

第二部分 竞选宣传（无）

第三部分 选举筹备工作（无）

第四部分 投票的进行

第 L256 条 在投票日，每个投票站均会显示各选区选出的市议员人数，以及在本节第一部分之二规定的候选人的姓名。

第 L257 条 投票箱内选择的候选人姓名数多于或少于应选的议员数的选票有效。

超出议员数量注册的候选人姓名以及非候选人姓名不得计算在内。

第五部分 市议员的补选

第 L258 条 市议员出现职位空缺时，应当在三个月内组织补选。

在市议会改选的前一年内，一般无须组织补选，只有超过半数的市议会议员职位出现空缺时才必须补选。

若市镇被划分为若干区域，同一区域半数以上的市议员出现职位空缺时，可组织部分选举。

第 L259 条 若被替换的议员是根据本法第 L254 条以区为单位选出的，那么替换工作应在该议员所属的区域完成。

第三节 居民人数大于或等于 1000 的市镇特别规定

第一部分 投票规则

第 L260 条 市议员选举以两轮名单投票的方式进行，候选人名单中的候选人数与待选席位数量相同。不得在候选人名单上增删候选人，也不得修改其顺序，除本法第 L264 条规定的情况外。

第 L261 条 市镇是一个单一的选区。

巴黎、里昂、马赛的议员选举应以区域为单位。本法附表二（略）、附表三（略）、附表四（略）规定了上述三个城市的区域数量和各区选出的议员数量。

居民数量介于 20000 至 30000 的市镇应适用本法第 L254 条至第 L255-1 条的规定。

作为本节规定的例外，居民数量少于 1000 的被合并的市镇，以及选民数量少于 1000 且不属于被合并市镇的区域，应适用本章第二节的规定。

第 L262 条 第一轮投票中，获得绝对多数有效选票的候选人名单可获得半数议席，若待选席位多于四个但取半数不为整数，则取相邻较大的整数；若待选席位少于四个但取半数不为整数，则取相邻较小的整数。余下席位应根据最高平均数规则在剩余名单中按比例分配，本条第 3 款规定的情形除外。

若在第一轮投票中，没有候选人名单获得绝对多数有效选票，则应当进行第二轮投票。第二轮投票中获得票数最多的候选人名单可获得半数议席，若待选席位多于四个但取半数不为整数，则取相邻较大的整数；若待选席位少于四个但取半数不为整数，则取相邻较小的整数。第二轮投票中得票最多的候选人名单多于一个时，拥有平均年龄最大的候选人的名单可获得半数议席。余下席位应根据最高平均数规则在剩余名单中按比例分配，本条第 3 款规定的情形除外。

未获得 5% 以上选票的选举名单不得分配议席。

各名单内部根据选举名单上候选人的排列顺序分配席位。

若分配最后一个席位时数个名单的平均数相同，则由获得有效选票最多的名单获得该席位。若有数个名单获得最多有效选票，则由这些名单中可能当选的候选人中年龄较长者获得该席位。

第二部分 候选人资格声明

第 L263 条 任何人均不得在多个选区或多个候选人名单中担任候选人。

第 L264 条 每轮投票中的候选人均应提交候选人声明。名单应按不同性别交替排列。

在第一轮投票中得票超过有效选票总数 10% 的候选人名单可进入第二轮投票。竞选方可修改候选人名单，以囊括在第一轮选举中获得 5% 以上有效选票但未参加第二轮选举的候选人名单中的候选人。候选人名单的组成和排序均可修改。

第一轮投票在同一名单上的候选人在第二轮投票中不得列于不同的名单。第二轮投票中候选人的构成应当由该名单中原候选人名单的负责人向省政府或专区政府报告。

第 L265 条 向省政府或专区政府提交的候选人资格声明应当满足本法第 L260 条、第 L263 条、第 L264 条、第 LO265－1 条规定的条件。省政府或专区政府应提供回执。

候选人名单负责人应集体提交名单中的候选人资格声明。各候选人签署一份委托书授予该名单负责人提交资格声明及登记名单的权利。第一轮投票中提交的名单应当包括如下事项：

1. 名单的名称；
2. 名单中各候选人的姓名、性别、出生日期、出生地、住所、职业。

第一轮投票中，名单负责人提交的名单还应附上名单中各候选人的授权，以及各候选人的官方证书表明候选人满足本法第 L228 条第 1 款、第 2 款规定的条件。

每轮投票中的候选人都应当签署候选人资格声明。除非候选人未签署集体声明但在相同期限内单独提交其签署的声明。

第二轮投票没有改变的候选人名单无须在候选人资格声明名单中再次附上所有候选人的签名。

在居民人数大于或等于 9000 的市镇，在第一轮投票时，候选人资格声明还应附上一份证书，表明候选人已根据本法第 L52－5 条、第 L52－6 条的规定完成财务专员任命，若其未任命财务专员，则应提交本法第 L52－5 条第 1 款、第 L52－6 条第 1 款规定的证明文件。

提交声明的候选人只有满足本条规定的条件，并提交官方证书表明候选人满足本法第 L228 条第 1 款、第 2 款规定的条件，才能收到回执。

接收声明的省政府或专区政府拒绝发放回执时，相关候选人可在二十四小时内向行政法院提起诉讼。行政法院作为唯一审级，应当在诉讼递交后三日内作出判决。

行政法院若未能在上述期限内作出判决，接收声明的省政府或专区政府应当向该候选人发放回执。

第 LO265－1 条 若候选人名单包含来自非法国欧盟成员国的候选人，则应在其候选人声明名单中写明其国籍并注明其姓名和出生地。

另外，其候选人资格声明中还应包含以下补充事项：

1. 声明候选人在其国籍国未被剥夺候选人资格；

2. 官方证明材料，表明候选人满足本法第 L228－1 条规定的候选人资格条件。

接收声明的省政府或专区政府若对本条第 1 款规定的声明内容有疑义，则应在投票前或投票后要求相关候选人国籍国的主管部门出具证明，表明其在国籍国未被剥夺候选人资格，或主管部门未掌握其候选人资格被剥夺的信息。

第 L266 条 候选人资格声明名单若包含本法第 L203 条规定的被剥夺候选人资格的公民，则不得被登记注册。

第 L267 条 候选人资格声明应提交给省政府或专区政府，提交时限如下：

1. 第一轮投票时，投票日之前的第三个星期四的 18 点；

2. 第二轮投票时，第一轮投票后的第一个星期三的 18 点。

候选人资格声明名单提交后候选人不得撤回或替换。

名单的多数候选人决定并签名后可在本条第 1 款规定的资格声明提交时

限之前撤回完整的名单。

第三部分 选举实施

第 L268 条 除空白选票外，未满足本法第 L260 条规定的条件的选票无效。

第 L269 条 若候选人资格声明名单未依法登记，其选票无效。

第四部分 市议员的补选

第 L270 条 无论因何种原因而出现职位空缺，都应当由原先议员在相同名单的下一顺位候选人接替该职位。若行政司法机关认定一名或数名当选候选人失去候选人资格应撤销选举结果，并宣布名单的下一顺位候选人当选。

若填补职位空缺的候选人处于本法第 L46-1 条规定的兼任状态，则应当在职位空缺发生后的三十日内辞去职务结束兼任状态。若在三十日内其未对辞职做出选择，则由其在名单中的下一顺位候选人接替。

若无法实施前款的规定，则应在下列条件下组织市议会的改选：

1. 若三分之一市议员职位空缺，则应当在上一次职位空缺发生后的三个月内组织改选。除本法第 L258 条第 2 款规定的情形外；

2. 若有必要在市长选举之前补足市议员席位，则应在《普通地方管理法》第 L2122-8 条、第 L2122-14 条规定的条件下组织改选。

第四节 实施于巴黎、里昂、马赛的特别规定

第 L271 条 巴黎、里昂、马赛的区议员选举，与巴黎市议员选举及国家议员选举的时间相同。

第 LO271-1 条 根据本法第 LO227-2 条的规定在补充选举名单上登记的非法国欧盟成员国公民，可在与法国选民相同的条件下参加区议员选举。

第 L272 条 巴黎议会议员选举、里昂议会选举、马赛议会选举以及各区议会选举根据本章第一节、第三节规定的条件进行。除了以下条款规定的例外情形。

第 L272-1 条 各区议会选举中候选人资格的取得、丧失，以及兼任的限制规定与各市议员选举相同。

第 L272-2 条 任何人均不得在多个区成为候选人。

第 L272 – 3 条 候选人名单中的候选人数量应当与巴黎市议会各区、市议会选举各区，以及区议会选举的待选席位数相同。

第 L272 – 4 条 未满足本法第 L272 – 2 条、第 L272 – 3 条规定的条件的候选人资格声明不得予以登记。

第 L272 – 5 条 根据本法第 L262 条的规定分配巴黎议会及市议会席位后，区议会席位应在相同的条件下在各名单中分配。在名单内部，从没有当选巴黎议员的候选人开始依据名单顺序分配席位。

第 L272 – 6 条 作为本法第 L270 条规定的例外，若巴黎议员及市镇议员因任何理由出现职位空缺，则由在候选人名单中仅次于巴黎议员及市镇议员的区议员接替其职务。

若填补职位空缺的候选人处于本法第 L46 – 1 条规定的兼任状态，则应当在职位空缺发生后的三十日内辞去职务结束兼任状态。若在三十日内其未对辞职做出选择，则由其在名单中的下一顺位候选人接替。

若区议员职位出现空缺，则应由在候选人名单中仅次于上一个市议员的候选人接替其职位。

有管辖权的司法机关若认定一名或数名当选候选人失去候选人资格，应撤销选举结果，并宣布名单的下一顺位候选人当选。

本条第 2 款不得在以区为单位的选举中实施，若区议会出现三个以上的职位空缺，则应当在上一次职位空缺发生后的两个月内组织区议会或该区内巴黎议员、市镇议员、里昂议员、马赛议员的整体改选。

第五节 实施

第 L273 条 最高行政法院应发布政令以明确本法第 L229 条、第 L240 条、第 L241 条、第 L244 条，及第 L256 条的实施条件。

第五章 市镇合作机构议员选举的特别规定

第一节 一般规定

第一部分 具有独立税收资格的市镇间合作公共机构的审议机关

第 L273 – 1 条 市镇社区、市镇公共机构、城市和大都市社区公共机构的市镇合作机构议员的人数及其在各市镇的分配由《普通地方管理法》第

L5211-6-1条、第L5211-6-2条规定。

第二部分 非法国欧盟成员国居民在市镇合作机构议员选举中行使投票权的特别规定

第LO273-2条 根据本法第LO227-2条在市镇内登记于补充选举名单中的非法国欧盟成员国公民可与法国公民在同等条件下参与市镇合作机构的议员选举。

第三部分 市镇合作机构议员职务的规定

第L273-3条 市镇合作机构议员的任期与该市议员的任期相同，并根据本法第L227条规定的条件与市议会在同一天进行整体改选。

第L273-4条 候选人资格的取得、丧失，以及兼任的限制规定与本编第四章第一节第二部分及第三部分规定的市议员选举相同。

第L273-5条

一、市议员或区议员不得担任市镇合作机构议员。

二、根据《普通地方管理法》第L2121-6条的规定，发生市议会解散或暂停时，或根据本法第L250-1条的规定对市议会进行改选时，市镇合作机构议员的职务应延长至连续选举。

市议会选举结果被撤销时，市镇合作机构议员的职务也在同一天终止。行政法院根据本法第L250-1条决定暂停市议员职务时，该决定同样适用于相同选举选出的市镇合作机构议员。

第二节 居民人数大于或等于1000的市镇特别规定

第L273-6条 在市镇社区、市镇公共机构、城市和大都市社区公共机构审议机关中，代表居民人数不少于1000的市镇的合作机构议员，与市议员同时当选并应被列于市议员选举名单中。

选举应根据本编第四章第一节、第三节、第四节规定的条件进行，但排除本节以及本章第一节规定的例外情形。

第L273-7条 若市内设区或根据本法第L261条规定以区为单位进行选举，该省内的国家代表应负责根据各区的人口数量，以最高平均数规则按比例在各区内分配市镇合作机构议员的席位。但若分区与联合市镇不相对应，则应根据登记选民的数量分配席位。

在议席分配完后，若有选区未被分配到市镇合作机构议员议席，则应当取消该选区。若选区与联合市镇相对应，则应当由《普通地方管理法》第二部分第一编第一章第三节第二部分规定的市镇替换该选区。

第 L273-8 条　市镇合作机构议会议席在名单间根据本法第 L262 条规定的选举中候选人名单获得的有效选票数分配。在名单内部席位根据候选人的排列顺序分配。

在适用前款规定的过程中，若市议员、区议员以外的候选人被分配到席位，则应由该名单中第一位同性别的市议员或区议员代替。

在本编第四章第二节规定的条件下根据本法第 L261 条规定在某一选区范围内举行的市议员选举中，若该选区的范围与联合市镇相对应，则市镇合作机构议会议席应被分配给该联合市镇的副市长，以及在该选区获得有效选票最多的市议员。若数名市议员获得的票数相同，则应将席位分配给其中年龄较长的候选人。

第 L273-9 条

一、市镇合作机构议员候选人名单与市议员候选人名单在同一张选票上分别列出。

除了本条第 2 款规定的情形外，市议会候选人名单和具有独立税收资格的市镇间合作公共机构的审议机关候选人名单应根据以下规则排列：

1. 市镇合作机构议员候选人名单上的数量与待选议席数量相同时，若该数量少于五人则应加上一名候补候选人，若该数量多于五人则应加上两名候补候选人；

2. 市镇合作机构议员候选人名单上候选人的排列顺序应与其在市议会候选人名单上的排列顺序相同；

3. 市镇合作机构议员候选人名单应按不同性别交替排列；

4. 市镇合作机构议员候选人名单上前四分之一的候选人也应当以相同的顺序出现在市议员候选人名单上的前四分之一；

5. 市镇合作机构议员的全体候选人均应出现在市议员候选人名单上的前五分之三。

二、若待选的市镇合作机构议员席位加上候补候选人数量大于待选的市议员席位数量，市镇合作机构议员候选人名单应重新使用市议员候选人名单的顺序。

第 L273-10 条　若市镇合作机构议员的职位出现空缺，无论何种原因，均应由市镇合作机构议员选举名单中下一顺位的市议员或区议员接替。若该市内只有一个市镇合作机构议员的席位，该职位由本法第 L273-9 条第 1 款第 1 项规定的候补人选接替。

若市镇合作机构议员选举名单中没有市议员或区议员可接替该职位，则应当由相应市议员选举名单中未行使市镇合作机构议员的职务的相同性别的第一位市议员或区议员接替。若该市内只有一个市镇合作机构议员的席位，则应当由相应市议员选举候选人名单中的未行使市镇合作机构议员的职务的第一位当选市议员接替。

若无市议员或区议员可根据前款规定接替职位，则市镇合作机构议员职务空缺，直到下一次市议员改选。

行政司法机关若认定一名或数名市镇合作机构议员候选人失去候选人资格应撤销选举结果，应根据本条前两款的规定宣布替代的候选人当选。

第三节　居民人数小于 1000 的市镇特别规定

第 L273-11 条　在市镇社区、市镇公共机构、城市和大都市社区公共机构审议机关中，代表居民人数小于 1000 的市镇合作机构议员，根据表格顺序从市议员中选出。

第 L273-12 条

一、若市镇合作机构议员无法履职，则应由职务空缺当天顺序表中未行使市镇合作机构议员的职务的第一位市议员接替该职务。

二、作为前款规定的例外，若当选的市镇合作机构议员同时也是市长或副市长，则应当由市长或副市长选举（根据《普通地方管理法》第 L2122-7 条至第 L2122-14 条规定）当天的顺序表中未行使市镇合作机构议员的职务的第一位市议员接替该职务。在职位空缺后尚未被接替之前，应当由《普通地方管理法》第 L5211-6 条规定的候补议员领事接替空缺的议员职务。

第二编　各省的参议员选举

第一章　参议院的组成及参议员任期

第 LO274 条　各省应选出三百二十六名参议员。

第 LO275 条　参议员任期为六年。

第 LO276 条 每次改选时改选一半的参议员。参议员被分为同等重要的两组,详见本法附表五(略)。

第 LO277 条 参议院每组参议员自其当选后的首次常规会议开幕时开始履职,上一届参议员在同一天任职到期。

第 LO278 条 参议员开始履职之日的六十日前应举行参议员选举。

第二章 选举人团的组成

第 L279 条 参议院议席在各省的分配应根据本法附表六(略)进行。

第 L280 条 各省进行参议员选举的选举人团应代表不同类型的地方机构和市镇,并考虑省内人口的数量。

选举人团由以下成员组成:

1. 国民议会议员、参议员;
2. 省内大区议员、根据本编第三章之二规定的条件任命的科西嘉议会议员;

2-1. 圭亚那议会议员、马提尼克议会议员;

3. 省议员;
4. 市议会代表及候补代表。

第 L281 条 国家统计委员会公布的国民议会议员、参议员、大区议员、科西嘉议会议员、圭亚那议会议员、马提尼克议会议员应被登记为参议员选民,并有权参与投票,即使其选举涉及争议。其若无法履行选举权,则可通过书面委托书,委托代理人行使选举权。代理人应当是参议员选举人团成员,且只能代理一人。

第 L282 条 若省议员同时也是国民议会议员、参议员或大区议员,根据该议员的建议可由省议会议长任命一名替代者。

若大区议员、科西嘉议会议员、圭亚那议会议员、马提尼克议会议员同时也是国民议会议员或参议员,根据该议员的建议可由大区议会议长、科西嘉议会议长、圭亚那议会议长、马提尼克议会议长任命一名替代者。

第三章 市议会代表的选任

第 L283 条 参议员选举选民的召集函应确定选任市议会代表及候补代表的日期。市议会代表的选任与参议员选举应间隔至少六周。

第 L284 条　在居民人数少于 9000 的市镇，市议会代表的数量如下：

- 有七名或十一名成员的市议会应有一名代表；
- 有十五名成员的市议会应有三名代表；
- 有十九名成员的市议会应有五名代表；
- 有二十三名成员的市议会应有七名代表；
- 有二十七名或二十九名成员的市议会应有十五名代表。

若市议会根据《普通地方管理法》第 L2113－6 条、第 L2113－7 条关于"2010 年 12 月 16 日第 2010－1563 号的地方改革"之前的市镇合并而组成，代表数量为合并前原市镇应有的代表数量。

第 L285 条　在居民人数大于或等于 9000 的市镇，所有的市议员均为市议会代表。

在居民数量超过 30000 的市镇，市议会应选举候补代表，候补代表的计算方式为：超出居民人数 30000 的部分每 800 个居民中应选出一名代表。

第 L286 条　正式代表数量等于或少于五人时，候补代表应为三人。正式代表数量每增加五人，候补代表应增加一人。在本法第一编第四章第二节规定的市镇中，候补代表应由市议员选出。若市议会代表及候补代表的数量多于市议员的数量，则可在该市选举名单的选民中选出候补代表。

第 LO286－1 条　在所有市议员均为市议会代表的市镇，派往参议员选举人团的非法国籍的市议员应当被市议员选举的选举名单中仅次于他的法国籍候选人替代。

第 L287 条　国民议会议员、参议员、大区议员、科西嘉议会议员、省议员均可成为法定的或当选的市议会代表。

若国民议会议员、参议员、大区议员、科西嘉议会议员、省议员是市议会的法定代表人或联合市镇咨询理事会理事，则应根据该议员的建议由市长任命一名替代者。

第 L288 条　在本法第一编第四章第二节规定的市镇内，市议会代表和候补代表应分别组织选举。选举以两轮多数不记名的方式进行。第一轮投票中获得绝对多数有效选票的候选人胜出，第二轮投票中获得相对多数者胜出，若候选人得票数相同，则由年龄较长的候选人胜出。

候选人可单独参选或组成名单参选，名单可以是不完整的。允许对名单进行增加或删减。

不能出席市议会代表及其候补代表选举的市议员可书面委托另一名市议员代为出席。委托可随时撤回，且一名市议员只能代理一人参加选举。

候补代表根据其得票数量而排序。若其得票数相同，则年龄较长者应排在较前的位置。

第 L289 条　在本法第一编第四章第三节、第四节规定的市镇内，市议会代表和候补代表在同一个选举名单上进行选举。选举以最高平均数规则按比例分配代表名额，禁止混合或优先投票。名单上候选人的数量可以少于待选的市议会代表及候补代表数量。市议会代表及候补代表候选人名单应按不同性别交替排列。

每个市议员或市议员小组均可提交一份市议会代表及候补代表候选人名单。

候补代表的排序根据其在名单上的顺序决定。

若市议会代表拒绝履职或无法履职，则应当由相同名单上仅次于最后一个当选代表的候补代表接替其职务。

不能出席市议会代表及其候补代表选举的市议员可书面委托另一名市议员代为出席。委托可随时撤回，且一名市议员只能代理一人参加选举。

第 L290 条　根据《普通地方管理法》第 L2121-35 条、第 L2121-36 条的规定，市议会的职能由特别代表团代理时，特别代表团主席应召集原先的市议会举行该市议会代表和候补代表选举。

第 L290-1 条　根据《普通地方管理法》第 L2113-11 条规定创建的联合市镇中的市议会代表数量与合并前的数量相同。其市议会代表由合并后的联合市镇议会从相应选区选举的市议员中任命。若相应选区无市议员选出，则根据本章规定的条件从相应选区的选民中选出。若联合市镇设有咨询理事会，则应在咨询理事会中选任联合市镇市议会代表的人选。若联合市镇的代表人数多于咨询理事会成员人数，则理事会成员为当然代表，其他代表从联合市镇的选民中选出。

根据《2013 年 5 月 17 日第 2013-403 号关于省议员选举的法律》，在联合市镇由市议员、市镇合作机构议员担任的市镇代表人数等于合并之前应有的市镇代表人数。这些代表由联合市镇的议会从居住在原先市镇内的市议员中选任，否则应当根据本章规定的条件从登记于当地选举名单上的选民中选出。

第 L290-2 条

一、在居民人数少于 9000 的市镇，根据《普通地方管理法》第 L2113-7 条的规定而组建的市议会，应根据本法第 L284 条规定在市议员中选出其上一级市镇的代表。

在居民人数少于 9000 的市镇，根据《普通地方管理法》第 L2113-8 条的规定而组建的市议会，应根据本法第 L284 条规定的条件在市议员中选出代表。

在前两段规定的市镇中，代表的数量不得超过新市镇建立之前原先市镇应当拥有的代表总数，也不得少于与其人口数量相同的市镇应拥有的代表数。

二、在居民人数少于 9000 且市议员人数超过 30 的市镇，以及居民人数大于或等于 9000 的市镇，根据《普通地方管理法》第 L2113-7 条、第 L2113-8 条的规定而组建的市议会，全体市议员均应根据本法第 L285 条的规定被选任为市议会代表。

代表的数量不得超过新市镇建立之前原先市镇应当拥有的代表总数，也不得少于与其人口数量相同的市镇应拥有的代表数。

若在实施前两段规定的过程中，所有市议员均无法被任命为代表，则应在市议会内部成员中选出代表。

第 L291 条 若代表名单中的所有代表均拒绝成为代表，则省长应发布政令确定新的选举时间。

第 L292 条 省内参议员选举人团的成员若对省长所制定的参议员选举选民表有异议，可向行政法院提起诉讼。对行政法院判决有异议的只能向宪法委员会提起选举之诉。

省长、选民对代表及候补代表选举有异议的，可向行政法院提起诉讼。对行政法院判决有异议的只能向宪法委员会提起选举之诉。

第 L293 条 若市议会代表和候补代表选举结果被撤销，则应宣布名单中下一顺位候补代表当选。若代表名单仍不完整，则应由省长颁布政令组织新的选举以补充名单。

第三章之二 科西嘉地区的选举

第 L293-1 条 选举之后的一个月内，科西嘉议会应负责将选举名额分配给南科西嘉省和上科西嘉省负责参议员选举的团体。

南科西嘉省获得二十九个名额,上科西嘉省获得三十四个名额。

第 L293 – 2 条 科西嘉议会首先应当在南科西嘉省选举团内指定代表科西嘉地区的成员。

每个地区议员或议员小组可以在相关各方同意的情况下提出一份候选人名单,候选人数量不超过待选席位数量。

选举名单不得删改,也不得混合圈选。席位的分配应依比例在代表中分配。

前款规定的程序进行后,尚未被指定议席的议员应成为上科西嘉省参议员选举团的成员。

在两次换届期间成为科西嘉议会议员的人应成为与他取代的议员所在省份的参议员选举团的成员。

第 L293 – 3 条 科西嘉岛的国家代表应当向该地区各省的国家代表通报根据本法第 L292 条规定的参议员选举表所制定的议员姓名。

第四章 参议员选举

第一节 选举方式

第 L294 条 在参议员数量少于或等于 2 的省,参议员选举以两轮多数投票的方式进行。

在第一轮投票中当选省议员的"双提名"候选人应满足以下条件:

1. 获得绝对多数的有效选票;
2. 选票总数相当于注册选民总数的四分之一。

第二轮选举中,获得相对多数选票的候选人胜出。候选人得票数量相同的情况下,年龄较长的候选人胜出。

第 L295 条 在参议员数量大于 2 的省,参议员选举以最高平均数规则按比例选出,禁止混合或优先投票。

在各名单内,参议员席位根据候选人的排列顺序分配。

第二节 候选人资格的取得与丧失

第 LO296 条 未满二十四周岁的公民不得当选成为参议员。

候选人资格取得与丧失的其他条件与国民议会选举相同。

但是为了实施前款规定,根据本法第 LO319 条的规定接替参议员职务的人若已成为政府成员,则不得成为候选人。

第三节 候选人资格的丧失

第 LO297 条 本法第一编第二章第四节的规定适用于参议员选举。

第四节 候选人资格声明

第 L298 条 候选人应当提交一份附其签名的候选人资格声明,该声明应包含其姓名、性别、出生日期、出生地、居住地和职业。

第 L299 条 在举行多数决投票的省内,候选人应当在候选人声明中包括当选候选人出现本法第 LO319 条出现的状况时,候补人选的姓名、性别、出生日期、出生地、居住地和职业,并附上接受候补的书面凭证,以及表明候补人选满足候选人资格条件的证书。

同一人不得在数个候选人资格声明中担任候补人选。候选人不得担任其他候选人的候补人选。任何人不得在第二轮投票中改变其在第一轮投票中提交的候选人资格声明中的候补人选。

第 L300 条 在举行比例代表投票的省内,每个候选人名单的候选人数量均应比待选席位多出两个。各名单中男女候选人的人数差不得大于一。名单应按不同性别交替排列。

除了本法第 L298 条规定的情形外,候选人资格声明应当包含名单及候选人的排列顺序。

名单候选人可委托代表负责集体提交候选人资格声明。已提交的候选人资格声明可以撤回并重新提交,但不得修改。撤回候选人资格声明的请求应包含名单中所有候选人的签名。

候选人资格声明提交期间截止后,候选人不得撤回。

选举名单上的候选人在竞选期间死亡的,名单上的其他候选人有权在选举日之前寻找合适的人选予以替换。

第 L301 条 在第一轮选举中,候选人应当于第一轮投票前星期三的 18 点向省政府提交两份候选人资格声明。

省政府收到候选人资格声明后应发放临时回执。候选人资格声明提交后的四日内省政府应向提交符合现行法律规定的提交者发放最终的回执。

第 L302 条 禁止一个人提交多个候选人资格声明。

禁止一个人在同一选区的多个选举名单中担任候选人，禁止一个人在多个选区担任候选人。

第 L303 条 候选人资格声明不满足本法规定的条件时，省长应在二十四小时内向行政法院提起诉讼。行政法院应当于三日内作出裁决。当事人可就行政法院的裁决向宪法委员会提出选举之诉。

第 LO304 条 本法第 LO160 条的规定应适用于参议院选举。

第 L305 条 在举行多数决投票的省内，所有参加第二轮投票的候选人均应当在投票开始半小时前，向省政府提交本法第 L298 条、第 L299 条规定的声明。声明提交后，省政府应立即发放回执。

未参加第一轮投票的候选人不得成为第二轮投票的候选人。

第五节 竞选宣传

第 L307 条 以下规定应适用于参议院选举：

— 《1881 年 6 月 30 日关于集会自由的法律》（除了该法第 L5 条之外）；《1907 年 3 月 28 日关于公共集会的法律》；

— 《1881 年 7 月 29 日关于新闻自由的法律》。在上莱茵省、下莱茵省、摩泽尔省，上述法律的第 L15 条、第 L17 条只有在 1906 年 7 月 10 日地方性法律规定的条件下才能适用。

第 L308 条 最高行政法院应规定候选人向选举人团成员寄送通告、选票的范围和方式。

国家应负担这些通告、选票的寄送费用。

在比例代表投票中获得至少 5% 有效选票的候选人以及在多数决投票中获得至少 10% 有效选票的候选人所花费的相关选票、通告的纸张和印刷费用应由国家承担。

第 L308－1 条 本法第一编第一章第五节之二的规定适用于参议员选举。

每个候选人或每份选举名单在参议员选举中的支出基数为 10000 欧元。在此基础上以如下方式确定支出上限：

1. 可选的参议员少于或等于两人的省内，每位居民应增加 0.05 欧元支出；

2. 可选的参议员多于或等于三人的省内，每位居民应增加 0.02 欧元支出。

本条规定的金额每年应根据法令实施，并应根据家庭的消费者价格指数（不包括烟草）而变更。

第六节 投票的筹备工作

第 L309 条　各省应颁布政令召集选民参加投票。

第 L310 条　召集选民的政令应包含投票开始和结束的时间。

第 L311 条　选举召集政令发布后的第七个周日举行参议员选举。

第七节 投票的进行

第 L312 条　选举人团成员应在各省的省会集结。

第 L313 条　选票应事先装入信封。

投票当天选举组织者应将装有选票的信封发放给选民。

投票开始前，投票站应确保信封的数量与登记的选民数量相符。

若因为发生本法第 L113 条规定的不法行为或其他原因产生的不可抗力，使得投票站无法足数提供上述信封，投票站应当使用其他信封代替，并根据本法的规定举行投票。投票记录中应载明替换信封的事实，并附上其使用的五个信封。

在举行比例代表投票的省内，可在本法第 L57－1 条规定的条件下使用投票机。前款规定不适用此种情况。

第 L314 条　投票人进入投票间后，应根据规则确认其身份，或出示其选举权证明。投票人随后应取一个信封。投票人应独自在投票间内，并避开其他人的窥视，将选票放入信封，这期间不得离开投票间。随后投票人应向投票站主席表明其只有一个信封，投票站主席应在不触及信封的情况下做出检查。检查完成后，选民应将信封放入投票箱。

在各投票站，每三百个选民拥有一个写票室。

写票室的安排方式不得有损选举的公开性。

在配备投票机的投票站，选民证明其身份和选举权后，在投票机上填写提交选票。

第 L314－1 条　在整个选举过程中，相关人员应当将市长认证的选举名单副本放置于投标站的桌子上。该名单应包含签到表。

每位选民应当以墨水笔在签到表上签署其名字。

第 L315 条 每张选票均应包含候选人的姓名，及其候补人选姓名。

第 L316 条 本法第 L43 条、第 L63 条至第 L67 条、第 L69 条、第 L70 条的规定适用于参议员选举。

第 L317 条 国家应向各地参加选举的代表发放差旅津贴，其金额及发放方式由最高行政法院颁布政令规定。

未因其职务而获得津贴的选民也可获得国家发放的差旅津贴。

第 L318 条 选举人团的成员若无合法理由而缺席投票，检察官应向其所在省省会的大审法院提起诉讼，要求判处 100 欧元的罚金。

以上条款适用于候补成员。

第八节　参议员的补选

第 LO319 条 除了本条第 2 款规定的情形外，以多数决投票选出的参议员若出现职位空缺的情况，应由与其同时当选的候选人填补空缺。以下行为产生的参议员职位空缺除外：选举撤销，宪法委员会根据本法第 LO136-1 条、第 LO136-4 条规定做出的辞退决定；本法第 LO137 条、第 LO137-1 条、第 LO141 条、第 LO141-1 条规定的情形之外的辞职，宪法委员会根据本法第 LO136 条规定做出的免职决定。

以多数决投票选出的参议员若接受政府职务，应当在其停职一个月后由与其同时当选的议员予以填补。

第 LO320 条 由比例代表选出的参议员若因接受政府职务之外的原因出现职位空缺的情况，则应由与其在同一名单上仅次于最后一名当选者的候选人填补空缺。

由比例代表选出的参议员若接受政府职务，应由与其在同一名单上仅次于最后一名当选者的候选人填补空缺，直至其停职一个月后。因接受政府职务而产生的临时性替代也适用于以名单顺序最后一位成为参议员的候选人。这名候选人应重新成为名单上未当选者的第一名。

第 LO321 条 本法第 LO177 条规定适用于参议员补选。

第 LO322 条 若因某一选区的选举被取消，而产生本法第 LO319 条之外的职务空缺，则本法第 LO319 条、第 LO320 条的规定不得实施，而应在三个月内举行补选。

参议员部分改选的当年不得举行补选。

第 L323 条 根据本法第 LO319 条第 1 款、第 LO320 条、第 LO322 条的规定，填补空缺的参议员的任期与原来的参议员任期相同。

第 L324 条 本法第 LO322 条规定的补选应根据一般改选的规则进行。若只有一个席位空缺，应通过两轮多数投票进行补选。

第九节 争议解决

第 LO326 条 若有必要，最高行政法院应颁布政令规定本编实施的具体方式。

第六章 刑罚

第 L327 条 本法第 L106 条至第 L110 条、第 L113 条至第 L117 条的规定适用于参议员选举。

（后文略）

共和国前进党

共和国前进党价值纲领[*]

共和国前进党是一个政治和公民运动团体，旨在让法国人回到政治生活的中心。本党并不是个人的简单集合，而是将具有共同价值基础和能够直面现实的大众团结起来并致力于改造现实。

与那些故步自封和走回头路的保守势力不同，我们坚定地致力于进步。我们意识到贯穿整个社会的经济、技术、生态秩序的动荡已给大量公民带来诸多变化，但我们也相信，只要人人团结、共同进步，我们就能够将这些变化变为我们未来共同的机会。

我们认为共和国前进党是人道主义、共和主义及世俗价值的继承者，并以人类的解放为第一要义。这些共同的价值观是我们应对包括恐怖主义在内的所有社会和国家威胁的最有效武器。

我们反对不平等、反对出生歧视及性别歧视，以便每个人都可以通过教育、工作和培训发展自己的能力并选择自己的生活。为了达到自由，我们无法摆脱世界变化的风险，但我们可以武装自己以便抓住所有机会，并真正找到自己在社会中的位置。

我们认为，提高经济效益、发展社会正义、提高创新和包容能力对于社会公共利益至关重要。我们的愿景是建立一个前卫的社会，以实现生态和数字化的转型、鼓励个人的成功、保留博爱和团结的基本价值观，并保障每个人的安全和自由。如果不是以此为目标，任何对未来的规划都是徒劳的。

---

* 来源：共和国前进党网站，https://en-marche.fr/chart.pdf，最后访问日期：2018年8月9日。

我们是欧洲公民，致力于发展欧洲的政治项目，并赞同将我们聚集在一起的一系列价值观：自由、团结、集体理想、创新、机会平等，并将之根植在欧洲计划中。欧洲是我们在全球化时代的主权基础，我们正努力使它更加高效、团结和民主。

我们知道，当前进行的政治生活重组必须战胜选举消极主义和民粹主义的兴起。鉴于这些挑战的严重性，我们认识到我们的责任是巨大的。

我们敏锐地意识到这些任务的紧迫性，因为法国人的期望的幻灭已经有太多。我们有责任恢复人民对政治的信心，因此，我们的承诺首先是行动的有效性。长期以来，教条主义和偏见思想一直成为变革的主要障碍，我们希望通过自身的行动来打破这些障碍。我们向公民承诺，我们会直面他们的现实状况，倾听他们关注的问题，并解释我们在行动中所做的必要选择。我们决心在任何情况下都保持诚实的语言，因为这是摆脱政治无能的第一步。我们相信政治即社会公益，这使得我们必须超越特定的利益，并抵制所有扼杀我们国家的保护主义。

我们将继续保持开放的态度，接受党内与基础价值观一致的各种政见，并与所有国家的建设者共同努力。我们鼓励年轻人从事政治活动，并阻止这项事业成为"受监管的职业"。因此，我们认为在政治上实现真正的平等是我们的责任，这是我们战斗的重要领域。

我们认为社会不会因为禁令而转变。国家的成功需要明确的方向、政治参与的意愿，需要新的规则和宏大的计划，更离不开集体智慧、社会参与者之间的对话、地方的积极性，以及公民对公共生活的参与。只有发挥每个人的最大功用，帮助优化集体组织，让良好的设想成为现实，我们才能忠于设立共和国前进党的初衷。

我们的每一位党员应当遵守社会礼仪的基本规则，尊重他人，保有诚实正直的品格，并模范地遵守共和国法律。我们应根据一个人的言行评价他，而不能依靠偏见。

因此，我们每一个党员都应当避免歧视和权力的滥用，并对任何利益冲突情况保持警惕。特别应注意的是，我们应当远离那些与本价值宪章表达的价值相左的集体和组织。

我们的党是一次创新的结果，并由那些不想屈服于失败和保守的人们建立和发展，我们有责任忠于这种初衷和动力。

共和国前进党党章*

为了进行深度的变革，373000 名党员于 2016 年 4 月 6 日共同发起成立了共和国前进党。

自共和国前进党成立以来，其地方委员会的行动和热情充分体现了公众参与的愿望。

共和国前进党的党员致力于保卫共和国前进党最初的公民精神和基本价值，同时使它们成为政治图景中、社会生活中、法国国内，甚至法国之外的永久组成部分。

2017 年总统选举和议会选举的结果体现了选民的热切期望，并要求共和国前进党承担起更多的义务和责任。

政治格局的快速重组要求党向所有的进步人士开放，不论其政见如何。

党员们期望使本党成为总统多数派联盟和政府的最忠诚、有力、坚实的后盾，以回应法国人民的期望。

2017 年 6 月 5 日至 25 日地方委员会和地方协调局进行了会议磋商，讨论了 2017 年 7 月 8 日至 13 日发生的主要变动对共和国前进党及其党员的影响。

考虑到上述原因，并根据党员大会中党员们根据党章和内部条例的规定所进行表决产生的结果，共和国前进党章程经修改，内容如下。

目　录

Ⅰ. 目标、原则和构成

Ⅱ. 地方委员会

Ⅲ. 地方协调局

Ⅳ. 中央机构

Ⅴ. 地方会议

Ⅵ. 道德委员会

Ⅶ. 参与式民主

---

* 来源：共和国前进党网站，https://en-marche.fr/articles/communiques/communique-presse-nouveaux-statuts，最后访问日期：2018 年 8 月 9 日。

Ⅷ. 相关活动的组织

Ⅸ. 候选人提名

Ⅹ. 财务

Ⅺ. 党的内部团结

Ⅻ. 章程及内部条例的修改

ⅩⅢ. 党的解散

ⅩⅣ. 过渡条款

Ⅰ. 目标、原则和构成

第 1 条　创建和法律框架

共和国前进党由拥护本章程的党员共同创立，本党的创立以 1901 年 7 月 1 日有关结社契约的法律以及 1901 年 8 月 16 日的法令为依据。

共和国前进党遵循现行法律中有关政治生活资金的法律，并构成选举法典第 L52 – 8 条及其之后的条文所规定的政党。

共和国前进党的住所为巴黎市拉贝格鲁路第 99 号，邮编为 75015。行政办公厅可通过决议变更住所。

共和国前进党为无固定期限政党。

第 2 条　目标

共和国前进党是一个共和主义的、进步的、世俗的欧洲政党，并渴望给法国的政治生活带来新的思想和行动方式。本党的目标如下。

- 党致力于发扬共和主义、民主主义的思想和原则以及进步的价值观，并为了保障自由、解放、个人权利、机会平等、性别平等、团结、世俗主义、经济自由，以及确保城乡和海内外地区的和谐共存而奋战在一线。

- 共和国前进党认同法国对欧盟的归属，重视其对和平、人类发展和经济社会文化建设的作用，并视其为一项基本原则。其同时致力于促进法国作为人权国家在国际舞台中的作用。

- 共和国前进党将生态和团结置于其整体计划的中心，并在地方、全国、欧盟和国际行动中进行推广。

- 共和国前进党对社会活动家进行动员并培训，并与之进行对话，以传播新的思想。为了服务公共利益，共和国前进党致力于以各种形式组织集体行动,包括社会活动的方式。

——共和国前进党旨在使公民回到政治参与的核心,它通过各种方式促进民主辩论,并建立发起提案、传播政治信念的力量。党应当确保思想多样性和多元化的主张得到尊重。

——共和国前进党团聚候选人参加中央、地方和欧洲的选举。

第3条 行动原则

为了完成党的目标,共和国前进党应当遵守以下行动原则。

——政治生活是所有公民的事业。共和国前进党致力于促进各方能够参与选举活动,并努力去除限制公民参加政治生活的障碍。

——地方委员会是共和国前进党的基础,并形成党的文化。地方委员会在本章程的框架内拥有行动自主权。

——共和国前进党的领导人和当选公职的党员应当通过其行动增强公民对政治生活的信任,并确保其行为的正直和诚信。党应尊重并保障人权,并确保行动的透明性。

——本章程规定的党的领导机关和机构内部的政治官员不得获得薪金。

——党内政治职务应有任期限制。

——共和国前进党内领导职务和选举职务的分配应遵循性别平衡原则。

——无选举职务的党员可在共和国前进党内任职。

——共和国前进党坚持实用主义的方式。党采取的行动和手段均应为其目标、为党员的承诺以及社会公益而服务。

——共和国前进党应充分利用各种数字化工具所提供的机会,以促进其内部的思想交锋和民主化。

——共和国前进党是一个解放的阵地。它鼓励各方参与其行动,尤其是致力于向社会开放,以促进与政治家、社会活动家、文化学者、经济学家、工会在国内和国际上的交流。

——共和国前进党包括当选公职的党员在内的所有党员均应在其公共职务或党内职务的获得过程中,遵循共和主义的礼仪和程序。

第4条 手段

为了完成本章程第2条规定的目标,并始终遵循第3条规定的原则,共和国前进党可开展以下行动:

——制定由党的候选人或当选公职的党员负责的公共行动项目;

－制定并实施确定和培养未来的领导者的计划；

－制定并实施行动计划，以加强公民之间的联系，并从与社会组织、工会、企业等其他社会行动者的交往中得到启发；

－与追求共同目标的主权国家、欧盟和国际实体进行合作，并在必要时与他们结盟；

－使用各种通信手段，特别是数字通信手段，例如创建网站、互联网平台、数字应用程序、社交网络账户，并在需要的时候为党员及委员会提供服务；

－创建、管理并维护一个或数个出版物、报纸和刊物；

－组织活动、大会、研讨会、圆桌会议、培训活动，以及所有其他信息交流、讨论和辩论的活动；

－联合、支持其他社会组织、智库、基金会、社会经济企业，并维系同他们的关系，也可在必要时对之进行资助；

－招募集体活动组织和管理所需的团队，并租赁、购买或出售这些活动所需的动产和不动产；

－在法律规定的条件和限度内，协调和组织党的行动和目标实现所需的募款会议；

－在法律规定的条件和限度内，寻求金融工具，进行借贷、担保，以完成党的活动。

第 5 条　党员及价值宪章

所有自然人，不分国籍，只要赞同本党的目标和行动原则，均可申请入党。

党员资格不以党费的足额缴纳为必要条件。

共和国前进党在网站上设立在线入党申请系统。

党员均受到章程、内部条例和价值宪章的约束。

行政办公厅可提案订立价值宪章，经理事会批准后通过。

党员应承诺在公共生活中，在党的内部活动中，以及在履行政府职务或选举职务的过程中遵守价值宪章的规定。

内部条例应对入党的条件进行详细规定，特别是对入党的可能性进行规定，具体包括：

－入党申请人持有或发表过违反价值宪章的意见，或者入党申请人的目的对于党的原则和目标显然有害的情况下，相关部门应拒绝其入党申请；

——相关部门应当要求党员定期更新并延续其党员资格。

所有党员均可做出退党决定。

第 6 条　个人信息

共和国前进党应当根据《1978 年 1 月 6 日第 78-17 号信息保护法》的规定，对待其所收集的个人信息，特别是党员的个人信息。

只有党的负责人有权获取包含党员个人信息的文件，其他人如有必要获取上述文件，应当得到相关负责人的授权。

内部条例应当对获取上述文件的条件进行详细规定。

Ⅱ．地方委员会

第 7 条　地方委员会

地方委员会是共和国前进党首要的交流和行动机构。

党员有权自主决定是否加入地方委员会。

1. 创建

根据内部条例规定的方式，地方委员会可根据党员或首席代表（如有必要）的要求而创建。

地方委员会不具有永久性，并在特定的地区内履行其职责。

2. 职责

地方委员会的职责如下：

——在特定的地区组织和协调党员参加活动；

——根据第Ⅰ章规定的目标和原则，在该地区内组织集体活动，包括社会活动或文化活动；

——促进共和国前进党内部的思想交流，并参与制订党的各种项目计划；

——在该地区宣传共和国前进党的行动计划，并招募新的党员；

——敦促国家机关关注公共利益的主题和该地区相关问题；

——发掘男女政治家，以促进法国政治生活的更新；

——参与选举活动。

3. 运行

各地方委员会可根据本章程和内部条例的规定，在选举期限内，自主选择其运作和行动方式，以实施中央机关规定的方针政策。地方委员会应根据其制定的规则在其内部选出一名地方负责人。

地方委员会可以自主决定或根据行政理事会的建议试行相关政策。

地方委员会应当与相关地区的地方代表进行协作。

地方委员会不得接管其他地方委员会的事务。管辖范围有交叉的地方委员会之间可以相互提供支持。

如果地方委员会或其所属的党员的行为明显损害党的价值、目标或原则，行政办公厅即可在进行质询后（如有必要还可征求仲裁委员会的意见），决定中止或解散相关的地方委员会，若遇见紧急情况，行政办公厅可以无须质询即可做出中止地方委员会的决定。

以下行为的具体条件由内部条例制定：

－中央机关批准地方委员会的创建；

－如果法人资格是该地方委员会创建、运行的必要条件，行政办公厅可允许某地方委员会拥有法人资格；

－在同一区域内的数个地方委员会可以合并、休止或中止；

－各委员会可以其认为适当的方式（包括数字化的方式）对外发表意见。

Ⅲ．地方协调局

第 8 条 地方代表

地方代表在同一地区的地方委员会之间以及地方委员会与中央机关之间发挥连接作用。

1. 选任

地方代表选任方式如下：

－每个省选出一个地方代表；

－每个海外省、海外大区、海外领地以及新喀里多尼亚各选出一个代表；

－国外的法国人可选任一个代表；

－鉴于某地区的人口数量，在一个地区内特别是在大城市圈内选出一个代表。

行政办公厅应当制定选任地方代表的地区名单，并由理事会通过。根据行政区划、选举情况和人口状况的变化，行政办公厅经过理事会的同意后有权改变地方代表的管辖区域和数量。

每个地方代表的选任均由行政办公厅完成。相关地方委员会可以根据其内部规则向行政办公厅推荐两个不同性别的人选建议。相关地方委员会提出建议后，行政理事会应在此基础上做出决定。行政理事会可以要求相关地区的成员就地方代表的人选进行投票。如有需要，内部条例可以规定地方代表的选任方式和商议方法。

行政理事会应当确保地方代表候选人的多样性及性别平衡。

地方代表与议员的职务不得兼任。

地方代表任期为三年，任何人均不得在同一地区担任地方代表两次以上。

2. 职权

地方代表的职权如下。

－向中央机关报告相关地区的特别问题以确保共和国前进党的思想稳定。

－负责组织共和国前进党的政治活动并协调地方委员会的行动。地方代表有权为此组织相关地区内的当选公职的党员的活动中心。

－确保党的良好运行，并确保各方对党的章程及价值宪章的遵循。

－组织党的选举活动，包括提供物质保障和参与组织工作，以及为此接待相关代表团。

党应当定期对地方代表的行动进行竞选评估，并将其行动与相关地区的党员和地方委员会联系起来。

Ⅳ．中央机构

第9条　党员会议

党员会议是共和国前进党的党员参与的会议。

1. 组成

参与会议的党员一人一票，由本人或通过代表行使投票权。

内部条例应规定党员参与党员会议及投票的条件。

内部条例还应规定召集党员会议和做出决定的条件，做出决定的方式包括：

－党员本人出席或通过代表出席的党员全体大会做出决定；

－电子表决；

－通过投票站表决或电子表决方式进行的地方分散会议做出决定。

2. 职权

－在召集函确定的框架内审议党的政治方针和行动纲领；

－根据第 34 条规定的条件对党的章程进行修订；

－根据第 36 条规定的条件做出党的解散决定。

3. 运行

党的行政办公厅认为必要的时候可召开党员会议，并自本章程实施的第一次会议后每三年至少召开一次会议。

理事会三分之二成员通过决议后，也可召集特别党员会议。

行政理事会可选任相关人员负责主持党员会议的工作。

党员不得委托代理出席党员会议。

召集党员会议的机关应当制定会议日程，党员会议只能审议会议日程中载明的问题。

党员会议以简单多数通过决议。

党员会议应制作会议记录，并由党员会议主席签署。

第 10 条　理事会

理事会是共和国前进党的议事机关。

1. 组成

理事会由如下成员组成：

i. 共和国前进党党员中的全国的议员（包括参议院议员、国民议会议员以及欧洲议会议员）以及政府成员；

ii. 共和国前进党党员中的地方官员；

－大区议会及省议会议长（如果大区议会及省议会议长不是党员，则由大区及省议会党团主席作为成员）；

－海外省、海外大区、海外领地以及新喀里多尼亚的行政首脑（如果行政首脑不是党员，则由相关议事机关党团主席作为成员）；

－超过 5 万居民的城市市长和超过 10 万居民的市镇间合作公共机构主席；

－居民少于 5 万的城市市长、少于 10 万居民的市镇间合作公共机构主席，以及国外法国侨民代表，这些代表的选任条件由内部条例规定，且人数不得超过十五人；

– 共和国前进党的地方代表。

iii. 抽签产生的党员代表数量应当超过理事会成员数量的 25%。

首先，党员应当申请成为候选人。

随后，抽签应当满足以下条件。

· 在透明度和公正性方面提供充分的保证。

· 确保抽签的男女性别平衡。

· 确保抽签人数的五分之一为地方党员积极分子。

本党应当向抽签产生的党员代表提供一笔资金用以参加理事会的会议，内部条例可以对这项支出的条件进行规定。

iv. 首席代表及全国财务主管。

v. 第 22 条规定的组织机构代表。

vi. 行政办公厅遴选的党员代表（数量不超过五人，并应根据党员对于党的政治生活贡献选出）。

行政理事会应当审查并确保理事会成员满足本条规定的条件，并有权决定全国医院以及地方官员成为理事会成员的条件。

以选举或抽签方式产生的理事会成员任期为三年。理事会成员的任期与其资格职务的任期相同。

理事会的所有成员，无论是当然成员、当选成员还是抽签产生的成员，均享有相同的权利，承担相同的义务。

理事会的所有成员均有出席会议的义务。多次违反该义务的成员将受到被开除理事会的处罚。

2. 职权

在不与本章程其他规定相冲突的情况下，理事会拥有以下职权：

– 决定共和国前进党的政治方针原则，并确保其得到良好的履行和遵守；

– 任命首席代表；

– 选举行政办公厅的 20 名成员；

– 监督行政办公厅及首席代表的行为；

– 规定本党选定并提名参加共和国总统选举候选人的方式；

– 对内部条例、行政办公厅内部规则进行审议。

内部条例的修正案应当得到理事会成员绝对多数同意后才能通过。

3. 运行

理事会每年至少应召开两次会议，会议应当由首席代表召集。行政办公厅或者理事会三分之二以上成员也可在必要时候请求召集理事会。

理事会主持人由行政办公厅任命。

召集会议的机构应当制定会议日程，理事会的审议应按照会议日程进行。

除非有相反规定，理事会以简单多数做出决议。

内部条例可以进一步规定以下事项实行的条件：

– 在行政办公厅的建议下，理事会通过电子信息工具召开会议，进行审议、表决；

– 委托代理的限制和排除；

– 理事会的全部会议应在互联网上直播，以便所有党员能够观看。

理事会成员应受到理事会决议的约束，违反理事会决议的成员应受到处罚。

第 11 条　行政办公厅

行政办公厅是共和国前进党的领导机构。行政办公厅与首席代表一同领导并组织党的活动。

1. 组成

行政办公厅由以下成员组成：

– 一名或数名首席代表；

– 全国财务主管；

– 理事会选举产生的 20 名成员；

– 根据首席代表的建议，由上述 20 名当选成员选任的 10 名成员（任命这 10 名成员之人不得在任命当日拥有选举职务）。

行政办公厅成员的任期为三年，任何人均不得受任该职务超过三次。

行政办公厅成员没有报酬。党可向理事会成员提供行使其职权所必要的资金，内部条例可以对这项支出的条件进行规定。

首席代表有权选择相应的专家或代表参加行政办公厅的会议，以就相关议题为行政办公厅提供参考。该专家或代表无权参加行政办公厅的投票。

2. 职权

在不与本章程其他规定相冲突的情况下，行政办公厅职权如下：

— 监督理事会或党员会议通过的方针得到遵循；

— 有权拒绝入党申请；

— 根据首席代表的建议，提名中央代表；

— 根据首席代表的建议，提名道德委员会及仲裁委员会成员；

— 在选举之前决定共和国前进党的组织模式；

— 根据第 8 条规定的条件确定地方代表的人选，并确定地方代表选举的条件；

— 在每轮全国性选举之前，组建一个提名委员会，并根据提名委员会的建议确定选举候选人的人选（除了共和国总统选举之外），行政办公厅有权撤销候选人提名，当事人可以就撤销候选人提名的决定向仲裁委员会提出申诉，该申诉不得中止行政办公厅决议的实施；

— 可以委托选定的人员完成特定任务，并规定其任期和目的；

— 可实施惩罚措施；

— 批准党工作所需的买卖、借贷、担保（包括抵押）等行为。

为了履职的需要，行政办公厅可以委托他人代为签名，有权创设特别机构，并规定其权限、决议方式及组成人员。这些机构由行政办公厅领导，并对它负责。

3. 运行

行政办公厅每年至少召开十一次会议。其会议由一名或数名首席代表召集，并制作会议日程。理事会三分之一以上成员或者行政办公厅一半以上成员均可根据特定的会议日程召集行政办公厅会议。

行政办公厅应当选定其中一名成员担任负责人。

行政办公厅的决议应满足以下条件。

— 通过绝对多数投票形成决议，任何投票人均不得接受超过一份委托。

— 仅在多数成员出席或受委托出席的情况下才能进行有效审议。若未达到法定出席人数，则应至少在三日后重新召开会议，第二次会议无法定出席人数条件要求。

行政办公厅可通过电子工具或者以电话会议的方式进行审议并做出决议，内部条例可以对具体条件进行规定。

行政办公厅可决定将其会议全部或部分在网上直播，从而使党员可以观看。

行政办公厅会议应当制作会议记录。

行政办公厅成员受到其决议的约束，违反该义务的成员将受到处罚。

第 12 条 首席代表

首席代表负责共和国前进党的日常事务，并是国家层面的主要代表。

1. 选任

首席代表由理事会根据内部条例规定的条件选举，任期为三年。理事会可决定选出一名或数名首席代表，但首席代表最多不超过三人。

任何人均不得担任首席代表超过两次。

内部条例可规定投票的方式，以及参选首席代表所需的赞助金条件。

首席代表不得兼任共和国总统或总理。

当首席代表履职不能或辞职时，行政办公厅可选任代理首席代表。

2. 职权

在不与本章程其他规定相冲突的情况下，首席代表拥有以下职权：

－主持共和国前进党的工作，并负责组织党的政治和思想生活；

－确保其决议得到执行；

－根据党员会议及理事会确定的方针，在选举前负责制订共和国前进党的计划；

－向行政理事会建议财务主管及中央代表的人选；

－代表共和国前进党从事民事行为，可委托代理人，可以代表党提起诉讼；

－任命一名或数名共和国前进党发言人；

－招募共和国前进党的工作组，并可任命组长。该小组在首席代表的领导下负责执行行政办公厅的决议，并有权获得报酬。

为了履职的需要，首席代表可以委托他人代为签名。

首席代表不得获得报酬。其履职所需的必要费用由共和国前进党承担，内部条例可规定具体条件。

第 13 条 全国财务主管

全国财务主管负责管理共和国前进党的财产。

1. 选任

全国财务主管由行政办公厅根据首席代表的建议任命，任期三年。

任何人不得担任全国财务主管超过两次。

2. 职权

全国财务主管的职权如下：

— 负责在行政办公厅的领导下管理党的财务，并向理事会报告工作；

— 制作预算并由行政办公厅通过；

— 在每个年末向行政办公厅报告党的财务状况，包括党的账户状况及持有附津贴的当选职务的党员及履行政府职务的党员缴纳党费的状况，随后应将报告提交全国竞选账户和政治资金委员会；

— 有权代表行政理事会，为党的利益或党的候选人的利益参与谈判，特别是有关用于资助党的候选人的贷款担保或信贷额度的谈判；

— 有权以通告的方式向地方代表或地方委员会发布其认为必要的指令。

为了履职的需要，全国财务主管可以委托他人代为签名。

全国财务主管不得获得报酬。其履职所需的必要费用由共和国前进党承担，内部条例可规定具体条件。

第 14 条　中央代表

中央代表由首席代表领导，每位中央代表负责组织有关特定的主题的讨论，并推动辩论的进行。

1. 选任

中央代表由行政办公厅根据首席代表的建议任命，任期三年。

中央代表的数量由行政办公厅根据首席代表的建议确定。行政办公厅任命中央代表前应当征询道德委员会的意见。

任何人均不得在同一主题下担任中央代表超过两次。

中央代表应当遵循性别平衡原则。

半数以上的中央代表应当来自行政办公厅中未履行当选职务的成员。

中央代表履职所需的必要费用由共和国前进党承担，行政办公厅可规定具体条件。

2. 职权

中央代表根据理事会制定的方针，在首席代表的协助协调下履行职权。

每个中央代表领导一个工作小组，并根据其负责的主题自由选择小组成员。该工作小组主要包括：

— 拥有相关主题专业知识或经验的党外人士，或相关机构、实体成员；

— 不在党的中央机构任职并志愿加入工作小组的党员。

工作小组的成果可供所有党员使用、评论。中央代表向理事会报告工作。

V. 地方会议

第15条 地方会议

地方会议是共和国前进党的议事机关,参会代表来自各地方、海外领地,以及国外的法国人组织。

地方会议的目的是促进共和国前进党在地方的稳定,并提供一个各地交流问题的平台。

参会代表为理事会成员中的各地代表。

地方会议由一名最年长的成员和一名最年轻的成员共同领导。

地方会议由行政办公厅,或其三分之一以上成员召集。

地方会议可就各地相关问题进行投票,或向行政办公厅、理事会申请处理最近一次会议中报告的相关问题。

VI. 道德委员会

第16条 道德委员会

道德委员会负责监督共和国前进党各方对道德原则的遵守。

道德委员会可以就具体个案进行裁决或对抽象问题发表意见。

1. 组成

道德委员会实行合议制,由三至六名委员组成。

共和国前进党党员资格不是担任道德委员会委员的必要条件。

道德委员会委员由行政办公厅根据首席代表的建议任命,任期三年。任何人不得任道德委员会委员超过两次。

道德委员会独立于党的领导机构。它无须遵循性别平衡原则,并有权自主决定内部负责人。

2. 运行和职权

道德委员会可依职权主动或根据行政办公厅的要求发表意见。普通党员或当选公职的党员可以向行政办公厅提出申请或请求。仲裁委员会可请求道德委员会发表意见。

道德委员会可以主动或根据申请向共和国前进党的相关机关提供意见。

由于道德委员会是为预防纠纷而提供帮助建议，因而其意见或建议是公开的、不记名的。

道德委员会可以制定其内部条例，并有权召开电话会议或通过电子工具召开会议。

VII. 参与式民主

除了本章程规定的权利和义务（特别是作为党员会议、地方委员会成员、参与抽签的理事会候选人的权利和义务），党员享有因参与式民主而保障的权利。

第17条 党员的直接征询会

根据20%的党员或者地方委员会的申请，行政办公厅可以在最近一次会议中对党员或地方委员会提出的问题进行审议。

行政办公厅经过辩论后可以三分之二的多数决定举行党员的直接征询会，对相关问题进行询问。

行政办公厅可确定集体讨论和组织投票的方式。征询会可以通过电子工具的方式进行。

第18条 党员参与的预算

共和国前进党每年应当将一部分收入拿出来用于发展参与式民主，但该部分预算不得超出行政办公厅确定的额度。

用于发展参与式民主的预算旨在资助和实施党员提议和选择的活动。这些活动应当与党的目标保持一致，并有助于党的目标的实现。

用于发展参与式民主的预算由行政办公厅制定并执行，行政办公厅可以为此创设一个特别咨询委员会，该委员会可以由理事会成员，以及抽签产生的党员组成。

行政办公厅每年应当向理事会报告根据本条规定而做出的决定。

第19条 党员信息的反馈

党员可以直接向行政办公厅报告信息，其信息应当对共和国前进党的生活、活动有益，特别是在竞选期间。

第20条 质询权

任何机关或组织，无论其目的如何，也无论其是否从属于共和国前进党，均有权向行政办公厅申请安排质询，以讨论党的目标或其制订的计划。

Ⅷ. 相关活动的组织

共和国前进党与所有持共同目标的社会行动家相互协作。

第 21 条　工会活动及党员社团

共和国前进党鼓励党员参加工会组织及一个或数个社团，例如人权保护组织、团结协会、消费者协会、教育组织、学生家长组织、环保组织，以及地方生活促进协会。

第 22 条　网络与联合

共和国前进党促进与其他组织与实体的联合。

行政办公厅可决定与某一组织进行联合，该组织的目标、运行方式、行动原则应当与党的目标相符。

本党还特别与共和国前进党青年团以及特定的专题小组进行联合，联合的方式可由内部条例规定。

行政办公厅可以撤回合作决定。

行政办公厅可决定将共和国前进党预算的一部分用于资助联合的组织。

行政办公厅应当将其依据本条做出的决定向理事会报告。

Ⅸ. 候选人提名

第 23 条　提名委员会

1. 组成

行政办公厅应当在每次地方或全国选举前组建提名委员会。委员会成员应在首席代表的建议下由行政办公厅决定。首席代表不得成为提名委员会成员。

行政办公厅应当规定提名委员会成员的数量，并应遵循性别平衡原则，同时确保提名委员会中不含当选公职的党员。

与提名结果有利害关系的个人不得成为提名委员会成员。

2. 职权

提名委员会有权通过以下提名案：

- 对省、大区、全国和欧盟选举候选人的提名；
- 对市政选举名单中首位候选人的提名。

无论何种选举，提名委员会均可向党员进行询问。

在遵守现行法律的情况下，提名委员会应当以不记名的方式在最大程度上遵循性别平衡原则，并确保选举名单符合性别平衡原则。

在符合法律、内部条例规定的条件时，所有党员均可以提交候选人提名申请。

X．财务

第 24 条　预算

1. 收入

共和国前进党每年的收入包括：

- 自然人的合法捐赠；
- 合法的社会援助；
- 具有政党地位的法人的捐献；
- 党员的合法党费；
- 当选公职的党员转入的补贴；
- 法律规定的其他收入。

2. 预算的制定

全国财务主管制作的预算由行政办公厅通过，并提交理事会。

第 25 条　地方层面的财务

地方委员会的财务包括以下方面：

- 行政办公厅规定的捐赠；
- 以行政办公厅规定的方式获得的其他合法收入。

全国财务主管可以提名地方委员会财务主管的人选，并由行政办公厅同意。

根据行政办公厅的建议，全国财务主管可以决定让每个地方代表建立共和国前进地方所需的财务组织模式。

第 26 条　拥有选举职务或政府职务的党员的党费

拥有选举职务或政府职务的党员应当缴纳额外的党费，其党费数额是其每年累计获得津贴数额的一部分，具体比例由行政办公厅每年根据情况予以规定。

这部分党费归入全国财务联合会账户，并在中央层面使用。

拥有选举职务或政府职务的党员如果未按时缴纳本条规定的党费，则丧失获得在党的选举中的提名资格，同时不得担任党在地方或中央的负责人，并不得参加党在中央或地方的机构。

第 27 条　全国财务联合会

根据法律规定，党的全国竞选账户和政治资金委员会批准设立全国财务联合会，并由该联合会管理党募集的资金。

第 28 条　账目

党应当根据现行法规制作账目，特别应遵循 1988 年 3 月 11 日第 88-227 号关于政治生活资金透明的法律。

第 29 条　社会推广

共和国前进党每年社会推广活动的起止时间是 1 月 1 日和 12 月 31 日。

第 30 条　财务专员

行政办公厅有权决定任命、同意连任及更换审计专员。

XI. 党的内部团结

第 31 条　党员资格的丧失

党员资格以注销或开除的方式而丧失。

在不与本章程其他规则冲突的情况下，如若出现下列情形，则应开除相关党员：

- 不遵守党的章程或价值宪章；
- 丧失被选举权或公民权利；
- 刑事处罚或其他原因而导致名誉受损；
- 获得违背党的原则或目标的职务；
- 党已提名候选人后，仍向选举职位推介其他候选人或公开表示支持其他候选人。

第 32 条　仲裁委员会

1. 组成

仲裁委员会是一个由六至十二个党员组成的合议制机构。

行政办公厅在首席代表的建议下选任仲裁委员会成员。其成员任期三年，可连任两届。行政办公厅成员不得兼任仲裁委员会成员。

2. 职权

仲裁委员会的职权如下：

– 如果利害关系方有争议，可就党拒绝入党申请的决定进行审查；

– 根据行政办公厅的申请，对党员或地方委员会违反本章程、内部条例、价值宪章，及党的领导机关所做决议的行为进行审理。仲裁委员会有权听取当事人的陈述，并有权做出开除、警告、告知、惩戒或其他与罪责相适应的措施。

3. 运行

仲裁委员会在实施惩戒权的过程中，应当充分尊重被告的权利。

仲裁委员会每年应向理事会汇报工作。

第 33 条　在选举准备阶段和选举过程中的特别程序

当选公职的党员在辞职时若尚未辞去其代表本党担任的选举职务，本党应视为将其开除。

如果党的相关机构提名了候选人，其他党员仍然作为候选人参与同一职位的选举，行政办公厅可以就当事人的申请进行调查，撤回违纪一方的候选人申请，并视为将其开除。

如果党的相关机构提名了候选人，行政办公厅发现该候选人的违纪行为，可在听取仲裁委员会主席的意见后宣布对该候选人的惩戒决定。该决定即可产生执行效力。当事人可就该决定向仲裁委员会提起申诉，但该申诉不得决定执行。

XII. 章程及内部条例的修改

第 34 条　章程的修改

章程修正案可由以下机构和人员提出：

– 行政办公厅；

– 理事会三分之二以上成员；

– 三分之二以上党员。

党员会议可以绝对多数投票通过章程的修正案。

在本章程实施后两年内，行政办公厅可以根据首席代表的建议，在不满足本条上述规定的条件下提出修正案。此种修改不得与党的宗旨相关，且不得减损党员的权利。该修正案由党员会议通过。

第 35 条　内部条例

理事会可以根据行政办公厅的建议，拟订内部条例，并以理事会会议的绝对多数投票通过。内部条例的主要内容是对章程实施的具体条件进行详细规定。理事会是唯一有权修改内部条例的机构，修改的条件与制定的条件相同。

无论相关条款的内容在章程中是否得以明确，内部条例均可对该条款进行更进一步的详细规定。

内部条例的制定和修改均应告知共和国前进党的全体党员。

XIII. 党的解散

第 36 条　解散

行政办公厅可提案建议解散共和国前进党。该提案需提交党员大会，并以绝对多数投票通过。

党决定解散后，共和国前进党的财产由继承的政党所享有，如果没有继承的政党，则由党员大会指定的实体所享有。

XIV. 过渡条款

本章程的附件可规定过渡条款及其实施的条件。

2017 年 7 月 16 日于巴黎

共和党

共和党党章[*]

（2015 年 5 月）

第一章 一般性规定

第 1 条 组成

本政党由拥护本章程的自然人党员组成。党的名称为"共和党"，以下称为"党"。其存在期限为无限期。

党的住所地为巴黎。

第 2 条 目标

党的目标是在普选中促进表达，维护共和国的价值、自由、平等、博爱、宪法体现的基本原则、共和国的统一、国家的独立。

党聚合所有拥护共同价值并服务于公民的男性和女性。

第 3 条 价值

党郑重承诺维护作为本章程序言的宪章中所阐述的价值。

本党承诺在法治国、国家权威及地方自治的框架内，为法国和法国人民服务，促进人性尊严、意识自由、政教分离、权利义务实现、基本互助、人身和财产安全、个人责任、机会平等、家庭繁荣、教育和文化传播、企

---

[*] 来源：法国共和党网站，https://www.republicains.fr/republicains/textes-fondateurs，最后访问日期：2018 年 1 月 28 日。

业的自由发展、社会正义、社会对话、自然环境保护。

第 4 条　民主原则

一、党的组织和职能需遵守民主原则。

二、党保证党内政见的自由表达。促进女性和男性在参与政治生活和获得选举职位中的平衡分配。

三、民主表现为党员的选票。投票是个人行为，不得在全国选举中委托投票。党领导机关的选派、其参加选举候选人的选定均应适用民主原则。

四、在内部条例确定的条件下，党应当组织面向党员的常规咨询，以征求有关其组织、国家利益方面的意见。

第 5 条　党员

一、自然人如果支持党的目标和价值，完成了个人的入党手续，并缴纳了年度党费，即可成为党的党员。

党员的分类、入党申请的审查条件、党费数额由党的内部条例规定。

二、拥有一个或数个选举职务并享有补贴权的党员，及行使政府职务的党员在本章程及内部条例规定的条件下，应缴纳额外的职务党费。

三、在本章程和内部条例规定的条件下，党员可就领导机关的选定参与党内数字化讨论及咨询，并对党参与竞选的候选人的提名或支持发表意见。

四、来自至少五分之一联盟的五分之一党员可以在获得政治局的意见后，向全国理事会提交有关国家利益问题的议案，以期党就此问题表明立场。

提案的提交条件由内部条例规定。

五、党员应承诺遵守本章程及内部条例。

六、连续两年未缴纳党费的人自动丧失党员资格。

七、没有按期缴纳党费的人无法获得党在选举中的候选人提名，不得担任地方或中央的国家职务，不得参与党在地方或中央的机关。

第 6 条　"联合法人"

一、社会团体可以依照规定向党申请联合，党的全国理事会可在听取政治局的意见后批准该联合。无论该团体是否属于政党，均可被认为是 1901 年社会团体法上的"联合法人"。

二、"联合法人"应承诺拥护党的价值。

三、在政治局规定的条件下,"联合法人"可向党的全国理事会和党的省级机关派驻代表。

四、政治局可以向党的全国理事会建议为"联合法人"增加期限。

第 7 条　章程和内部条例

本章程规定党的组织和职权,内部条例对其实施的方式予以具体化。

第二章　党的组织

第 8 条　党的组织原则

党的组织为支部和联盟。它更倾向于分散的管理手段。

第 9 条　支部

一、支部是党的地方性基层组织。

二、章程规定的党的支部划分为立法区支部。

经当地省委员会同意,可除了立法区支部以外设立以选区或者行政区划分的支部。内部条例可对该支部的设立条件予以具体化。

三、支部委员会和支部代表团为每个支部的代表。内部条例对支部委员会的组成和支部代表的选定予以详细规定。

四、党主席可以根据政治局的意见决定解散支部。

第 10 条　联盟

一、联盟由支部组合或协调而组成。联盟可以是按省设立的或是全国性的。

二、省联盟整合省内的地方支部。

省委员会根据本章程的规定和内部条例的细则代表省联盟。

三、根据政治局的决定或应来自至少 20 个联盟和 3 个不同大区的 1% 缴费党员的请求,可在国家层面设立联盟。国家级的联盟以特殊专业、社会职业、学校、学生、学者、代际或互联网为基础而设立。

专门联盟的组成条件应符合本章程的规定和内部条例的细则。

第一节　地方组织

第 11 条　区支部

党在地方的基层单位为立法区。立法区内组成区支部。

第 12 条　区委员会

一、区委员会是党在立法区内的议事机关。它每年至少召开两次会议。

二、区委员会的组成人员由当然成员和当选成员组成。

三、区委员会的当然成员为属于该区的政府成员、国民议会议员、区议会议员、省议会议员、市镇间合作的公共机构成员、市长、巴黎里昂和马赛市的区长、巴黎区议会议员、省会和超过 30000 居民的城市副市长。

四、区委员会的当选成员数量与该区的党员数量成正比。其任职期限为两年半。

当选成员的选定方式由内部条例规定。

五、区委员会的成员数量应不少于 20 人。

六、新党员代表入选委员会的方式由内部条例规定。

第 13 条　区代表

一、区内党员以两轮多数决选举的方式选出区代表。其任职期限为两年半。

二、区代表在党的机关代表区内党员。区代表为其所属区内联盟省委员会和全国理事会的当然成员。

区代表保障党在该区内的统一行动，并保障区内党员的表达自由。

三、区代表负责召集区委员会会议，与省书记一起拟订委员会的议程，并出席会议。区代表组织区委员会的内部生活并实施其指令。

四、区代表每年召集一次区全体党员召开普通党员会议。

第 14 条　省联盟

每个省及海外领地组织建立党的省联盟。

第 15 条　省委员会

一、省委员会是联盟的审议机关，每年至少召开两次会议。

内部条例规定省委员会召开的条件。

二、省委员会的成员由区委员会成员组成，当然成员与当选成员数量之比为一比二。当选成员的席位由省级机关决定并根据各区党员的数量比例在各区分配。

三、省委员会在咨询相关党员后，有权决定少于 30000 居民的市镇选举及省级选举中党的候选人提名，省会选举除外。

四、根据本章程第 24 条第 6 款，第 47 条第 4 款、第 6 款、第 7 款，并在内部条例规定的条件下，省委员会享有对该省党员的处罚权。

五、省委员会可在告知党的总书记后，在省委员会主席和省书记的建议下，批准省内（以选区划分而不是以立法区或行政区划分）地方支部的建制，监督省内党的机关的密切协作。

第 16 条　联盟主席

一、联盟党员以两轮多数决选举的方式选出联盟主席。其任职期限为两年半。

二、联盟主席在党的机关代表联盟党员，他是全国理事会的当然成员。

三、联盟主席负责召集联盟委员会会议，与省书记一起拟订委员会的议程，并出席会议。联盟主席组织省区委员会的内部生活并实施其指令。

四、联盟主席保障党在该省内的统一行动，并保障省内党员的表达自由。

第 17 条　省委员会办公厅

一、省委员会办公厅由以下成员组成：

- 联盟主席；
- 省的书记和副书记；
- 省财务主管；
- 居住在省内的部长、国民议会议员、省议会议长、大区议会议长；
- 省的青年事务负责人；
- 省内的区代表。

在省委员会的建议下，其他人员也可以加入省委员会办公厅。

二、省委员会办公厅由联盟主席领导。

第 18 条　省书记

一、每个省联盟均有一名省书记。

二、政治局根据党主席的建议任命省书记。

三、省书记负责在省内执行中央机关的决定，并在省内组织党的选举。

四、根据党内条例确定的条件，省书记每年应当向省委员会提交行动报告。

五、省书记是省委员会的当然成员。

第 19 条　大区委员会

一、大区委员会由大区内的省委员会办公厅组成。

二、大区委员会协调大区内党的行动。

第 20 条　境外法国人联盟

一、境外法国人联盟由居住在境外的党员组成。该联盟在法国境外传播党的方针政策之价值。

二、境外法国人联盟由一个专门的中央书记管理。该中央书记由政治局根据党主席的建议任命，任命需征求代表境外法国人的议员的意见。该中央书记需确保政治局指令得到实施。

三、根据党主席的建议，在征求代表境外法国人的议员的意见后，政治局可根据党员的数量将境外法国人联盟分为支部。

四、每个支部由一名代表领导，该代表在支部大会上由全体支部党员以两轮多数决选举的方式选出，任期为两年。

五、内部条例规定境外法国人联盟的财务模式。

六、境外法国人联盟以其内部条例实现管理，该内部条例需经政治局批准。

第 21 条　欧盟公民联盟

一、欧盟公民联盟由拥有欧盟成员国国籍的党员组成。欧盟公民联盟的成员资格可与省联盟的成员资格及境外法国人联盟的成员资格并立。

二、欧盟公民联盟委员会成员由联盟内党员选举产生，委员会成员数量与党员数量之比为一比五。

欧盟公民联盟委员会成员任期为两年半。

三、欧盟公民联盟由一名书记负责管理，该书记由政治局根据党主席的建议任命。该书记需确保政治局指令得到实施。

四、欧盟公民联盟以其内部条例实现管理，该内部条例需经政治局批准。

第二节　中央机构

第 22 条　党员会议

一、党员会议是全体党员大会，由全体按期缴纳党费的党员组成。

二、党员会议审议党的总体行动和政治方针。

三、党员会议选举党主席，共和国总统由本党产生的情况除外。

四、根据政治局的决定，党员会议在全体会议时举行投票。投票站由省联盟组织或以电子投票的方式进行。内部条例对投票的方式予以详细规定。

五、党员会议于共和国总统就职后的第四个月及总统任职中期后第四个月举行。

根据政治局的决定,党员会议可以于特别的会期召开。特别党员会议的召开方式和会期由政治局决定。

第23条 全国理事会

一、全国理事会由以下成员组成:

- 代表党的主席和副主席;
- 总书记;
- 全国财务主管;
- 国民议会议员、参议院议员、欧洲议会议员;
- 现任政府成员;
- 共和国前任总统和前任总理;
- 前任党主席;
- 省议会议长、大区议会议长、居民数量超过100000人的城市市长;
- 省委员会主席和书记、省财务主管;
- 区代表;
- 省的青年事务负责人;
- 境外法国人联盟代表(在政治局规定的条件下);
- 欧盟公民联盟代表(在政治局规定的条件下);
- "联合法人"代表及特别联盟代表(在政治局规定的条件下根据其党员的数量决定,任期为两年半,该代表以个人身份入党的情形除外);
- 省联盟代表(省内党员根据政治局确定的条件选举产生,任期为两年半,数量应不少于本款前四项规定的成员数量)。

二、在党员会议闭会期间,全国理事会决定党的政治方针。

三、全国理事会每年至少召开两次,由政治局决定其会议议程。

四、全国理事会可根据政治局或至少四分之一的理事会成员的提议,在咨询常设章程、委员会的意见后,审议内部条例,获得绝对多数同意后才能修改内部条例。全国理事会应采取一切有益行动以实施本章程。

五、全国理事会根据本章程第三章规定的条件,决定党提名或支持的候选人。

六、全国理事会的每个成员均应参加由一名全国书记领导的专题工作组。

七、全国理事会可以根据政治局的建议，创设党的政治研究中心，必要时该中心可在法律上与党组织区分开来。该中心进行研究、思考、讨论、培训、出版事务，以实现党的目标，或者更广泛地说，通过其工作启发当选公职的党员的活动。

八、全国理事会的决议需获得多数选票才能得以实施，明示的相反情形除外。

全国理事会只有在多数成员出席的时候才能进行有效审议。会议未达到出席法定人数时，应于至少 8 日后重新确定下一次会议的日期，新召开的理事会不受法定人数条件的限制。

九、实施本条的模式由内部条例予以详细规定。

第 24 条　政治局

一、政治局由以下成员组成：

- 代表党的主席和副主席；
- 总书记；
- 全国财务主管；
- 全国理事会选出的 80 名成员（根据内部条例规定的条件选出，政治局决定该选举的方式，选出的 80 名成员任期两年半）；
- "共和党青年联盟"选出的三名代表（选举应符合共和党青年联盟内部条例，政治局决定该选举的条件，选出的三名代表任期两年半）；
- 前任共和国总统，现任总理和前任总理；
- 议会议长，国民议会、参议院和欧洲议会的党团主席（可能的情况下其法国副主席也为政治局成员），欧洲议会中欧洲人民党的法国代表团主席；
- 欧洲人民党主席、欧洲人民党的法国副主席；
- 党的前任主席。

作为政府成员和欧盟委员会成员的党员在不是政治局成员的情况下仍可以协助政治局的工作，无须参与选举。

二、政治局在全国理事会闭会期间领导党的工作。政治局由党主席领导，并由党的总书记负责书记处的工作。

三、党主席负责召集政治局会议，并确定会议日程。全国理事会四分之一成员也可发起政治局会议的召集，其日程根据党内条例规定的条件确定。

四、政治局的决议需获得多数选票才能审议通过。

政治局只有在多数成员出席的时候才能进行有效审议。会议未达到出席法定人数时，应于至少 3 日后重新召开政治局会议，新召开的会议不受法定人数条件的限制。

五、在每次全国选举前，政治局向全国理事会建议全国提名委员会的成员人选。提名委员会有权根据本章程的规定和内部条例的细则负责提名事务的筹备，提名委员会向政治局负责。

六、政治局根据本章程第 47 条第 4 款、第 6 款、第 7 款的规定，并在内部条例规定的条件下，对拥有选举职务和政府职务的党员行使处罚权。

第 25 条　主席

一、党主席每五年以直接普选的方式选举一次，党员会议中的全体党员选举党主席，共和国总统由本党产生的情况除外。

党的高级管理局组织党主席选举，并监督选举的合法性，审查涉及选举的控诉并宣布选举结果。

共和国总统如果由本党产生，则在其五年任职期限内，党的领导根据本章程第 26 条第 4 款确定。

二、党主席领导中央机关的工作并确保其指令得到实施。

党主席代表党从事一切民事行为。党主席可以在内部条例规定的条件下向其代表授权。党主席可代表党提起诉讼，在诉讼中，党主席只能由得到特别授权的代理人接替。

三、党主席有权在内部条例规定的条件下对党员实行章程上的处罚权。

四、党主席有权在内部条例规定的条件下解决支部或联盟各领导机关之间的纠纷。

五、被委派的一名党的副主席及党主席提名的总书记协助党主席的工作。对总书记的提名需经全国理事会的批准。

党主席遇到履职障碍或职位空缺的情况下，由被委派的副主席接替其职责，直到新的党主席选举。

第 26 条　总书记

一、总书记由党主席提名，并经全国理事会批准。

二、总书记主持党的日常工作，并监督日常工作的组织和运行。

总书记每年需向全国理事会提交政治局的行动报告。

三、副总书记协助总书记的工作。助理总书记由总书记任命，其数量由政治局决定。

四、当共和国总统由本党产生时，党由以下机关领导。

－总书记处（由一名总书记和两名副总书记组成，他们由政治局在同一张选票上选出，并可由政治局解除其职务）。

－全国理事会办公室（由第一副主席、两名副主席组成，他们由全国理事会在同一张选票上选出，并可由全国理事会解除其职务，第一副主席领导全国理事会的工作）。

上述两个机关的集合为党的领导机关。

总书记领导政治局的工作并确保其决定得到实施。总书记代表党从事一切民事行为。总书记可以在内部条例规定的条件下向其代表授权。总书记可代表党提起诉讼，在诉讼中，总书记只能由得到特别授权的代理人接替。

第27条 全国书记

一、政治局在党主席的建议下确定全国书记的人选。

二、全国书记负责党的思想工作，其工作涉及党在全国、欧盟及全球的公共行为、组织生活的主要方面。全国书记的数量和职权由政治局在党主席的建议下决定。

三、每个全国书记负责领导一个工作组，工作组由负责特定专题事务的全国理事会成员组成。

四、全国书记每年需至少一次向行政委员会、政治局及全国理事会汇报工作。

第28条 行政委员会

一、行政委员会由全国书记组成，由党主席领导。

二、行政委员会负责跟进党的政治计划的出台及实施，保障党与议会的协调。

第三节 专门联盟

第29条 组建

一、根据政治局的决定或来自至少20个联盟和3个不同大区的1%缴费党员的请求，可在国家层面设立联盟。国家一级的联盟以特殊专业、社会职业、学校、学生、学者、代际或互联网为基础而设立。一个专门联盟可在地方的支部组织活动。

二、参与专门联盟并不排除参与省联盟。

三、专业联盟依照党员从事的行业功能，聚合党员参加活动。

四、"青年活动家"联盟的目标是鼓舞30—40岁的人参与公共讨论活动，并将其关注的问题纳入讨论事项。

第30条　组织

一、各专门联盟应根据本章程和内部条例的规定制定其自己的内部条例。

专门联盟的内部条例需经政治局批准后才能生效。

二、党主席可在征求政治局的意见后决定解散专门联盟。

第31条　参与党的机关

专门联盟可向全国理事会和政治局派驻代表。

第四节　党的青年

第32条　共和党青年联盟

一、共和党青年联盟传播党的原则价值。

二、共和党青年联盟的目标是鼓舞16—30岁的青年参与公共讨论活动，并将其关注的问题纳入党的计划，并鼓励其参与法国的政治生活。

第33条　代表

共和党青年联盟选举其在全国理事会和政治局中的代表。

第34条　组织

共和党青年联盟依据其内部条例组成，其内部条例制定后需经政治局批准。

第五节　委员会

第35条　市长委员会

市长委员会召集全体作为党员的市长和认同党的价值的市长。其目标是鼓舞他们参与公共讨论活动，并将其关注的问题纳入党的计划，并与其一道参与全国的政治生活。

第 36 条　海外领地委员会

海外领地委员会召集全体海外领地和海外城市的当选者，他们应当是党员或认同党的价值。海外领地委员会的目标是鼓舞参与，并将其关注的问题纳入党的计划。

第 37 条　企业家委员会

企业家委员会的目标是鼓舞企业家参与公共讨论活动，并将其关注的问题纳入党的计划，并与其一道参与全国的政治生活，这些企业家应当是党员或认同党的价值。

第三章　选举的候选人选定

第一节　共和国总统选举的候选人选定

第 38 条　组织共和国总统选举的候选人初选

一、党所支持的总统选举候选人在初选中选出。初选向所有赞同共和主义价值并以党的价值为指引的公民开放。

总统由本党产生并寻求第二任期连任时，无须以初选方式选定候选人。

二、经过政治局的同意，本党外的其他政党可以申请加入共和国总统选举候选人的初选。

三、在总统职位空缺的情况下，全国理事会可以在政治局的建议下，决定是否有必要组织共和国总统选举候选人的初选。

第 39 条　初选的组织模式

一、组织共和国总统选举候选人初选的条件由政治局于 2015 年 4 月 7 日颁布的初选基本规则确定，本章程作为该基本规则的附件。

二、任何党的领导机关成员如果有意向参加共和国总统选举候选人的初选，则应当根据初选基本规则确定的条件，于其候选人资格声明收到后，候选人备案日之前十五日辞去其党内职务。

在这种情况下，直到初选时党的领导由其他领导机关成员负责。如果三名领导机关成员均成为共和国总统选举初选的候选人，则由政治局确定保证党的领导的条件。

三、初选候选人应在初选基本规则上签名，并承诺遵守初选基本规则。初选候选人应当承诺公开支持最终选定的候选人并承诺参与其竞选活动。

四、当初选选出的共和国总统选举候选人来自共和党时，他应向政治局建议确定保证党的领导的条件。

第二节　其他选举中候选人的选定

第 40 条　全国提名委员会

一、每次地方或全国选举前，全国理事会应根据政治局的建议组建一个全国提名委员会，其人选应当遵循性别平衡原则。

全国提名委员会的当然成员为：

– 党主席和被授权的副主席；

– 总书记；

– 负责选举事务的副总书记，或必要时的负责选举事务的全国书记；

– 议长、国民议会、参议院、欧洲议会的党团主席，及必要时的欧洲议会中欧洲人民党的法国代表团主席；

– 共和党青年联盟主席。

二、全国提名委员会准备和批准选举中党对候选人的提名和支持，它对政治局负责。

三、全国提名委员会可提出建议，建议需经全国理事会批准。

四、全国提名委员会只有在多数成员出席的时候才能进行有效审议。会议未达到出席法定人数时，应于至少 3 日后重新确定下一次会议的日期，新召开的委员会不受法定人数条件的限制。

五、全国提名委员会可就选举中党对候选人的提名和支持向党员征求意见，征求意见的方式由内部条例予以详细规定。

第 41 条　市镇选举中候选人的选定模式

一、对于 30000 以下居民的非省会城市，省委员会有权在征求相关党员意见后决定市镇选举中党提名或支持的候选人。

二、对于超过 30000 以上居民的城市或省会城市，全国提名委员会有权在征求相关党员意见后决定市镇选举中党提名或支持的候选人。

全国提名委员会在做出决定时，应征求省联盟党或党主席的意见。在决定选举候选人人选时，如有必要，全国提名委员会应当组织初选。

第 42 条　省选举中候选人的选定模式

省委员会有权在征求相关党员意见后决定省选举中党提名或支持的候

选人。

第 43 条　大区选举中候选人的选定模式

全国提名委员会应制作参与大区选举的党的候选人名单，该名单应当经全国理事会批准。

第 44 条　立法机构选举中候选人的选定模式

全国提名委员会应制作党提名或支持的参与立法机构选举的党的候选人名单，该名单应当经全国理事会批准。

第 45 条　参议院选举中候选人的选定模式

对于参议院选举，全国提名委员会应制作党资助或支持的候选人名单及党的候选人名单，该名单应当经全国理事会批准。

第 46 条　欧洲选举中候选人的选定模式

全国提名委员会应制作党提名或支持的参与欧洲选举的党的候选人名单，该名单应当经全国理事会批准。

第四章　监督机构

第 47 条　党的诉愿委员会

一、党的诉愿委员会由九名成员组成，其中两名成员从在全国理事会拥有席位的省联盟代表中随机选出，其任期为两年半。

二、党的诉愿委员会由全国理事会根据党主席的建议选出。

三、诉愿委员会在党员会议后的第一届全国理事会改选。

四、如果利害关系人提出申诉，诉愿委员会可以做出驳回入党申请的决定。

五、如果利害关系人提出申诉，诉愿委员会可以对党员做出纪律处分的决定。

六、如果党员或委员会违反本章程、内部条例或党的领导机构做出决议，党的诉愿委员会可以根据政治局的申请做出处罚决定，如有必要，党的诉愿委员会应听取当事人的意见。

七、党的诉愿委员会在实施处罚权的过程中应当确保对被告权利的维护。

八、不得就党的诉愿委员会所作的裁决在任何党的机关进行申诉。

内部条例对实施本条的模式进行详细规定。

第 48 条　党的顾问委员会

一、顾问委员会由前任党主席、前任党的总书记、国民议会和参议院党团主席、党的副主席及出共和党议会的副主席和总务主任组成。

二、在当选公职的党员的名誉、品质及职业道德受到质疑的情况下，顾问委员会有权在政治局的要求下进行调查。顾问委员会应听取当事人的意见。

第 49 条　党的高级管理局

一、党的高级管理局由九名成员组成，任期为五年。

其中五名成员为党员。

党外的四名成员因其裁判产生，从最能够确保中立且品格高尚、清正廉明的人士中选出。

二、高级管理局由政治局根据党主席的建议选出，当选成员应得到三分之二多数选票的同意。选举结果应得到全国理事会的批准。

高级管理局在共和国总统选举后次年的一月改选。

高级管理局主席在党外成员中选出，在赞成和反对票相同的情况下，主席拥有最终决定权。

三、党的高级管理局独立于党的领导机关。

四、党的高级管理局组织党主席选举，并监督选举的合法性，审查涉及选举的控诉并宣布选举结果。

五、如果利害关系人提出申诉，党的高级管理局可以就党内其他选举的合法性作出裁决。为了履行这一权力，高级管理局可根据内部条例的规定指定助理报告人。

六、不得就党的高级管理局所作的裁决在任何党的机关进行申诉。

七、内部条例对实施本条的模式进行详细规定。

第五章　资金与财务管理

第 50 条　党的年度资金

党的年度资金包括：

- 党员缴纳的党费；
- 法律规定的公众捐赠；
- 借贷的物资；
- 法律允许的所有其他资金。

第 51 条　全国财务协会

依据法律规定，党通过其全国财务协会接纳资金。

第 52 条　党员缴纳的党费

一、每年党员缴纳的党费金额由政治局规定。

二、在全国财务协会的账户内，各区支部之间、各省联盟之间和全国层面的党费数额相同。

三、党费总额决定的条件、党费征收的条件由内部条例规定。

四、未按期缴纳党费的党员不得被提名参加选举，不得担任党的中央或地方机关职务，不得参与党的中央或地方机关工作。

第 53 条　拥有选举职务或行使政府职务的党员缴纳的党费

一、拥有一个或数个附津贴的选举职务或行使政府职务的党员应缴纳额外的党费，数额至少为当年津贴净值的 5%。政治局每年确定额外党费的具体数额。

二、在区支部层级内、省联盟层级内，或国家层级内向全国财务协会缴纳的上述党费数额没有差别。

三、内部条例规定拥有选举职务或政府职务的党员缴纳党费的条件和上述党费数额确定的条件。

四、拥有一个或数个附津贴的选举职务或行使政府职务的党员如果没有按期缴纳党费，则不得在选举中获得党的提名，不得担任党在中央或地方的职务，不得参与党的中央或地方机关工作。

第 54 条　全国财务主管

一、政治局根据党主席的建议选出全国财务主管。

二、全国财务主管管理党的财务并向政治局负责，全国财务主管应当向全国理事会进行年度报告。

全国财务主管根据财务委员会及政治局的意见制作预算，并由全国理事会通过。预算执行期末，全国财务主管应向政治局提交党的账目，随后向全国竞选账目和政治财务委员会提交账目及拥有一个或数个附津贴的选举职务或行使政府职务的党员所缴纳的党费。

三、希望被提名参加竞选的候选人需请求全国财务主管开具证明，以证明其在候选人备案时已缴纳所有应缴纳的党费。

四、政治局可授权全国财务主管以党的名义，为党和党的候选人的利益进行谈判，尤其是涉及地方或中央选举财务所使用的贷款及担保。

五、全国财务主管应当以全国通报的形式颁发其认为对省财务主管有必要的政令。

第 55 条　党的财务委员会

一、党的财务委员会由 10 名成员组成，其任期与政治局相同：

－5 名议员，2 名国民议会议员，2 名参议院议员及 1 名政治局指定的欧洲议会议员；

－5 名在执行官监督下抽签产生的党员。

政治局可指定补充成员，并有权批准财务委员会成员名单。财务委员会由财务主管领导。

财务委员会的 10 名成员是全国财务协会执行理事会的当然成员。

二、财务委员会协助全国财务主管制定和执行预算。

为了完成上述任务，财务委员会在以下情况下召集会议并提出意见：

－向政治局提交预算之前；

－向全国竞选账目和政治财务委员会提交账目前。

三、财务委员会每季度应在党的中央住所地召开至少一次会议。

财务委员会至少 7 名成员可召集会议，以就当前的财务管理发表推荐意见。其推荐意见应当向政治局正式提交。

四、财务委员会以多数决选票发表意见。当正反双方选票数相同时，由全国财务主管最终决定。

第 56 条　党的预算

一、党的预算每年由全国理事会通过。

二、全国财务主管指定的预算应征求财务委员会及政治局的意见。

第 57 条　省联盟的财务

一、省联盟的财产由以下部分构成：

－联盟内党员缴纳的党费；

－联盟内拥有一个或数个附津贴的选举职务或行使政府职务的党员所缴纳的党费；

－联盟内拥有一个或数个附津贴的选举职务或行使政府职务的党员所自愿缴纳的额外财务捐助，其原则和数额由省委员会决定；

－根据政治局确定的方式所取得的其他合法财产。

上述财产根据政治局确定的方式被分为地方性财产和全国性财产。

二、全国财务主管根据省委员会的建议提名省财务主管人选。省财务主管是省委员会和全国理事会的当然成员。

第58条　省联盟财务自治

一、根据政治局确定的方式，党员缴纳党费，有一个或数个附津贴的选举职务或行使政府职务的党员缴纳党费，从而保障省联盟财务自治。

二、省财务主管对省委员会和全国财务主管负责，确保联盟预算的制定和执行应符合内部条例规定的条件。

三、对于联盟内拥有选举职务或政府职务的党员缴纳的党费，省财务主管对省委员会和全国财务主管负责。省财务主管应在预算执行期末向联盟内党员公布该账目。

第59条　共和党青年联盟的财务

一、党根据运作方式捐资成立共和党青年联盟。

二、政治局在内部条例规定的条件下决定对共和党青年联盟拨付资金的方式。

它应整合所有可用的手段，并考虑联盟成员人数的变化。

三、共和党青年联盟可自由处理可用的手段。

四、共和党青年联盟财务主管在特定账户内与其主席及全国财务主管一同管理共和党青年联盟的预算。

第六章　章程和内部条例的修改

第60条　章程及价值宪章的修改

一、修改本章程和作为本章程序言的宪章，需要根据政治局或全国理事会至少四分之一成员的建议，根据章程常务委员会的意见，由党员会议以绝对多数通过。

二、审查章程的党员可以向政治局提交修改章程的建议。

第61条　内部条例

一、内部条例对于章程实施的模式予以详细规定。内部条例由党员会议以绝对多数通过。

二、修改内部条例，需要政治局或全国理事会至少四分之一成员的建议，根据章程常务委员会的意见，由全国理事会以绝对多数通过。

三、审查内部条例的党员可以向政治局提交修改章程的建议。

第 62 条　章程常务咨询委员会

一、章程常务咨询委员会由 8 名成员组成，其成员是全国理事会根据政治局的建议选举产生的。

二、根据政治局或全国理事会的申请，章程常务咨询委员会对章程和内部条例的修改提出单纯的意见。

第七章　政党的解散条款

第 63 条　党的解散

一、经政治局提议，党员会议的全体党员以绝对多数通过后可宣布解散共和党。

二、解散时，党的财产应转给继承共和党的政党，若没有继承的政党，则其财产则转给党员会议指定的机构。

第八章　过渡性条款

第 64 条　党的地方机关选举

一、为了实施本章程第 12 条第 2 款、第 4 款，第 13 条第 1 款，第 16 条第 1 款，第 23 条第 1 款，及内部条例第 8 条、第 10 条、第 18 条的规定，区委员会的当选成员选举、区代表选举、联盟主席选举及全国理事会的省联盟代表选举均应在 2016 年 1 月 31 日前举行。

二、与内部条例第 3 条第 1 款的规定不同，只有在本条前款规定的党的地方机构选举前一个月的最后一天缴齐党费的党员才可以在党的选举名单上登记。

第 65 条　政治局中当选成员选举

与章程第 24 条第 1 款，内部条例第 20 条第 1 款、第 2 款的规定不同，党员会议应就一份唯一的候选人名单进行表决，以决定第一届政治局当选成员的人选。

第 66 条　维持党的其他机关之职能

新章程于 2015 年 5 月 30 日签署，在其生效之日选举产生的党的机关应维持其职能至期满。

共和党内部条例[*]

(2018年1月)

第一章 党员

第1条 入党申请

一、所有拥护本党目标和价值的自然人可以递交入党申请。入党申请可以向申请人住所地所在省联盟提交或直接向党的中央住所地提交。

二、政治局可以决定党员的类型,特别是为了便利以互联网方式入党的党员。

三、省委员会办公厅做出审查之后,联盟接受的入党申请应提交党的中央住所地审核后批准生效,党的中央住所地接受的入党申请直接由党的中央机关审核后批准生效。

第2条 党费

一、每个日历年中,党员缴纳的年度党费的总额、拥有一个或数个附津贴的选举职务或行使政府职务的党员应缴纳额外的党费总额,及对党费在不同联盟和不同地方层级的分配,均由政治局规定。

二、政治局可决定不同类型的党员缴纳不同数额的党费,也可决定减免共和党青年联盟成员的党费。

三、党费不允许现金支付。

四、党费不允许向第三方账户支付,除非是"夫妻党员"的情形或父母或子女同居者之间的支付。

第3条 党员资格的丧失

党员资格可因党员退党和党内惩戒而丧失。

党员退党应告知联盟、党的中央住所或通过公共表达媒体完成。

---

[*] 来源:法国共和党网站,https://www.republicains.fr/republicains/textes-fondateurs,最后访问日期:2018年4月9日。

第 4 条 党员的权利

一、在章程第 5 条规定的条件下，于选举前 6 月 30 日或 12 月 31 日已缴清党费的党员才有权登记在党的选举名单上。

二、在党的地方选举中，只有在选举日前 30 日已缴清党费的党员才有权登记在党的选举名单上。

三、党员有权参加党组织的网络辩论和咨询会。

四、党员有权在本条例第三章规定的条件下就选举候选人的选定和提名提出意见。

五、为了实施章程第 5 条第 4 款的规定，一个区支部 5% 的党员可以向其支部所属的省委员会报送有关国家利益问题的提案，并由省委员会转送全国理事会。

有关国家利益的问题是关于公权力的构建、国家机关的职权、公共政治和条约批准的问题。

如果省委员会认为该提案建议可接受，即可将提案报送政治局，随后向省内党员公布，并告知党的其他联盟，以寻求党员的支持。

在省委员会对提案建议的接收告知发布之日起六个月内，如果来自全党五分之一联盟且总数达到全党五分之一的党员表示对该建议的支持，那么省委员会则应当将提案建议转送政治局，由政治局将该提案登入下一届全国理事会的议事日程。

第 5 条 对党员的惩戒

一、对党员所施加的惩戒措施包括如下几种：

- 终局性的开除；
- 暂停党员身份（6 个月到 3 年，根据过错行为的严重程度确定）；
- 撤销管理职务或授权。

二、党员的有关材料应转送至当事各方，当事人有权申请进行庭审，经过对抗程序后，才能宣布惩戒措施。

惩戒决定应当与回执一起以挂号信的方式寄送给当事人。

三、除本条第 4 款、第 5 款和第 6 款规定的情形外，省委员会行使对党员的纪检权。

省委员会根据省书记的报告，对省委员会主席提出的惩戒要求进行审理。省委员会可授权一个特别委员会对惩戒要求进行审理，该委员会由以此为目的在省委员会内选出的三名成员组成。

在惩戒决定裁决期间，省委员会或特别审理委员会可以决定暂时中止当事人的党员资格。

四、除本条第 5 款、第 6 款规定的情形外，对于拥有一个或数个选举职务或行使政府职务的党员，政治局行使纪检权。

政治局根据总书记的报告，对党主席提出的惩戒要求进行审理。政治局可授权一个特别委员会对惩戒要求进行审理，该委员会由以此为目的在政治局内选出的三名成员组成。

在惩戒决定裁决期间，党主席在征求政治局意见后，可以决定暂时中止当事人的党员资格。

五、如果党在全国或地方选举中有候选人或候选人名单，那么政治局在选举日的前后三个月内，可以对抵触党的候选人或提名事务的所有党员实施开除或暂停党员身份的惩戒。

六、在紧急情况下，特别是在选举期间，党主席行使规定的纪检权。其做出的惩戒决定应当尽快送达政治局。

七、所有对党员的惩戒决定都可以向党的诉愿委员会寻求救济。

向诉愿委员会提出的申请应当由惩戒当事人在惩戒决定送达后七日内，以挂号信的方式与回执一起寄送给党的诉愿委员会主席。

党的诉愿委员会应在受理后 30 日内根据它的一位成员所拟定的报告进行审理，如果当事人要求，应当出席庭审。

党的诉愿委员会做出的决定无法在党的任何机构内进行再次申诉。

八、被开除的党员如果要重新入党，那么其重新入党的申请应由对其做出开除决定的机关审查。

九、重新入党的党员重获党员资格，但不得重获其原来在党内拥有的职务或授权。

第二章　党的机构

第 6 条　地方区域支部的构成

一、在立法区支部以外设立的以地方区域划分的支部，需要由支部成立后所属的省委员会批准。

立法区支部以外的以选区或者行政区划分的地方区域支部，由省委员会决定其设立。

二、设立地方区域支部的申请应向省委员会提交。

省委员会向党的总书记汇报后,可根据省委员会主席或省书记的意见,做出是否批准设立地方区域支部的决定。

省委员会批准设立地方区域支部的申请后,应组织新设立的地方区域支部选举。地方区域支部成员的任期为两年半。

第 7 条　专门联盟的设立

一、可在国家层面根据专门的基础设立国家层面的专门联盟,尤其是以特殊专业、社会职业、学校、学生、学者、代际或互联网为基础而设立的专门联盟。

二、设立专门联盟的申请应当向政治局提出。政治局批准后,党的总书记应当组织专门联盟委员会及其主席的选举。专门联盟委员会及其主席的任期为两年半。

三、专门联盟委员会可制定联盟内部条例,并提交政治局批准。

四、参与专门联盟的行为不与参与其他联盟相矛盾。

第一节　地方机构

第一部分　区委员会

第 8 条　区委员会当然成员资格的取得和丧失

一、区委员会当然成员在选举日或任命时视为取得成员资格。

二、区委员会当然成员在党的地方机关改选后的 12 月 31 日视为丧失成员资格。

第 9 条　区委员会当选成员的选举方式

一、区内足额缴纳党费的所有党员为选举人。

二、除了区委员会当然成员外,区内足额缴纳党费的所有党员均有被选举的资格。

三、区委员会当选成员以不记名投票的直选方式选出,选举为一轮单名表决的形式,选票占多数者胜出。

四、党的总书记应当根据党的高级管理局的意见制定选举操作指南,并提交政治局批准,该指南应当于选举日前至少两日公布。

五、省书记负责组织省内的区委员会当选成员选举。

候选人名单应当于选举日前至少十五日公布。

省书记应根据选举操作指南确定的条件，确保每个候选人拥有被党员熟知的机会。

六、省书记宣布选举结果。

七、为了实施章程第49条第5款的规定，党的高级管理局可在发生纠纷的情况下，对区委员会当选成员选举的合法性进行裁决。为了履行这一权力，高级管理局可根据内部条例的规定指定助理报告人。

选举结果宣布后5日内，党的高级管理局可受理所有选举人或候选人提出的争议。

向党的高级管理局提出的申诉应当以书面诉状的形式做出，该诉状应当载明其姓名、申请人资格、选举受到质疑的当选者姓名及撤销的理由。支持该理由的证据材料应当附在诉状之后。

高级管理局在审查受理后，根据其一位成员的报告对诉讼进行审理。它也可以授权一个由为此事而选出的三位成员所组成的委员会来完成对诉讼的审理。

如果高级管理局支持诉讼请求，它可根据情形宣布涉争选举无效，或者改变省书记宣布的选举结果，并宣布合法获选的新的候选人。不得就党的高级管理局所作的裁决在任何党的机关进行申诉。

第10条　新党员代表的选举方式

区委员会中应有新党员的代表。根据选举操作指南规定的条件和政治局规定的比例，应在区委员会中预留额外席位。

第二部分　省联盟

第11条　联盟主席选举

一、联盟主席由联盟内足额缴纳党费的所有党员选举产生，选举为不记名直接选举，获得绝对多数选票的候选人胜出。如果没有人在第一轮投票中获得绝对多数选票或获得选票最多的候选人退出选举，则由在第一轮选举中得到选票数量的前两名候选人参与第二轮选举。

二、区内足额缴纳党费的所有党员均有被选举资格。

每个候选人宣言均应附党员推荐。党员推荐由来自联盟内至少一半的区，且总数达到联盟党员数量至少5%的足额缴纳党费的党员做出。

三、联盟主席选举的方式应由选举指南根据本条例第 8 条第 4 款规定的条件确定。

联盟主席选举与省内区委员会的当选成员选举于同一天举行。

四、省书记负责组织联盟主席选举。

候选人名单应当于选举日前至少十五日公布。

省书记应根据选举操作指南确定的条件，确保每个候选人拥有被党员熟知的机会。

五、省书记负责宣布选举结果。

六、所有对于联盟主席选举的纠纷均应在本条例第 8 条第 7 款规定的条件下予以审理。

第 12 条　省委员会的会议

一、省委员会应在所有省内区委员会选举举行之后召开会议。

二、省委员会每年至少召开两次会议，其会议由联盟主席根据章程第 16 条第 3 款规定的条件召集。

三、省委员会应当根据确定的日程而召集，或者根据其成员的请求而召集。召集请求应当其由三分之二成员以书面形式向联盟主席做出。

会议日程应包含在召集请求中，且不得被更改。

省委员会应当最迟于联盟主席接收召集请求三个月后召开会议。

第 13 条　省书记的行动报告

一、每年最晚于省书记工作暂停的三个月中，省书记应当向省委员会提交行动报告。报告应陈述如下情况：

- 党员状态；
- 联盟财务状况；
- 联盟活动生活状况。

二、省书记做出行动报告后，省委员会应组织讨论。

三、听取省委员会的意见后，省书记应将行动报告和省委员会的会议评价结果提交给政治局。

第 14 条　支部内部或联盟内部的纠纷解决规则

如果支部内部或联盟内部不同领导机关发生争议，且危及支部或联盟的良好运行，党主席可根据当事一方的申请，听取政治局的意见后对纠纷作出裁决，裁决时可传唤相关的支部或联盟委员会。

如果有需求，党主席可以解除或暂停当事一方或双方的职务。

第二节 全国机构

第一部分 党员会议

第 15 条 党员会议投票的方式

一、出席党员会议的党员均可参与投票。

根据政治局的命令和章程第 22 条第 5 款的规定，在省联盟设立的投票站参与全体会议投票或者以电子通信方式参与全体会议投票的党员被视为出席党员会议。

投票是个人性的，不得通过授权代理的方式进行。

二、党员会议的投票通过不记名选票进行，或者以能够保护投票秘密的电子通信方式进行。

三、投票结束后进行开票。

四、对于实施党主席选举的专门规定由本条例的第 23 条和第 27 条予以确定。

第二部分 全国理事会

第 16 条 境外法国人的代表

全国理事会中境外法国人的代表人数由政治局每隔一年半通过命令规定。

第 17 条 欧盟的公民代表

全国理事会中欧盟公民的代表数量由政治局每隔一年半通过命令规定。

第 18 条 专门联盟和"联合法人"的代表

全国理事会中专门联盟和"联合法人"的代表数量由政治局每隔一年半通过命令规定。

第 19 条 省联盟代表

省联盟代表的数量由政治局根据每个联盟党员数量的比例规定。

全国理事会中各省联盟均应有一定数量的代表，各联盟代表的最低数量由政治局每隔一年半通过命令规定。

第 20 条 全国理事会的会议

全国理事会议的日期、地点和日程均由政治局通过命令规定。

第三部分 政治局

第 21 条 由全国理事会选举的成员

一、政治局有 80 名成员由全国理事会选举产生。

二、全国理事会选举政治局成员的选举方式为单轮名单投票。理事会应对一份完整的固定的名单进行投票，不能添加或删减候选人，也不得改变候选人的排列顺序。

选举名单的候选人代表分别代表三个选举人团：

- 50 个议会党员；
- 20 个当选非议会党员；
- 10 个联盟代表。

每个名单中都兼有男女候选人。

候选人不得出现在数个名单上。

三、席位在代表名单中的分配应当尽最大可能与条例规定的比例保持一致，并遵循在各选举人团中代表数量的平衡。

未取得至少 10% 选票的名单不得获得席位分配。

四、为了实施章程第 49 条第 5 款的规定，全国理事会选举政治局成员时如果产生争议，党的高级管理局可对该选举的合法性作出裁决。

投票人或候选人名单的代表可以在选举结果宣布后五日内向党的高级管理局提出申诉。

向党的高级管理局提出的申诉应当以书面诉状的形式作出，该诉状应当载明其姓名、申请人资格、选举受到质疑的名单名称及撤销的理由。支持该理由的证据材料应当附在诉状之后。

高级管理局在审查受理后，根据其一位成员的报告对诉讼进行审理。它也可以授权一个由为此事而选出的三位成员所组成的委员会来完成对诉讼的审理。

如果高级管理局支持诉讼请求，它可根据情形宣布涉争选举无效，或者改变总书记宣布的选举结果，并宣布合法获选的新的名单。

不得就党的高级管理局所作的裁决在任何党的机关进行申诉。

第 22 条 根据全国理事会四分之一成员请求而召集的政治局会议

一、政治局应当根据确定的日程而召集，或者根据全国理事会四分之一成员书面请求召集，该请求应向党主席做出。

会议日程应包含在召集请求中，且不得被更改。

二、政治局应当最迟于党主席接收召集请求8日后召开会议。

第四部分　党主席

第23条　党主席的选举

一、党主席由党员会议的全体党员选举产生，获得绝对多数选票的候选人胜出。如果没有人在第一轮投票中获得绝对多数全票或获得选票最多的候选人退出选举，则由在第一轮选举中得到选票数量的前两名候选人在七日后参与第二轮选举。

二、党主席选举于共和国总统选举举行后的第一次党员会议举办。

三、当党主席的职位出现空缺时，新的党主席选举应当在职位空缺发生后50日至65日举行，除非发生党的高级管理局确认的不可抗力的情况。

第24条　党主席选举的候选人

一、党的高级管理局制作党主席选举的候选人名单，并于第一轮选举前至少45日公布。

二、候选人宣言应当于第一轮选举前至少60日提交给党的高级管理局，候选人宣言应当与回执一起以挂号信的方式寄送。

三、每一份候选人宣言由以下内容组成：首先，来自至少15个联盟且总数达到全党至少1%的缴费党员的推介，不得有超过十分之一签名推介的党员来自同一个联盟；其次，党内至少5%的应缴党费的议会党员的推介。

为了实施本款的规定，在法国境外设立的各联盟中的党员被视为同一个省联盟的党员。

四、每个党员或议会党员只能推介一个候选人。

五、党的高级管理局针对本条第2款、第4款规定的标准对候选人资格和有效性进行审查。

六、党的高级管理局应当在制作和审查候选人名单后，于第一轮选举举办前至少90日公布可以推介候选人的党员最低数量。

出现党主席职位空缺的情况时，推介候选人党员数量的公布不受期限限制。

七、为了实施本条的规定，党的高级管理局应当确保最晚在候选人宣言的存放日前 15 天，让所有希望成为党主席选举候选人的党员的姓名、参与意愿和推介表为党员知晓。

党的高级管理局在选举的这一阶段应当确保所有希望成为党主席选举候选人的党员获得平等对待。

第 25 条　党主席选举的竞选活动

一、从党的高级管理局公布有权进入候选人名单的党员之日起，党主席选举的竞选活动可开始辩论。选举日 24 时结束投票。

如果需要竞选第二轮投票，竞选活动从参加第二轮选举的两名候选人的姓名被公布之日开始，选举日 24 时结束投票。

二、党的高级管理局应当在第一轮选举前至少 30 日公布所有候选人的姓名和竞选者声明。

三、政治局可以在党的高级管理局的监督下决定根据严格平等的原则向候选人提供竞选预算。

四、持有党的领导职位的候选人应当在党的行政职务中保持严格的中立。他们不得在竞选中利用任何与党的管理或成就有关的宣传方式。

五、党的高级管理局在竞选期间监督所有候选人保持严格平等，并监督党的工作人员保持严格中立。

六、在竞选的全部期间内，党的高级管理局根据选举指南确定的选举的节奏，组织所有候选人代表参加非审议性的会议。

第 26 条　投票的进行

一、党主席由党员会议的全体党员选举产生。

根据章程第 4 条第 3 款的规定，禁止委托投票的行为。

二、根据党的高级管理局的规定，政治局可决定进行累进选举还是在全体会议上选举，可决定是在省联盟组织的选举办公室选举还是以电子通信途径选举。

选举办公室的构成由高级管理局制作的选举指南确定。

三、投票结束后进行开票。

四、党的高级管理局应监督选举操作的合法性，它负责对所有异议进行审查和裁决。

所有选举人均有权对选举程序的合法性提出异议，异议应在选举程序纪要中提出。

所有候选人均有权在投票结束后的 24 日期限内，直接向党的高级管理局就整个选举的程序提出控告。

如果党的高级管理局查明选举的程序出现违规的情形，它应当主动评估违规行为的性质和严重程度，从而决定维持此选举程序或者宣布全部或部分选举程序无效。

五、党的高级管理局确认并宣布选举结果。

第 27 条　在党主席选举中党的高级管理局的管辖权

一、为了实施章程第 25 条第 1 款第 2 项和章程第 49 条第 4 款的规定，高级管理局负责组织党主席的选举。它应当监督选举的合法性，审查其对选举的意义，并宣布投票结果。

二、高级管理局应制作选举指南，并于第一轮选举前 90 日予以公告。选举指南中应载明推荐候选人的党员最低人数，竞选活动期间候选人的权利和义务，以及组织投票的方式。

三、高级管理局应当在全部选举过程中，监督严格平等原则在希望成为党主席选举候选人的党员间和候选人间得到实施。

高级管理局应当制定一般性建议，并可对候选人发表意见。上述一般性建议和意见均应对外公布。它还有权向党内人员发布其认为对选举的良好运行有益的指令。

希望成为党主席候选人的党员或选举候选人的代表有权就任何有关选举组织的问题向高级管理局提出申诉。在这种情况下，高级管理局应当在听取所有候选人代表的意见后，于 48 日内作出裁决。

四、高级管理局独立于党的领导机关。

为了完成其职能，高级管理局有权自由采取所有其认为有必要的措施，特别是对指派给它的人员拥有专属权力。

五、不得就党的高级管理局所作的裁决在任何党的机关进行申诉。

第三章　参加选举的党的候选人的选定

第 28 条　就选举中党提名或支持的候选人向党员征求意见的方式

一、为了实施章程第 5 条第 3 款、第 40 条第 5 款的规定，党应当在章程第 41 条、第 42 条规定的条件下，就选举中提名或支持的候选人向党员征求意见。

二、对于居民数量少于30000人的市镇（除省会外）选举和省的选举，省委员会应就党所提名或支持的候选人选定向党员征求意见。

三、全国提名委员会可在其管辖范围内向涉及选举的省委员会申请，就选举中一个或数个候选人或候选人名单进行磋商。当有数个候选人或候选人名单时，省委员会应以简单多数作出决议。

全国提名委员会或相关省委员会可决定向区普通党员大会或地方区域支部的普通党员大会征求意见。

向党员征求意见后，全国提名委员会应制定建议，并提交全国理事会批准。

四、假定全国提名委员会未在其管辖范围内向涉及选举的省委员会申请提前就提名或支持的候选人选定进行磋商，联盟主席或省书记可以在决定告知后，决定召开省委员会以就上述问题进行磋商。省委员会可以决定向区普通党员大会或地方区域支部的普通党员大会征求意见。

如果省委员会三分之二党员以书面形式向省主席申请，省委员会也可召开上述会议。申请书中应载明会议日程。除了本条例第10条第2款第3项规定的情形外，省委员会应当最迟于联盟主席收到申请后的七日内召开会议。

第四章 监督机关

第一节 党的诉愿委员会

第29条 党的诉愿委员会成员之选定

全国理事会在普通党员会议召开后的第一次会议中，根据党主席的意见选定党的诉愿委员会的九名成员，其成员任期为两年半。

其中两名成员从全国理事会中的省联盟代表中抽签选出。

党主席应向全国理事会提供一份完整的固定名单，名单中的成员应当缴清党费，并具备担当纪检职位所需要的独立性资质。

全国理事会以多数决通过批准该名单。

二、党的诉愿委员会成员出现职位空缺、辞职、履职障碍的情形时，政治局应尽快根据党主席的建议选定一个替代者。

第30条 党的诉愿委员会成员的纪律

党的诉愿委员会成员在履职时，受到严格的公正性和保密义务的约束。

第 31 条　党的诉愿委员会的职责

一、全国理事会选举产生党的诉愿委员会十五日后,党的诉愿委员会应召开会议在其成员中选定主席,主席在支持和反对票数相同的情况下有最终决定权。

二、党的诉愿委员会只有在有七名成员出席的时候才能进行有效审议。

党的诉愿委员会会议未达到出席法定人数时,应于至少三日后重新确定下一次会议的日期,新召开的委员会不受法定人数条件的限制。

第二节　党的高级管理局

第 32 条　党的高级管理局成员之选定

一、政治局根据党主席的意见以三分之二多数决,选定党的高级管理局的九名成员。

党主席应向政治局提供一份完整的固定名单。名单中五名成员应当缴清党费,并具备担当监督机关职位所需要的独立性资质;名单中四名成员从最能够确保中立且品格高尚、清正廉明的人士中选出。

党主席的建议名单应包含其选定的领导高级管理局的党外人士姓名。

二、政治局的选举结果由全国理事会以多数决批准。

三、党的高级管理局成员任期为五年,其改选选举应当在共和国总统选举下一年的一月举行。

四、党的高级管理局成员之一出现席位空缺或履职不能的情形时,应于一个月的期限内根据本条第 1 款的规定选出替代者。

被选为替代者的成员,其任期在原有提前结束正常任期的成员职务到期日期满。

第 33 条　党的高级管理局成员的纪律

一、党的高级管理局成员在履职时,受到严格的公正性和保密义务的约束。

他们有一般义务来避免任何可能损害其职能的独立性和尊严的事情。

他们不得担任任何公共职务,尤其是在任职期间。对于高级管理局当前或曾经处理的纠纷,他们不得提供咨询,他们不得在党内担任领导职务,也不得担任其他党的领导职务。或更广泛地说,他们不得从事与其作为高级管理局成员所承担的义务相斥的活动。

二、担任高级管理局主席的成员应被告知所有可能影响其履职的情况。

三、党的高级管理局成员可以向高级管理局寄送辞职信以辞去其职位。应当在辞职的当月确定替代者。其效力于替代者就任该职位时生效。

被选为替代者的成员，其任期在原有提前结束正常任期的成员职务到期日期满。

四、如果高级管理局发现其成员违反其一般义务，尤其是本条第 1 款、第 2 款的义务时，高级管理局应当组织除当事人以外的其他成员进行投票，以不记名简单多数决的方式，将该党员开除高级管理局。

第 34 条　党的高级管理局的纪律

一、党的高级管理局应独立于党的领导机关，它应制作其内部条例。

二、为了完成其任务，党的高级管理局有权自由采取所有其认为有必要的措施，特别是对于其内部职员有专属权力。

第 35 条　党的高级管理局的职责

一、党的高级管理局主席召集其会议。

二、党的高级管理局只有在有七名成员出席的时候才能进行有效审议。

三、党的高级管理局成员有义务保守其审议和投票产生的秘密。

第五章　资金与财务管理

第一节　党的财务委员会

第 36 条　党的财务委员会成员的选定

一、党的财务委员会由 10 名成员组成，其任期与政治局相同：

-政治局选定的 5 名议会党员（其中 2 名国民议会议员、2 名参议院议员、1 名欧洲议会议员）；

-5 名在执行官监督下抽签产生的党员。

党的财务委员会由全国财务主管领导，其成员的选定由政治局批准，并由政治局选定其候补成员。

第 37 条　党的财务委员会成员的纪律

党的财务委员会成员在履职时有保密的义务。其在任职期间，不得透露其因履职而知晓的信息。

第二节　境外法国人联盟的财务

第 38 条　境外法国人联盟的财务

一、境外法国人联盟的财务由以下部分组成：

-联盟内党员缴纳的党费;

-联盟内拥有一个或数个附津贴的选举职务或行使政府职务的党员所缴纳的党费;

-联盟内拥有一个或数个附津贴的选举职务或行使政府职务的党员所自愿缴纳的额外财务捐助,其原则和数额由省委员会决定;

-根据政治局确定的方式所取得的其他合法财产。

上述财产根据政治局确定的方式被分为地方性财产和全国性财产。

二、境外法国人联盟的财务由联盟财务主管、专门负责财务的全国书记和全国财务主管共同管理。

共和党初选基本规则[*]

(2016年5月17日)

第一节 原则

第1条 初选的组织

一、共和党所支持的参加2017年总统选举的候选人由初选产生。初选向赞同右翼的或中间的共和主义价值并以振兴法国为目标投身政党轮替的所有公民开放。

选定候选人的第一轮选举于2016年11月20日举行。

如果有必要进行第二轮选举，则第二轮选举于2016年11月27日举行。

二、初选基本规则规定如何组织初选以选定共和国总统候选人。

三、参加初选的候选人应在本基本规则上签名并承诺遵守基本规则。

他们需承诺根据本基本规则公开支持最终选定的共和国总统候选人并参与其竞选活动。

四、高级管理局应当于总统选举一年前确定共和国总统候选人初选的日程和组织方式。

第2条 初选的投票人

一、注册于选举名单中的公民或在总统选举当日年满18周岁的公民均有权参加共和国总统候选人初选的投票。

二、共和国总统候选人初选的投票人需遵守以下规则。

－拥护政党轮替的基本规则，该规则写道："我赞同右翼的或中间的共和主义价值并以振兴法国为目标投身政党轮替"。

－每轮选举缴纳2欧元的党费。

第3条 初选选举名单的建立

一、高级管理局负责建立共和国总统候选人初选选举名单并监督其使用。

二、总统选举日年满18周岁的公民如要参加初选，则应当表明其参与

---

[*] 来源：法国共和党网站，https://d3n8a8pro7vhmx.cloudlfront.net/republicains/pages/98/attachments/original/1463567/charte_de_la_primaire_mai_2016.pdf，最后访问日期：2018年4月17日。

初选的意愿才能注册进入选举名单。高级管理局决定其表达意愿的方式和条件。

第二节　选举程序

第 4 条　初选的候选人资格

一、高级管理局应制作初选的候选人名单并最晚于 2016 年 9 月 21 日对外公布。

二、候选人宣言应当于 2016 年 9 月 9 日前与回执一起以挂号信的方式寄送提交给党的高级管理局。

三、1. 对于来自共和党的候选人，候选人宣言应当包含以下内容。

- 当选者的推荐。当选者需来自至少 30 个省（不得有 10% 的当选者来自同一个省份），总数至少为 250 人（其中 20 人为议会议员），并拥护本基本规则第 2 条第 2 款规定的政党轮替基本规则。

- 共和党党员的推荐。党员需来自至少 15 个不同联盟（来自同一个联盟不超过 10% 的党员），总数至少为 2500 人，并按期缴纳党费。

2. 对于来自其他政党的初选候选人，候选人宣言中的推荐条件由该政党的议事机构规定。

四、任何人仅能推荐一名候选人。

五、高级管理局负责根据本条第 2 款、第 4 款的规定核实候选人资格。

第 5 条　共和国总统候选人初选的竞选活动

一、共和国总统候选人初选的竞选活动于高级管理局公布候选人名单之日展开，于 2016 年 11 月 18 日 24 时结束。

如果需要进行第二轮选举，活动自参加第二轮选举的两名候选人姓名公布之日展开，于 2016 年 11 月 25 日 24 时结束。

二、在整个竞选活动期间，高级管理局保障候选人之间的严格平等。

第 6 条　投票的进行

一、1. 在大城市和海外领地举行的投票，通过纸质选票的方式进行，投票在投票站进行，投票站名单由高级管理局规定。

2. 境外法国人参加的投票通过纸质选票或电子选票的方式进行，投票的条件由高级管理局根据全国组织委员会的意见规定。

境外投票站的开放决定应最晚在 2016 年 7 月 15 日做出，其开放决定应征得投票站设立地国家政府的同意，且投票人的安全得到保障。高级管理局保障投票人有平等参加投票的权利，确保投票地点、设备、投票站的自由使用。

在这种情况下，高级管理局可以决定减损本条第 2 款的规定。

3. 在海外选区，如果缺乏组织投票的物质条件，高级管理局可以根据全国组织委员会的意见，全部或部分地重新组织电子方式的投票。

二、投票站的综述应不少于 10000 个，并以保障投票人平等参加投票为目的在地方公平分配。

立法区的投票站数量应不少于 9 个。

9 个之外的其他投票站应当依据 2012 年总统选举中右翼和中间派候选人选票结果的比例在各立法区分配。

三、获得绝对多数选票的候选人在共和国总统候选人初选中胜出，禁止委托投票的行为。

如果没有人在第一轮投票中获得绝对多数全票或获得选票最多的候选人退出选举，则由在第一轮选举中得到选票数量的前两名候选人在七日后参与第二轮选举。

四、投票站的维护和选举的开票应当比照共和国选举的相关规定进行。

五、高级管理局应监督选举操作的合法性，它负责对所有异议进行审查和裁决。高级管理局确认并宣布选举结果。

第三节　竞选资金使用

第 7 条　竞选资金透明原则

一、参加共和国总统候选人初选的候选人应当开设竞选账户。

自共和国总统候选人初选的参选人名单公布后，竞选账户可根据资金来源追踪全部用于选举的收入，可根据资金性质追踪用于选举的实际或应有的支出。

二、每个共和国总统候选人初选的参选人应在 2016 年 12 月 20 日之前向高级管理局提交账单，并由高级管理局将之公布。

三、为了保障候选人之间的严格平等，政党的议事机构或政治团体应当规定一个竞选资金支出上限，并有权决定向每个共和国总统候选人初选的参选人提供一笔资金。

四、如果高级管理局在向供应商和服务提供商付清款项、偿还所有为初选提供资金支持的政党和政治团体的捐助,并覆盖高级管理局的结算支出后,仍有资金可用,则这笔余额将分配到初选选出的代表右翼和中间派参加2017年总统选举的候选人竞选账户中。

民主运动党

民主运动党价值纲领[*]

（2007年12月2日党员大会通过）

Ⅰ 我们的目标是建立一个自由、负责、正义的社会，并以发展人类智慧和道德并振兴其所依存的社团为发展方针。

Ⅱ 这样的社会应当是民主的，并能够提高公民的良知和责任感。民主要求在《欧洲人权公约》及《人权和公民权宣言》的指引下，严格地尊重和保障人权，并与一切形式的歧视作斗争。民主也要求政治（行政、立法、司法）、经济和媒体的分权。

Ⅲ 多元主义是民主价值观的首要体现。政治和媒体的多元化旨在确保思想自由、表达自由，促进公民解放、提升公民的政治能力。

Ⅳ 每个公民都应当参加与其有关的公共选择，他们对于决策的产生享有完整的知情权。每个公民都应当对其权利义务负责。

Ⅴ 世界的政治领导人应当代表那些无法发言的普通人，特别是那些弱势群体、年轻人和下一代的儿童。

Ⅵ 民主社会的发展应当依靠可持续的社会经济、创新经济、高标准的进取和反应能力，以实现可持续发展。

Ⅶ 社会经济的发展需要经济行为人的自由和责任，也需要公民社会

---

[*] 来源：法国民主运动党网站，https://www.mouvementdemocrate.fr/mouvement-démocrate/charte-des-valeurs-2447，最后访问日期：2018年8月20日。

主体的联合行动。

Ⅷ　国家不能成为代替社会行为人的全能决策者。国家是他们的捍卫者，他们的伙伴以及他们权利的保障者。

Ⅸ　我们的社会除了需要必要的财富之外，还应当发展比财富更加重要的教育、文化、传播、创新、科学、道德、哲学和精神价值。

Ⅹ　世俗主义是社会共同生活的保证。我们认为法兰西共和国逐渐确定的世俗主义是对欧洲和人类未来的宝贵贡献。

Ⅺ　世界的平衡正遭受各种强权的威胁，我们需要通过国际组织的工作来捍卫世界平衡。

Ⅻ　欧洲属于其人民和公民。拥有共同文明遗产的主权国家应当团结起来，共同捍卫其利益、价值和自由组织的模式。欧盟的建构是必要的，更是我们的责任。

民主运动党道德纲领*

（2007 年 12 月 2 日党员大会通过）

Ⅰ　民主运动党是一个公民参与的团体。

Ⅱ　民主运动党内部应遵循民主的原则，并应对外保证促进信息参与的民主、辩论自由，及决策透明。

Ⅲ　民主运动党独立于所有经济、政治或媒体权力的影响。党受到公共资金的支持，并保证公共账户的透明度和平衡性，并抵御各种形式的腐败。

Ⅳ　当选公职的党员不受法定职权范围限制，他们应当诚实正直地履行其职权。

Ⅴ　在民主运动党所属的政治团体中，当选公职的党员均有投票的自由。

Ⅵ　民主运动党的所有党员都对党的信息享有知情权。

Ⅶ　民主运动党应当组织所有党员的培训，以提高他们理解和行动的能力。

Ⅷ　联合行动是民主运动党党员组织所必需的，他们应遵守参与这些行动的纪律并保持一致性。

Ⅸ　民主运动党党员应积极进行内部的辩论，但其任何的外部诋毁均有违其对党的承诺。

Ⅹ　民主运动党党员应积极支持党的集体决定，尤其应支持党在各种选举中提名的候选人。

Ⅺ　选举候选人的提名过程应当以透明的程序进行，并应遵循章程的规定。

Ⅻ　党内的一切选举职务均是自愿和无偿的。

---

*　来源：法国民主运动党网站，https://www.mouvementdemocrate.fr/mouvement-démocrate/charte-ethique-2453，最后访问日期：2018 年 8 月 20 日。

民主运动党党章[*]

（2010 年 12 月 12 日党员大会通过，并于 2017 年 12 月 16 日修改）

序　言

党员在遵守本章程的同时还应当遵循民主运动党价值纲领和道德纲领。

民主运动党的组织应当捍卫党员的广泛的代表原则和言论自由原则，并应当协调当选机关的职权分配。

第 1 条　党的建立

民主运动党（MoDem）是由赞同本章程的党员根据 1901 年 7 月 1 日的法律所创建的社团。

第 2 条　目标

民主运动党是一个统一的政党，其目标是根据宪法第 4 条的规定促进普选表达。

党的核心价值是人道主义，其行动应当围绕人道主义精神进行。

民主运动党在法国、欧洲，以及全世界的经济、社会和政治生活中建立民主责任制，以发扬共和主义思想，并促进可持续发展。

民主运动党党员应当遵守党的价值纲领和道德纲领，以及作为本章程附件的内部条例。

党员应当遵守党的政治选择及依法决策。

民主运动党从属于欧洲民主党，并应支持其表达的意见。

第 3 条　总部

民主运动党的总部设在巴黎市大学路 133 号之二，邮编 75007。根据中央行政办公厅的决议，民主运动党可迁移其总部的地址。

第 4 条　党员

民主运动党的党员以个人名义发表意见。任何党员均享有相同的权利，

---

[*] 来源：法国民主运动党网站，https://www.mouvementdemocrate.fr/mouvement-démocrate/statuts-2448，最后访问日期：2018 年 8 月 20 日。

并承担相同的义务。党员通过投票表达意见并履行民主运动党授予其的职权。

入党申请应当得到民主运动党的批准，批准的程序由内部条例规定。

所有法国公民、欧洲公民及居住在法国的人均可申请加入民主运动党。

中央理事会可以批准其他国家的居民加入民主运动党。

党员的资格要求党在各级议会的当选公职的党员均应注册加入党的中央行政办公厅确定的党团。

法国民主联盟（UDF）是法国民主运动党的成员，民主运动党的党员可以加入法国民主联盟，但不得加入宪法第4条意义上的任何其他政治实体。任何违反本条规定的党员均应被立即除名。

党员资格因辞退、除名和开除而丧失，辞退、除名和开除决定由党的调解及监督委员会做出。

任何至少连续两年未按期缴纳党费的党员均应受到除名的处罚，除了中央行政办公厅做出相反的一般性决定外。

内部条例应规定党员的接收、通知、培训及其权利和义务。

第5条 收入

法国民主运动党的收入由以下几个部分构成：

- 党员缴纳的党费（其数额由中央行政办公厅规定）；
- 自然人的捐赠；
- 借贷；
- 其他符合政党资金相关法律的收入。

第6条 中央机关

党的中央机关和机构如下：

- 党员大会；
- 全国代表大会；
- 中央理事会；
- 调解及监督委员会；
- 中央行政办公厅；
- 党主席。

第7条 党员大会

7-1 职权

党员大会是民主运动党的最高权力机构。党员大会应以直接普选的方式选举党主席，其任期为三年。

党员大会应决定民主运动党的宏观方针。

7-2　组成

党员大会由民主运动党的全体党员组成，并召开全体会议。

党员大会至少每三年召开一次。会议可以统一在一个地点召开，也可以在同一天就同一会议日程于数个不同地点召开，具体条件由内部条例第22条规定。会议日程由党主席制定。中央理事会三分之一以上的成员或全国代表大会三分之一以上的成员可以增加议程中拟讨论的问题。

另外，党员大会可以经中央理事会多数决召集，也可以由来自至少10个省的占党员总数四分之一的党员召集。按期缴纳党费的党员可以根据内部条例规定的条件参与投票。

第 8 条　全国代表大会

8-1　职权

全国代表大会由民主运动党的代表参会，在会议中，代表们应当就提案进行表决，并根据批准的提案决定党的政治项目和一般政策。

全国代表大会审议中央理事会的行动报告，并做出结论。

全国代表大会每年至少召开一次会议，会议由党主席或中央理事会三分之一成员召集。党主席应当制定会议日程。中央理事会至少三十名成员或全国代表大会至少一百名成员可以增加议程中拟讨论的问题。

党员有权向全国代表大会提出其关注的有关国内或欧洲政治生活的问题。提出问题的党员人数应当至少为全部已缴费党员的1%。

8-2　组成

全国代表大会由以下成员参与：

- 省理事会成员；
- 中央行政办公厅成员；
- 中央理事会成员。

中央理事会可以根据党主席的建议选定其他人员参加全国代表大会，其选定的人员数量不得超过全国代表大会总人数的2%。

第 9 条　中央理事会

9-1　职权

中央理事会是民主运动党的审议机关。

中央理事会在全国代表大会闭会期间，对党的运作做出必要的决策。

党主席或中央理事会授权的理事会成员可以通过中央理事会表达民主运动党的意见。

中央理事会可以向全国代表大会提出项目、计划或宣言的建议。

中央理事会应当监督中央行政办公厅的工作，并有权参加中央行政办公厅的工作，有权提出议案。中央理事会应当在其成员中选出一名常设书记。

中央理事会可以向中央行政办公厅授予任何必要的权力。

党员有权向中央理事会提出其关注的有关国内或欧洲政治生活的问题。提出问题的党员应超过十人。

9-2 组成

中央理事会成员任期为三年。

中央理事会由下列人员组成：

- 各大区通过比例代表名单选举选出的180名党员，章程的附件应规定中央理事会席位在各大区和海外法国人团体之间的分配；
- 从民主运动党当选公职的党员联盟中选出的60名地方当选公职的党员代表；
- 中央行政办公厅成员；
- 议员。

中央理事会法定成员数量不得超过其成员总数的50%。

一般党员代表和当选公职的党员代表名单都应当遵循男女性别平衡原则。

选举名单中的候选人数量应当在其取得的席位数量基础上增加10%。

中央理事会可以根据党主席的建议选出部分成员协助其完成工作，这部分成员不得超过成员总数的5%。

中央行政办公厅可根据党主席的建议选出合适的中央理事会成员。

中央理事会每季度至少召开一次会议。党主席应当召集会议并制定会议日程。中央理事会三分之二以上的成员可请求召集会议。

第10条 中央行政办公厅

中央行政办公厅实施全国代表大会的政治决策。

党主席及30名成员构成中央办公厅的组成人员。这30名成员由党主席提名，名单应提交中央理事会表决通过。党主席有权随时免除这30名成员的职务。

中央行政办公厅的成员任命应经过中央理事会同意。

中央理事会可根据党主席的建议，创建各种有关民主行动党相关事务的职位。

中央行政办公厅每个月至少召开两次会议。

第 11 条　党主席

党主席由党员大会选举产生，其任期为三年。

候选人名单由调解及监督委员会根据 200 份缴费党员的申请决定。候选人申请应当来自拥有 20 个重要理事会成员的至少 20 个不同的省。

中央行政办公厅根据调解及监督委员会的意见决定选举的方式。

党主席应当监督各方遵守民主运动党的政治规则，并确保这些政治规则在党与其他政治实体的交往过程中得到遵守。

党主席召集并主持党员大会、全国代表大会、中央理事会以及中央行政办公厅会议，并制定会议日程。

党主席应当确保党的中央机关做出的决议得到执行。

党主席有权代表民主运动党参与民事活动。

党主席应当就民主运动党财产的管理和保护做出决定，特别是有关资金的使用，签署为实现民主运动党目标所需的房产租约，以及人力资源管理的相关事项。

党主席辞职或因任何原因出现履职障碍的情况下，中央行政办公厅应当在六个月内组织新的党主席选举。

第 12 条　财务主管

财务主管是中央行政办公厅成员，由党主席提名产生。财务主管应制作预算，将之提交中央理事会表决，并执行预算。每个预算执行周期结束后，财务主管应当向中央理事会提交决算和账户情况报告。中央行政办公厅应当选出两名财务专员，负责监督并证实财务主管的工作。

年度账目应提交财务主管批准。党员有权向其申请调阅账目。

根据法律规定，财务主管每年应当向全国竞选账户和政治财务委员会提交账户报告。

第 13 条　调解及监督委员会

调解及监督委员会监督党的章程、纲领和内部条例得到各方的遵守。

为了实现这一职能，调解及监督委员会应当根据本章程第 20 条规定的条件行使纪检监察权。

党员违反党的章程、纲领和内部条例时，调解及监督委员会有权对其进行除名、开除和暂停党员资格的处罚。

对民主运动党的决议有异议的党员可以向调解及监督委员会提出申诉。违反本条规定的行为应作为严重违反章程的行径受到处罚。

党主席、本章程规定的党的其他中央或地方机关，以及 20 名缴费党员均可直接向党的调解及监督委员会提出申诉。

行政理事会应根据中央行政办公厅的建议选举产生 9 名调解及监督委员会成员，其任期为三年。该委员会在内部选举产生主席，任期同样为三年。

如果调解及监督委员会审议日程中的问题涉及该委员会的成员，那么该名成员应当回避审议。在这种情况下，如果表决中出现赞成和反对票数相同的情形，则以委员会主席的意见作为最终结果。

第 14 条　政策委员会

政策委员会负责协助民主运动党的部门组织策划时事活动，并向这些机关提出相关报告或完成调查工作。

政策委员会由中央理事会根据中央行政办公厅的建议任命。

第 15 条　省运动组织

民主运动党以省运动组织为基础。对于有特定章程的地方政府，例如科西嘉、圣皮埃尔和密克隆以及海外领地，可建立地方运动组织或特别运动组织。

省运动组织或地方运动组织可根据本党党章自由组织其机构和人员，并实施其自身的内部条例。调解及监督委员会应当审查地方内部条例是否符合本党党章和中央内部条例。

省运动组织或地方运动组织的内部条例应当根据本章程第 22 条规定的条件实施。

专题运动组织的条例应提交中央理事会审查，并经征询调解及监督委员会意见后通过。

省运动组织如果违反章程、纲领和内部条例，中央行政办公厅可向调解及监督委员会请求解散该运动组织。

省运动组织主席由两轮多数单记名表决选举产生，任期三年，选举的方式由党的中央内部条例规定。省运动组织主席在中央理事会代表省内党员的利益。

省运动理事会通过比例代表名单选举选出,任期三年,选举的方式由党的中央内部条例规定。

根据相关省运动组织的建议,中央行政办公厅可选派一个省代表或地方代表作为其在省运动组织机关的法定成员。

省运动组织可根据内部条例规定的方式组织省内的支部。

省运动组织没有法人资格,并不得制定自己的章程。

省运动组织的资产全部或部分来自中央拨发的党费和捐赠。分配比例由中央行政办公厅规定。

省运动组织应当与大区进行合作,并应当承担大区党员年度大会的组织工作。

省运动组织有权进行地方实验并组建地方组织,其具体条件由中央理事会同意。

第 16 条　民主运动党当选公职的党员联盟

民主运动党召集所有当选公职的党员组成联盟。该联盟以特别的支部为单位在各地组织活动。

该联盟确保其成员的知情权并对其成员进行培训。

中央行政办公厅应当制定内部条例以规范当选公职的党员联盟的职权。

第 16 条之二　国外法国人民主运动

民主运动党召集所有居住在国外的法国人组成联盟,该联盟的名称为"国外法国人民主运动"。该联盟以国家或数个国家为单位组建支部,具体模式由内部条例规定。国外法国人民主运动接受中央理事会的领导。

第 16 条之三　网络联盟

民主运动党组建网络联盟,其组织方式由内部条例规定。

第 17 条　合作组织

以组织公共讨论或思想的表达为目标的俱乐部或社团,在不影响其统一领导的情况下,可以申请成为民主运动党的合作组织。

党的中央理事会根据调解及监督委员会的意见有权以四分之三多数的决议向党员大会提出建议,党员大会以简单多数决通过合作决议。

合作组织应当在中央理事会的监督下完成工作,中央理事会应当确定其在全国代表大会的代表人数。中央理事会可以决定撤销合作决议。

第 18 条　选举候选人提名

中央理事会应当对党在所有选举中的选举策略作出决议。

中央理事会在征求相关省运动组织的建议后，提名欧洲、全国和地方选举的候选人。

中央理事会可以决定将相关选举候选人提名权授予相应的省级机关。

补选的候选人提名权应当被授予中央行政办公厅。

第 19 条　总统选举

民主运动党应当向本章程第 4 条规定的全国所有党员征求总统候选人的建议，具体条件由专门的内部条例规定。

调解及监督委员会应当根据中央行政办公厅的意见确保总统候选人征求意见符合本条规定的原则，以及全国代表大会通过的专门内部条例。

党的机关为了实施本条规定而实施的决议对民主运动党的全体党员具有约束力，违反此类决议的党员应受到开除的处罚。

第 20 条　纪律

党的纪律处分包括资格暂停和开除。

党员严重违反本章程，以及纲领和内部条例规定的义务时，调解及监督委员会有权对该名党员做出暂停党员资格的处罚，该处罚应当附固定期限。

出现紧急状况，特别是当党员违反本章程第 18 条规定的候选人提名决定的情况时，调解及监督委员会有权对该名党员做出临时暂停党员资格的处罚。

如果党员被证明确实违反了本章程，以及纲领和内部条例的规定，特别是违反提名或支持的候选人决议，调解及监督委员会有权对该名党员做出开除的处罚，该处罚是终局的。

调解及监督委员会做出纪律处罚决定之前应当根据中央内部条例规定的方式组织辩论程序。

当事人可以就纪律处罚决定向中央理事会上诉委员会提出申诉。该委员会与调解及监督委员会享有相同的特权并根据相同的程序做出决定。

所有党员均应遵循调解及监督委员会的决定，并促进决定的实施。

第 21 条　章程的修改

全国代表大会有权对章程提出修正案。中央理事会可以在整合调解及监督委员会意见后根据三分之二多数决定提出修改意见。修正案应当经党员大会批准。

中央行政办公厅可根据中央理事会或全国代表大会的意见，以四分之三多数通过决议作为本章程的附件。

本章程的附件应由党员大会以简单多数通过，并具有立即执行的效力。

第 22 条　内部条例

内部条例可对章程未予明确的民主运动党的具体运行条件以及章程的具体实施方式进行规定，内部条例由中央理事会制定。

第 23 条　选举的司法管辖

巴黎大审法院对于章程、纲领和中央内部条例的解释、实施及效力具有专属管辖权。

民主运动党中央内部条例[*]

(2011 年 11 月 26 日版)

第 1 条　党员

1. 入党申请的审查

省运动组织收到入党申请一个月内,可以征询中央行政办公厅意见,以确定是否批准该入党申请。在这种情况下,相关机关应当将拒绝入党的决定及其理由告知当事人。当事人有权就拒绝入党决定向调解及监督委员会提起申诉。

2. 从属

所有党员均从属于其主要居住地的省运动组织,如果有合理的理由可以向民主运动党总部提出,总部批准后可作为例外情形。

3. 接纳

入党申请被批准的新党员应获得一张党员证、一本接收说明,以及查阅章程、纲领、中央内部条例和各省内部条例的说明。党的中央和地方专题工作组也应告知党员。

4. 知情权

党员对于党的组织生活及党员的地位均享有知情权。

5. 培训

民主运动党向所有党员提供免费培训,培训可通过互联网进行,或根据党员议员组织当面授课。

党员可在网上查阅培训的相关材料和文件。

民主运动党组织迎新集训班,以向党员提供培训以及深入讨论的平台。

6. 辞退

党员的资格的放弃应当以书面形式做出。

如果党员未以书面形式提出辞呈,而是在公共场合宣告辞职意愿,那

---

[*] 来源：法国民主运动党网站,https://www.mouvementdemocrate.fr/mouvement-démocrate/reglement-interieur-national-2452,最后访问日期：2018 年 8 月 20 日。

么党的中央或省级机关应通过与辞职者的书面沟通完成辞退行为。

第 2 条 党员的文件

党员的文件资料由民主运动党的总部负责管理，党的总部应当定期更新并向省运动组织主席及省代表开放查阅。

第 3 条 研究、讨论及计划委员会

1. 委员会的设立

行政办公厅可决定成立研究委员会。行政办公厅可选定一名副主席负责该委员会的管理。

民主运动党主席可以在中央理事会成员中选任中央项目秘书，负责跟进党的主要项目。

中央项目秘书在党主席的领导下，协调、收集并综合各方意见，并就其主管的项目主题发表言论。

中央秘书与党主席及各级机关共同协作，但不得替代党主席及各级机关的工作。

2. 党的咨询会

根据党主席的意见、行政办公厅三分之二成员决定，或中央理事会多数决定，民主运动党可组织党员咨询会。参会方应在会议中提供意见报告，意见报告的签署人应当为行政办公厅至少 5 名成员、中央理事会 20 名成员，或来自至少 10 个省运动组织或地方组织的 300 名党员。中央行政办公厅可决定进行投票，投票方式包括网络投票、远程投票、省运动组织会议日当面投票或上述方式的组合。

调解及监督委员会应当确保意见报告与章程、纲领相符，并与咨询会的议题相契合。

3. 计划的制订

党的计划由党员大会制订，在党员大会闭会期间由全国代表大会制订。

党的计划由特定工作小组在党主席的领导下负责起草。工作小组应将党的计划告知全体党员。各委员会负责人必须为工作小组成员。

第 4 条 省运动组织

1. 省理事会

省理事会是省运动组织的审议机构。省主席负责领导省理事会的工作。

省理事会成员候选人的名单应由男性和女性交替排列。在少于 500 名党员的省运动组织，每 10 名党员应当有一个代表；在超过 500 名党员的省运动组织，每 20 名党员应有一个代表。候选人名单应当公平地代表该地方的人口组成。省理事会的当选成员不得少于 20 人。省主席向行政办公厅提出例外的建议，在行政办公厅同意时省理事会的当选成员可以少于 20 人。

不完整的候选人名单中的候选人数量达到需求席位的半数时即可被接收。

国家或欧洲议员，大区议员，相关省内的市长及市镇间合作公共机构主席，巴黎、里昂和马赛的区议会议员，来自相关省运动组织的重要理事会成员，及民主青年团在省内的负责人均应当在民主行动党省理事会拥有席位。

2. 省办公室

省办公室应当执行省理事会的政治决策。

省办公室的组成人员包括省运动组织主席、省主席、省代表、民主青年团在省内的负责人、省财务主管、来自相关省运动组织的重要理事会成员，及来自相关省运动组织的当选公职的党员联盟成员。

3. 执行机关

省运动组织主席选举由党员以两轮单记名多数决的形式完成。

在首轮选举中获得绝对多数选票，且获得选票数超过注册投票人数量四分之一的省主席候选人胜出。

选票数量前两名的候选人可参加第二轮选举，第二轮选举中获得选票数量较多的候选人胜出。

省运动组织主席可提名数个副主席以辅助其工作。

4. 省代表

省代表负责中央机关与省运动组织之间的联络工作。省代表还应确保省内各方对中央党内法规的遵守。

5. 失职

省运动组织在完成其任务的过程中出现失职行为时，调解及监督委员会经过预审后可建议行政办公厅暂停该省级机关的职权。在这种情况下，行政办公厅可指定一个代表团负责代理省运动组织的事务、提出实用性建议并召集党员大会。作出代管处分的同时，行政办公厅可任命一名中间人或临时执行人。

6. 省内部条例

中央行政办公厅应当发给各省运动组织一份省内部条例的范本。

省运动组织可根据该范本自由制定地方机构的组织模式。省运动组织可以支部作为地方组织。

第 5 条　互联网联盟

民主运动党互联网联盟提供承诺及讨论的空间。互联网联盟不会取代省运动组织。其目标如下：促进各方意见的交流和对事实问题的辩论；实现更好的交流和参与；为注册的成员提供信息及必要的论据。

互联网联盟设在中央理事会指定的协调委员会之下，任期为六个月。参加互联网联盟的党员同时也应当从属于一个省运动组织或地方组织。

互联网联盟应制定一个基本规则，并明确其使用民主运动党标志和符号的规则。参与互联网联盟信息交流和讨论的党员应当签署其姓氏。

第 6 条　民主青年团

民主青年团是民主运动党的组成部分，它应参与新党员的接收和培训工作。

民主青年团成员可通过其政治计划的制订，参与民主运动党的意见交流。青年团可创建或解散专题讨论小组，民主运动党党员均有权参加。

民主青年团成员可自由提交其对某政治职位的志愿，并与民主运动党党员的要求进行协调。

民主青年团应就其任务向团员提供培训，具体方式由民主运动党规定。

民主青年团的中央主席是民主运动党中央行政办公厅的当然成员。大区协调员应参与大区联合会。

民主青年团领导人和民主运动党中央和地方机关之间的信息交流应当是高效的。

第 7 条　调解及监督委员会

调解及监督委员会由 9 名正式成员和 3 名候补成员组成。正式成员中应当有至少 3 名成员不属于中央行政办公厅；候补成员中应当有至少 1 名成员不属于中央行政办公厅。其成员由中央理事会根据行政办公厅的建议选举产生。希望成为调解及监督委员会成员的党员可向其所在的省运动组织提出申请，经过其同意后，党员可向行政办公厅提交竞选者声明，行政办公厅应审查其候选人资格，并向中央理事会提交完整的候选人名单。

调解及监督委员会通过组织当事人的辩论对抗程序，来行使纪检权力。它下设一个理事会以协助其筛选当事人。调解及监督委员会主席如认为出现紧急情况，有权做出暂停党员资格的决定。在这种情况下，委员会应在三十日内组织辩论对抗程序，否则应在三十日后取消暂停党员资格的决定。

调解及监督委员会可以在固定的地点召开会议及庭审，也可以电话会议或视频会议的方式进行。

调解及监督委员会应确保各机关的会议达到法定参会人数，出现赞成和反对票数量相同的情况下，调解及监督委员会的意见应作为最终结果。

调解及监督委员会做出的决议应告知民主运动党的相关机关和申诉人。

第 8 条　党员调解员

中央理事会根据行政办公厅的意见选举党员调解员，其任期为三年。

调解员可根据需要委任代表。

党员可以向调解员提出申诉，调解员应制作介入报告，如有必要，报告应当是保密的。

党员调解员应向中央理事会提交年度报告。

第 9 条　国外的法国人

国外法国人民主运动以国家、选区或多个选区为单位组织起来。

同一国家或选区的组织应遵循相同的规则和纲领，其组织形式与省运动组织相同，并应当遵循省运动组织的原则。

国外法国人民主运动可以通过网络远程召开咨询会或组织投票。国外法国人运动代表可借助上述网络工具鼓励党员参与政治生活或党内讨论。

第 10 条　专题运动组织

民主运动党可根据中央行政办公厅的决议成立专题运动组织（例如企业支部、大学支部或专业机构）。党员可以向中央行政办公厅提出创建专题运动组织的建议。

第 11 条　当选民主人士联盟

当选民主人士联盟汇聚民主运动党的当选公职的党员及宣称支持民主运动党政治行动的非党员当选人士。

各省运动组织应任命一名联络人，负责协调当选公职的党员及当选支持者。

第 12 条　投票

1. 投票

所有的投票（包括咨询会、人员任命、内部选举）均应在中央行政办公厅的领导下进行，并应与相关省代表进行合作。

投票可通过互联网、远程设备进行，可以聚集投票人当面进行，也可以综合上述方式进行。

2. 投票人名单

中央行政办公厅应在验证党员的选举人资格后制作投票人名单。

投票人应当在投票当天已有至少三个月的党龄，并在投票前已按期缴纳党费，党龄超过两年的，应在选举前的两年均缴纳党费。

3. 文件的传递及竞选的方式

投票人名单不得传递，只能进行查阅。中央行政办公厅应当将竞选文件以电子邮件或纸质信件的方式传达给党员。

4. 投票及投票办公室

投票办公室的组成人员包括省主席、各候选人代表，或提交投票的议案的首席签名人任命的代表。

在个人当面投票时，各省代表应确保正确的投票地点、投票时间，并确保希望参与投票的党员能够参与。调解及监督委员会有权处理有关投票的纠纷。

第 13 条　中央理事会

中央理事会的会议一般应在每年初召开。中央行政办公厅应制作会议日程。除了紧急情况外，中央行政办公厅应当提前十五日将召集函与日程一同发送给参会方。

除了包含两个省的大区外，党员候选人名单不得有一半以上的候选人来自同一省。

第 14 条　党员大会

根据中央行政办公厅的意见，党员大会可以在不同的地方召开，会议方式由中央行政办公厅确定。

除了中央行政办公厅认定的紧急情况外，党员大会审议的文本应当在大会召开的一个月前发送给党员。

社会党

社会党党章[*]

第一章 一般性规定

第一节 总纲

第1.1.1条 党的名称

党的名称是社会党。

第1.1.2条 党的原则声明

党的原则声明表达其基本价值,它构成了党章序言的第一部分。

第1.1.3条 社会党国际和欧洲社会党

社会党是欧洲社会党(PSE)的成员。社会党加入了社会党国际(IS)。除有互惠条款的情形外,所有加入社会党的人均可以同时加入附属于欧洲社会党或附属于社会党国际的其他政党。

第二节 原则

第1.2.1条 道德准则

社会党保有每位党员需要服从的道德准则。该道德准则构成本章程序言第二部分。

---

[*] 来源:法国社会党网站,https://www.parti-socialiste.fr/les-socialistes/nos-valeurs/charte-des-socialistes-pour-le-progres-humain/statuts-et-reglement-2015-ps/,最后访问日期:2018年1月28日。

第 1.2.2 条　社会党关于人类进步的章程

社会党关于人类进步的宣言是社会党人思想的结晶，是其辩论的锋芒和行动的指引。它构成了本章程序言第三部分。

第 1.2.3 条　对党的忠诚

党员应服从党的原则声明、道德准则、关于人类进步的章程及党的决定。除本章程第 1.1.3 条规定的情形外，党员不得加入其他直接或间接除社会党之外的政党或政治团体。党员承诺在选举事务中，仅支持社会党有效提名或支持的候选人。

第 1.2.4 条　党内讨论模式

党内全部实施言论自由，但党内有组织的倾向是不被容忍的。党内讨论应当遵守本章程第 1.2.3 条的规定。

第 1.2.5 条　内部法规及指令

党的组织及功能由本章程规定。内部法规及全国性指令对上述内容的实施方式进行具体规定。

第三节　比例代表制

第 1.3.1 条　原则

各级党内组织机构选举均实行最严格的比例代表制。只有向代表大会提出的总体定位提案者才有代表权。修正案、建议和其他专题文件均不适用比例代表制。

第 1.3.2 条　比例代表制在全国层面的实施

在全国层面（全国理事会、全国争端解决委员会、全国财务委员会、全国党员事务办公室），比例代表制根据提案的投票结果予以实施。候选人名单应附于每份意向性投票的提案之后，名单应遵循性别平衡原则。

第 1.3.3 条　比例代表制在联盟和地方层面的实施

比例代表制根据提案的投票结果予以实施，该提案应是党的全国普通代表大会提出的总体定位提案。候选人名单应附于每份意向性投票的总体定位提案之后，名单应遵循性别平衡原则。

第 1.3.4 条　在各级机构中的代表权门槛

在全国、大区、省和地方机构中的党的领导和管理人员之代表权只在如下情形开放：提案须获得全国至少 5% 的支持及至少在 15 个联盟得到至少 5% 的支持。

在支部、联盟和大区联合会，领导机构之代表权只在如下情形开放：没有满足本条前款的规定之提案，在相关机构中获得超过 10% 的支持。

第 1.3.5 条　在大会和会议上的代表构成

政党不同机构在大会和会议上的代表以比例原则构成，并遵守本章程第 1.3.1 条和第 1.4.1 条的规定。

第四节　性别平衡原则、轮换原则、多样性原则和非兼任原则

第 1.4.1 条　性别平衡

无论是全国层面还是联盟层面，党的领导和管理机关均应严格遵守性别平衡原则。党在全国和地方选举中的候选人应当在一轮单次选举中遵守性别平衡原则。党将制定一切必要规则保障该原则得到遵守。

第 1.4.2 条　轮换及多样性

所有领导和管理机构中正式及候补的当选名单应当至少包含三分之一的新成员。正式及候补的当选名单应当着力于遵守多样性的要求，特别是在法国的地理分布和社会分布的多样性。

第 1.4.3 条　议会职位和地方行政职务不兼任

社会党应当遵守议会职位和地方行政职务在同一时间不兼任的规则。

第二章　党的机关

第一节　党员和支持者

第一部分　党员

第一段　入党

第 2.1.1.1.1 条　原则

社会党党员是自由的，党员可以个人名义在全国或联盟加入政党。任何人不得以个人原因阻止他人加入社会党。最低入党年龄是 15 周岁。

第 2.1.1.1.2 条　入党申请

入党申请以个人的方式进行，且应当是书面形式。入党申请可以向支部秘书、联盟或中央所在地提交并注明日期。党员只能持有一张党员证。入党地点是党员注册在选举名单上的地点或党员的主要住所地。

第 2.1.1.1.3 条　入党的效力

入党自党员的入党申请及会费支付完成后生效。收到入党申请后,支部书记、联盟和中央所在地均应得到通报。支部新党员在其入党申请后的第一次会议上由支部书记介绍给支部其他党员。

第 2.1.1.1.4 条　请求驳回入党的可能

如果党员不遵循入党原则或者反对社会党的原则,支部书记和所有支部党员可以向联盟第一书记请求驳回入党。联盟第一书记随后可向联盟党员组织办公室请求驳回入党,经过利益相关人员的听证会后,联盟党员组织办公室有权做出驳回决定。

第 2.1.1.1.5 条　入党事务的纠纷

联盟党员组织办公室是有权管辖入党纠纷的一审机构。根据本章程第 4.2.1 条,联盟党员组织办公室的决定可以被上诉至全国党员组织办公室。

第 2.1.1.1.6 条　于选举名单注册地或主要居住地之外的入党

只有在例外的情况下才能于选举名单注册地或主要居住地之外入党。该入党申请应当向其意图申请入党的支部所在的联盟第一书记提出。如果该申请满足全国党员组织办公室提出的例外条件,联盟第一书记可向联盟党员组织办公室提出例外申请。

联盟第一书记应立即向其意图申请入党的支部书记报告该例外申请。如果例外得到了认可,联盟第一书记应立即告知原支部书记。

如果申请是为了在两个联盟之间进行转换,同意接收的联盟第一书记应当告知原联盟第一书记及联盟党员组织办公室。

第 2.1.1.1.7 条　社会主义青年运动团成员的入党

年度党证上交至中央办公厅的社会主义青年运动团成员的入党申请如果符合本章程第 2.1.1.1.3 条的规定,可成为社会党党员,并在第一年免交额外党费。

根据本条规定入党的党员,其投票权的条件与本章程第 3.1.1 条规定的其他社会党党员的投票权条件相同。

第二段　义务

第 2.1.1.2.1 条　党费

新党员第一次入党后的第一年需缴纳等额的少量党费。党员资格更新后的党费根据该党员的缴纳能力逐渐提高。

全国理事会每年制作党费计算表及归入全国金库的党费金额。联盟理事会每年决定党员转给联盟金库的数额。

全国理事会制作的计算表应告知全体党员。

第2.1.1.2.2条　政治义务

对于章程第1.2.3条规定的团体所组织的在地方、省或大区举办的政治活动，非经地方支部、本省联盟及大区联合会的事前同意，党员不得向该政治活动提供帮助。

对于章程第1.2.3条规定的团体所组织的全国性政治活动，非经中央办公厅的事前同意，党员不得向该政治活动提供帮助。

第2.1.1.2.3条　工会及社团活动

本党鼓励党员参加其职业所属之工会组织或社团，尤其是旨在捍卫人权、促进团结、保护消费者权利、保护公众教育权利、保护学生家长权利及繁荣地方生活的工会及社团。

第三段　党员权利

第2.1.1.3.1条　知情权

所有社会党党员均对于本党的行动享有固定的知情权。

所有入党申请人均需尽快收到全国和联盟刊物。

所有地方联盟及支部均应当在党的全国新闻出版机构注册订阅。

第2.1.1.3.2　接受培训和接待的权利

社会党的全体党员均有权接受有关社会党的历史与方针的培训。如有必要，新党员可收到一份党员指导手册、一份党章副本，及全党或联盟内部条例。支部应为每位新党员组织一次欢迎介绍大会。

第四段　除名、辞退、开除

第2.1.1.4.1条　失去党员资格

党员资格因除名、辞退和开除而失去。党组织可以决定在一定期间内中止党员资格。

第2.1.1.4.2条　除名

只有在迟交党费时，党员才会被除名，最少需迟交一年。如果党员在收到除名通知后的六个月内补交了全部迟交的党费，即终止除名。超过此期限后，除名即意味着辞退。

第 2.1.1.4.3 条　辞退

若请辞者想重新成为党员，则应按照本章程第 2.1.1.1.3 条规定的条件进行。支部书记（无支部书记时由联盟办公厅或全国党员组织办公室）应将两年未缴党费的情形视为辞退。

第 2.1.1.4.4 条　开除

开除只能按照本章程第 4.4.2.3 条、第 4.4.3.1 条、第 4.3.3 条的规定进行。开除自开除决定的正式通知被送达并形成终局决定时才生效。

第二部分　专门党员

第 2.1.2.1 条　入党

对于党的讨论和行动有兴趣的人可以为了参与论坛或专题运动而入党。

依专题入党是加入本党的一种形式，其申请需提交至党的中央住所地，由全国党员组织办公室负责审核。

第 2.1.2.2 条　义务

专门党员与其他党员承担相同的义务。

可供选择的主题以及其应缴党费的数额由全国理事会或其授权的中央办公厅决定。

除名、辞退、开除的程序与其他党员相同。

第 2.1.2.3 条　参与组织生活

根据党的全国理事会或其授权的中央办公厅确定的条件，专门党员可参与与其入党的主题相关的论坛或活动。

专门党员在全国大会的讨论中对与其入党主题相关的会议内容有排他的表达权和投票权。

第三部分　支持者

第 2.1.3.1 条　支持者参加组织活动

在支部支持者数据库内注册的支持者受邀参与党内的讨论时，有权表达和投票。关于确定大会方针的投票、确定领导机构的投票及确定各种选举候选人提名的投票（除总统候选人选定外）被排除在外。

第 2.1.3.2 条　支持者在全国大会上的代表

党的中央办公厅可根据各省的支持者人数决定全国大会的候补代表人数。

第二节　支部

第一部分　支部的构成、角色和代表

第 2.2.1.1 条　支部的构成和角色

支部是党组织的基础。相关联盟同意时，支部由至少五个党员构成。支部可以在行政地方、地理区域内或在企业、大学内或按专业领域组成。

联盟的全部区域内均应由支部所覆盖，每个市镇需从属于一个或数个相关支部。除企业或大学支部外，同一个行政地方或地理区域不能由数个支部所覆盖。行政地方或地理区域应当与选区的划分或已存在的城市和地区相一致。

支部是全体党员讨论和集会的地方。这种政治生活所必需的结构应当挖掘创造真正战斗能力。

联盟理事会可以创立、分立或消除支部，并应通知党员所在联盟办公厅。

联盟党员组织办公室应向全国党员组织办公室报告，后者有权决定支部创立、分立或消除的生效。

第 2.2.1.2 条　支部构成的否决

当支部的构成被否决时，否决意见应报送至全国理事会或者有权根据本章程第 1.3.2 条规定的原则做出决定的理事会。

第 2.2.1.3 条　支部的分割

一个支部可被分割为若干支部。支部的分割必须有一定的门槛。支部分割的模式由内部条例予以明确。

第 2.2.1.4 条　地区团体

当一个支部覆盖了由多个市镇构成的区域时，支部可以针对该区域内的市镇创建相应的地区团体，以组织该市镇的讨论活动。

第二部分　支部管理委员会及支部书记

第 2.2.2.1 条　支部管理委员会

支部管理委员保障在两次全国代表大会间支部的领导和运行。其编制由支部内部条例规定，无规定时由支部大会投票决定。支部管理委员由代表全国方针提案的成员根据本章程第 1.3.3 条担任。

第 2.2.2.2 条　支部书记

支部书记主持支部管理委员会工作。

第 2.2.2.3 条　支部财务主管及支部办公室的选举

支部书记选举工作完成后,支部管理委员会根据支部书记的建议决定支部财务主管人选及最终构成支部办公室成员的人选。

第三节　城市及居民点委员会

第 2.3.1 条　城市及居民点委员会的构成

城市及居民点委员会可在拥有数个支部的市镇或市镇群内成立。该委员会负责保证区域内行动的一致性及本党在该地区的宣传工作,并为该市镇或市镇群内的特有问题提供咨询意见。相关支部需至少每年召开一次该委员会的大会,商议地区问题。

第 2.3.2 条　城市及居民点委员会的代表

本章程及联盟内条例规定城市及居民点委员会的各分支会议中各支部的代表模式。

第四节　联盟

第一部分　一般性规定

第 2.4.1.1 条　联盟的构成

一个省内的支部组成唯一的联盟,联盟有其自身的管理机构。联盟具有法人身份,其章程即本党章程。

国外法国人联盟召集居住于国外的社会党人,并在外国允许的情况下,于每个国家设立一个支部。

在海外领地、各省、领地、行政区的支部构成联盟,并由其自主管理。联盟具有法人身份,其章程即本党章程。

支部的集合构成一个联盟,其内部运作与全国党内条例规定的省联盟的运行相似。作为例外,单独的党员可集合为一个支部由全国党员组织办公室负责管理。

第 2.4.1.2 条　联盟的角色

联盟负责组织省内积极分子的工作。联盟需要遵循本党原则、党内各级机关决策、代表大会及全国大会的决策,并监督上述原则、决策的执行。

第 2.4.1.3 条　联盟章程及联盟内部条例

联盟可制定其章程及内部条例。后者应充分遵循党的章程及内部条例。联盟章程及联盟内部条例可由联盟代表大会修改。

根据本章程第 2.2.1.1 条的规定，联盟必须将其章程、内部条例、支部证书及上述文件的修正向党的中央机关汇报。全国理事会根据全国纠纷解决委员会的意见做出决定后，联盟章程及联盟内部条例才可适用。

如果上述章程、条例、证书及联盟机构的组成、代表没有提交给党的大区机关，在中央办公厅催告后，本章程第 4.5.2.1 条规定的程序即启动。

第 2.4.1.4 条　联盟党员名单的建立

联盟党员组织办公室于每个会期末需按支部建立党员名单。在相同的周期内，联盟还需给每个支部书记递交其支部的党员名单。

国家党员组织办公室联合联盟党员组织办公室负责确定每次选举中拥有投票权的党员名单。

第二部分　联盟的机关

第 2.4.2.1 条　联盟理事会

联盟理事会保障在两次全国代表大会间联盟的领导和运行。其编制由章程及联盟内部条例规定，无规定时由联盟代表大会决定。联盟理事会三分之二的成员是全国方针提案的代表，他们由联盟代表大会的代表根据本章程第 1.3.1 条、第 1.4.1 条选举产生；另外三分之一的成员由支部书记组成，这些支部书记由支部书记团选举产生，并应当在地理上遵循各支部在省内的合理分配。

第 2.4.2.2 条　联盟办公厅

联盟理事会在其内部按照代表全国方针提案的比例选出联盟办公厅。其效力由联盟章程、联盟内部条例或联盟代表大会确定。

第 2.4.2.3 条　联盟书记处

联盟理事会在其内部根据联盟第一书记的建议且根据性别平衡原则选出联盟书记处成员。

第 2.4.2.4 条　联盟第一书记

联盟第一书记在全国代表大会后，以不记名投票的方式由全体联盟党员选举产生。获得选票绝对多数者在第一轮选举中胜出。如果需要第二轮选举，则由第一轮中选票数前两名的候选人参加。第一轮选举中有数人选票相同时，党龄较长者有资格进入第二轮选举。第二轮选举中两名候选人选票数量相同时，党龄较长者当选。联盟第一书记的职位空缺三个月时，党员需以同样的方式进行投票。受到全国代表大会召开而中断的情形除外，这种情况下，联盟第一书记的职务由联盟理事会的一位掌事者或由联盟理事会指定的一位同志代理。

联盟第一书记应保证联盟在政治和行政上的日常运行，落实代表大会的政策，并应监督社会党的原则声明及章程得到遵守。

他应当保证党签署政治的契约在联盟理事会内得到执行。

他应当保证在机关的建立和选举名单的制定过程中，性别平衡原则得到贯彻。

他应当向联盟理事会建议协调书记的人选，并在职位空缺时以多数通过的提案确定。

他应当向联盟理事会提议联盟书记的人选及其权限划分。

联盟第一秘书主持联盟书记处和联盟办公厅的工作。

第2.4.2.5条 联盟劳动理事会

联盟可以组建常设委员会，作为已有的全国委员会在省内的延伸。劳动理事会可采取一切必要步骤邀请党员注册。联盟理事会可每年召开该委员会的常委会，会议召开和讨论的地点对外开放。

第2.4.2.6条 例外条款

在地方改革的例外情况下，全国理事会或被其授权的中央办公厅可以允许由一个联盟覆盖数个省份。各省代表的模式及选举候选人的产生模式由内部条例依照本章程第1.3.1条、第1.4.1条规定的原则予以明确。

第三部分 联盟代表大会及其在全国代表大会上的代表

第2.4.3.1条 联盟代表大会

每个联盟需在党的全国代表大会前召开联盟代表大会。联盟代表大会应根据本章程第1.3.4条、第1.3.5条规定的原则，在选举联盟理事会内全国方针提案的代表、选举大区委员会和全国代表大会中联盟代表团的过程中，清点联盟各支部对于全国方针提案的投票。性别平衡原则需实施于上述选举中。

第 2.4.3.2 条　全国大会和全国代表大会上的联盟代表

向全国大会和全国代表大会派出代表的联盟应拥有不少于 50 个缴纳党费之党员及至少 5 个支部。

第四部分　对联盟的支持和评估

第 2.4.4.1 条

联盟或大区联合会遭遇严重的政治或组织困难时，全国理事会或其授权的中央办公厅可以根据本章程第 1.3.1 条规定的原则组成一个支持和评估委员会，负责评估联盟或大区联合会的情况，并提供帮助和支持以避免受到接管。

第五节　大区联合会

第 2.5.1　大区联合会的角色

一个大区内的联盟组成一个大区联合会。大区联合会的职责如下。

– 党员的培训。

– 协调联盟的政治活动。

– 与社会党第一提名候选人一道在每次大区选举前规划党在大区的行动纲领。

– 决定党在大区内的日常政治事务，并监督区议会中的社会党团。

– 确定党对大区内不同治理方案的立场和建议，确定党对大区内环境保护方案的立场和建议。大区联合会可针对大区政治事务组织对外开放的专题会议。

– 提前组织大区选举的准备工作，如有可能，可组织大区层面不同伙伴的必要商讨。

– 联盟仅以辅助者身份参与属于大区联合会管辖权限范围内的事务。联盟可以在最终上诉至全国理事会前，诉请大区联合会裁决其内部争议。只有一个省份的地区无大区联合会的存在，在这种情况下，联盟代理行使本条授予大区联合会的职权。

第 2.5.2 条　大区委员会

全国代表大会后的两个月内应产生大区委员会负责领导大区联合会事务。大区委员会的编制由党的内部条例规定。每个联盟在大区委员会内有一个代表团，并遵循性别平衡原则。

第 2.5.3 条　大区委员会办公厅和大区书记

大区委员会在其第一次会议上产生大区委员会办公厅。它的组成需遵循性别平衡原则并与党的内部条例规定的方式相符。

大区委员会同时在其内部通过两轮多数和无记名投票的方式选举大区书记。只有在第一轮获得票数前两名的候选人才可进入第二轮。

大区书记不得同时兼任该区的联盟第一书记，不得兼任大区理事会小组主席，也不得兼任大区理事会主席。

第 2.5.4 条　大区企业委员会、大区企业大会

每个大区委员会内可根据行业的公私性质设立大区企业委员会。委员会可召集从事或曾从事相关行业的在职或退休的党员或支持者。大区企业大会则负责聚集不同的企业委员会，企业大会中设立常设办公室，其书记应当是党员，并以咨询者的身份参加大区劳动委员会。

第六节　党的全国性机关

第一部分　全国理事会

第 2.6.1.1 条　全国理事会的角色

在两次全国代表大会期间，全国理事会负责领导全党的事务。

第 2.6.1.2 条　全国理事会的任期

全国代表大会于联盟第一书记选举后两日内选举产生全国理事会，在新的理事会到任后的第一个会期原理事会权力到期。同天，全国理事会选举其主席，主席是国家办公厅的当然成员。

第 2.6.1.3 条　全国理事会的组成

全国理事会由以下成员组成：

- 党的总书记；
- 根据本章程第 1.3.2 条、第 1.4.1 条、第 1.4.2 条的规定，由全国代表大会选举的 204 名成员；
- 联盟第一书记。

作为议会成员或政府成员的社会党党员是全国理事会的当然成员。

第 2.6.1.4 条　全国理事会成员的任命

参加全国代表大会的代表根据其签署的提案分组，并采用其全国理事会的候选人名单。数量最少应达到提案要求的席位人数，并增加三分之二

的空缺职位以替代那些因提案而当选使得其职位彻底空缺下来的理事会成员。名单中的男女候选人人数应相同，并保持轮替。

第2.6.1.5条　参加全国理事会的大区书记

若大区书记不担任本章程第2.6.1.3条规定的职位，其应以咨询者的身份参与全国理事会。

第2.6.1.6条　参加全国理事会的欧洲社会党代表

欧洲社会党的成员党均可以派驻代表，以咨询者的身份参与全国理事会的工作。

第2.6.1.7条　全国理事会的召集与议程

全国理事会由国家办公厅召集，或在必要的时候由第一书记和全国理事会主席在国家办公厅的要求下共同召集。全国理事会每年至少召开四次，其议程由中央办公厅提前至少两周确定。

第2.6.1.8条　全国劳动委员会

全国理事会可决定建立永久委员会，其人数、名称及管辖权由全国代表大会后该委员会的第一次会议决定。

第二部分　中央办公厅

第2.6.2.1条　中央办公厅的角色

全国理事会的两次会议之间，由中央办公厅主持党的领导工作。

第2.6.2.2条　中央办公厅的组成

全国理事会于全国代表大会后的第一次会议中选举中央办公厅。中央办公厅的组成包括：党的第一书记，根据本章程第1.3.2条、第1.4.1条和第1.4.2条依提案比例选举的54名成员，在联盟第一书记中根据地理多样性和联盟数量指定的18名成员。

全国理事会主席及全国当选社会党人及共和党人联合会主席（必须是社会党党员）均为中央办公厅的当然成员。全国仲裁委员会主席可以在需要时协助中央办公厅的工作。

第2.6.2.3条　中央办公厅的职权

全国理事会可以授权中央办公厅处理其在全体会议上无法处理的文件。

中央办公厅负责处理所有紧急的问题。但下列事项不得授权中央办公厅处理：

- 中央书记处的选举；
- 大政方针及党的选举活动的采纳；
- 涉及针对议会党团态度的事务及涉及适用宪法第 11 条、第 35 条及第 89 条的事务；
- 与其他组织的基本政治协议；
- 在一般批准程序中，对公共选举中候选人的批准；
- 有关全国代表大会之组织机构的决定；
- 对联盟章程和联盟内部条例的批准；
- 解散联盟或大区联合会的决定；
- 对在公共会议上的投票中违反组织纪律的议员进行监督。

第三部分　中央书记处

第 2.6.3.1 条　中央书记处的角色

中央书记处执行党的中央机关的方针。

第 2.6.3.2 条　中央书记处的选派

中央书记处由全国理事会根据第一书记的建议选出，由全国书记及其副手组成。

第四部分　党的第一书记

第 2.6.4 条　党的第一书记的角色

党的第一书记应保证党的政治和行政机关的日常运行，适用及实施全国代表大会的决策；应监督对于社会党章程及原则声明的遵守。第一书记应保证全国理事会履行党所签署之政治契约；监督在党的机关机构内及选举名单中性别平衡原则得到遵循；在出现国家书记职位空缺的情况下，根据多数提案，向全国理事会建议其人选；向全国理事会建议国家书记及其副手的名单，并明确其分工；主持国家书记处及国家办公厅的工作，并制定工作日程。

第五部分　中央机关成员的党龄条件

第 2.6.5 条　担任中央机关职务的党龄条件

除了由党的代表大会通过决议规定的例外情形，担任全国理事会、中央办公厅、全国仲裁委员会、财务主管及全国党员组织办公室职务的党员需有连续的三年以上党龄。

第七节 经济、社会、环境及文化理事会

第2.7.1条 经济、社会、环境及文化理事会的角色

经济、社会、环境及文化理事会在全国范围内聚集于经济、工会、社团界具有能力和经验的人士。其旨在向全国理事会、中央办公厅和第一书记提供针对经济、社会问题的研究和专家意见。其办公室作为咨询者参与全国理事会的会议。其主席作为咨询者参与中央办公厅的会议。

第2.7.2条 经济、社会、环境及文化理事会的组成

经济、社会、环境及文化理事会由国家企业委员会中的数个研究所组成。其成员的指派,根据本章程第1.4.1条,由全国理事会在普通全国代表大会后根据第一书记的意见进行。

第2.7.3条 国家企业委员会

国家企业委员会聚集企业内的大区书记及国有企业中的社会党组书记。本条与第1.3.1条协调的问题由内部条例规定。

第2.7.4条 企业社会党小组

国有企业内的社会党小组在全国的联盟内存在。

每个行业的国有企业社会党小组以全体大会的方式集会,在普通全国代表大会期间决定其机关:办公室及书记。

第2.7.5 联盟内负责企业事务的书记

每个联盟在其书记处内部指定一名书记负责企业事务。

第八节 全国常设委员会

第2.8.1条

在需要时,社会党可设立全国常设委员会。

第九节 合作机构

第一部分 原则

第2.9.1条 合作机构

社会党支持并确认一些为非党员开放的合作机构,以在社会党的各个领域开展政治活动项目。这些合作机构在其领域具有政治上的表达资格,其内部条例及其负责人的选定应与同级党的机构相协调。

第二部分 "青年社会党人运动"

第 2.9.2.1 条 "青年社会党人运动"的目标

"青年社会党人运动"的目标是组织那些希望与社会党人共同致力于青年领域工作的青年人、党员、非党员合理地参与和思考。

第 2.9.2.2 条 参与"青年社会党人运动"的年龄条件

参与"青年社会党人运动"的人的年龄范围为 15 至 29 周岁。

第 2.9.2.3 条 "青年社会党人运动"的章程和内部条例

"青年社会党人运动"的章程和内部条例需由党的全国理事会批准。

第 2.9.2.4 条 "青年社会党人运动"参与党的机关

为了协调社会党及"青年社会党人运动"在青年领域工作中的行动，"青年社会党人运动"负责人是其社会党中相应层级机关中的当然成员。其主席列席中央办公厅和全国理事会，其大区代表列席大区委员会，其联盟活动组织人列席联盟理事会及联盟办公厅，其小组活动协调人列席所在地区的支部管理委员会。

第三部分 全国当选社会党人及共和党人联合会

第 2.9.3.1 条 全国当选社会党人及共和党人联合会

全国当选社会党人及共和党人联合会聚集所有当选社会党人以及当选的持相同价值观的非社会党人。

第 2.9.3.2 条 全国当选社会党人及共和党人联合会的职责

全国当选社会党人及共和党人联合会设立主席、全国理事会，及中央办公厅。该联合会召开地方问题论坛，并向当选者及对地方改革问题的讨论者开放。

第一书记向其中央办公厅建议全国当选社会党人及共和党人联合会主席候选人的人选。省的当选社会党人及共和党人联盟主席，如果是党员，是联盟理事会及联盟办公厅的当然成员。

第四部分 其他机构

第 2.9.4.1 条 其他合作机构

没有政治上决定权的负责研讨和科研的专门机构及对其工作有热情的人，在可能的情况下可以参与党内生活，但没有政治上的决定权。全国代表大会或全国理事会可以决定或变动对这些机构活动领域的授权。这些机构成员在党的各级生活中可选择担任合适的职务。

这些机构成员以咨询员代表的身份在相应的党内机关任职。这些代表应是从合作机构成员中的党员中选出的。

第三章 党的运行

第一节 党的辩论和投票：一般规则

第3.1.1条 投票条件

所有涉及选举党的政治领导机关（代表大会、大会、积极分子大会、党员直接咨询会）、涉及选举机关领导、涉及指定候选人的行动均必须通过选举办公室以选举的方式完成，并以支部会议之外的时间作为选举日。

只有自缴纳党费后起算累计六个月党龄的党员才能参加投票。当选者还应当另外缴纳的党费，可在投票日前缴纳截至选举日的年度党费。选举需为不记名。不得委托投票，且每个投票党员需要在投票前证明其身份。

第3.1.2条 选前辩论的组织

每次投票均需有一次选前辩论，以保证参选各方的平等。

第二节 全国代表大会

第3.2.1条 全国代表大会的会议周期

全国代表大会于总统和立法机构选举后的六个月召开会议。全国代表大会于中期也召开会议。

第3.2.2条 全国代表大会的召集

全国代表大会至少应提前三个月由全国理事会召集并确定地点、日期及会议日程。全国理事会制定时间表，并在联盟的协助下拥有其实体组织。全国理事会在必要时候，可召开无期限条件的特别全国代表大会。

第3.2.3条 全国代表大会预备委员会

全国代表大会预备委员会由全国理事会设立。每个联盟内应设立一个联盟代表大会预备委员会。全国代表大会预备委员会的组成由内部条例规定。其目的为在中央办公厅的控制下，监督良好的实体运作、保障平等对待及获取各种信息的行政便宜权利。

第 3.2.4 条　辩论的内容

全国理事会应在全国代表大会会议召开至少一个月后召开会议，专门用于记录代表大会的辩论记录。应向党员分发主要辩论内容记录、提交的专题。党的各级机关应围绕主要辩论记录组织讨论。全国理事会在三分之二多数投票的情况下可决定取消辩论阶段。

第 3.2.5 条　全国综合事务理事会及全国方针提案的存放

全国理事会编制综合提案的会议最晚应当于全国代表大会前第七周举行。该会议上应登记需要根据本章程第 3.2.7 条规定的方式由党员投票的全国方针提案。

第 3.2.6 条　组织党内对全国方针提案的讨论

全国方针提案最晚应于全国代表大会一个月前向党员公布。收到提案后，每个联盟应根据联盟理事会决议的方式组织省内一天的讨论。

第 3.2.7 条　对全国方针提案的投票及对党的第一书记的选举

全国代表大会前的第三个星期四，党员需投票选择一个提案。机关的代表应依据本章程第 1.3.1 条及该条以下的规定，依此次投票结果的比例构成。

全国代表大会前的第二个星期四，党的第一书记应以不记名投票的方式由全部党员选举产生。得票数前两名的提案的首席签字人为候选人。候选人于提案投票后的一次决议委员会上持竞选者声明和提案之外的其他提案参与选举。

当出现党的第一书记职位长期空缺的情形时，全国理事会应选出一名新的第一书记履职至下一次全国代表大会。

第 3.2.8 条　中央机构的行动报告

中央机构需向全国代表大会做行动报告，这些行动报告需至少于全国代表大会召开前六个月向各支部及联盟公布和送达。

第 3.2.9 条　联盟代表大会

联盟代表大会依据全国理事会确定的时间表召开会议，最晚应在全国代表大会前一个周日进行。

第 3.2.10 条　全国代表大会的代表

全国代表大会的代表由联盟代表大会根据本章程第 1.3.2 条选出。联盟第一书记应向由党的中央办公厅、全国理事会成员、党团成员，及全国章程第 2.9.1 条规定的机构的全国代表报告参加全国代表大会的工作者、联盟当选的常规代表的姓名。

第 3.2.11 条　联盟在全国代表大会的代表

每个联盟在全国代表大会的代表数量应与参与党的全国方针提案投票的党员数量成正比。代表的数量以如下方式确定：

－一个代表与 50 至 100 名投票者相对应。

－两个代表与 100 至 250 名投票者相对应。

－一个代表与 250 名候补投票者相对应；一个代表对应最后一部分的 125 至 250 名投票者。

代表数量需要遵循男女性别平衡原则。

第 3.2.12 条　联盟第一书记的选举及支部书记选举

联盟第一书记的选举及支部书记选举在全国代表大会后由全体党员通过不记名投票的方式进行。获得绝对多数选票的候选人在第一轮选举中胜出。第一轮选举中的选票前两名进入第二轮选举，第二轮选举举办的条件与第一轮相同。在出现职位空缺的情况下，职位的填补也在相同的条件下进行，除非职位的空缺在全国代表大会程序开始后出现。支部书记的职权得到支部管理委员会或由管理委员会委任的一名同志的保障；联盟第一书记的职权得到联盟理事会集体决定的保障或联盟理事会委任的一名同志的保障。

第三节　全国大会

第 3.3.1 条　全国大会的组织

除非出现违反本章程第 3.3.2 条规定的情形，全国大会每年召开两次，以全国理事会确定的事项为议题。大会召集决定应明确代表的效力及集体讨论的模式。所有的全国大会之前需召开联盟大会，如议题有需求，也需召开大区大会。

第 3.3.2 条　全国大会的会议日程

来自至少 20 个联盟的 5000 名党员以 25 至 500 个联盟签名，提出要求，才能使得某项议题登记进入大会讨论日程。

第四节　积极分子大会

第 3.4.1 条　积极分子大会的目标

积极分子大会由全国理事会确定日程，每年召开一次。目标是向党员传达国内和国际时事政治的问题。

第 3.4.2 条　积极分子大会的召集和日程

通过中央办公厅提出建议或 5000 名来自至少 20 个联盟的党员以 25 至 500 个联盟签名提出要求，才能使得一项议题登记进入积极分子大会的日程。积极分子大会的召集决议由全国理事会作出，并由全国理事会确定其模式、人员选定、委托的效力及集体讨论的模式。其选举程序由全国代表大会或全国大会确定。其签订的政治协议由全国理事会的决议予以确定。

第五节　支部书记的全国会议

第 3.5.1 条　支部书记的全国会议

中央办公厅每年组织一次支部书记的全国会议，并确定其日程。中央书记处在开幕式中进行行动报告并报告积极分子行动计划。

第 3.5.2 条　地方社会党团主席的全国会议

中央办公厅每年组织一次地方社会党团主席的全国会议，并确定其日程。中央书记处在开幕式中进行行动报告并报告积极分子行动计划。

第六节　向党员的直接咨询

第 3.6.1 条　向党员的直接咨询

根据党的第一书记、中央办公厅、35 个联盟或至少 15% 党员（根据上一年 12 月 31 日的数据）的建议，全国理事会在讨论后以三分之二多数可以决定组织一个直接的会员咨询向党员提交简单编写的议题。全国理事会可决定集体讨论的模式并就相关问题组织投票。

第七节　公民论坛

第 3.7.1 条　公民论坛的组织

为了在互惠和持续的框架下保持与社会的交流，全国理事会可以组织召开公民专题论坛。

在中央书记处的推动下，公民论坛向所有持共和主义或左翼价值观的公民开放，并持久地为社会提供思想交换和讨论空间。

全国理事会决定公民论坛的组织形式。

第四章 纠纷的控制和管理机关

第一节 财务监督委员会

第 4.1.1 条 全国财务监督委员会

每届常规的全国代表大会应成立一个全国财务监督委员会。全国财务监督委员会应遵循性别平衡原则，由 33 个成员及 10 名候补成员根据本章程第 1.3.2 条、第 1.3.4 条的规定依提案比例构成。财务监督委员会成员不得担任任何全国机关成员。

财务监督委员会每年至少召开两次会议，它每年需就党的预算计划和综合执行决算表达意见。经联盟财务监督委员会的请求，财务监督委员会可根据需要对联盟进行实物和实地审查。财务监督委员会可主动或在全国理事会的请求下，向全国理事会进行报告。财务监督委员会主席或其代表以咨询者身份参加全国代表大会。

第 4.1.2 条 联盟财务监督委员会

每个联盟的常规联盟代表大会应根据本章程第一章第三节及第四节的规定选举一个联盟财务监督委员会。联盟财务监督委员会应遵循性别平衡原则。其成员数量由联盟章程或联盟内部条例规定，否则由联盟代表大会决定。联盟财务监督委员会成员不得担任联盟其他机关的成员。联盟财务监督委员会每年至少召开两次会议，每年需就联盟预算计划和执行决算表达意见。当其对于联盟预算或账目的真实性和透明性出现疑义时，可由联盟财务监督委员会三分之一的成员决定向全国财务监督委员会提交申诉。联盟财务监督委员会主席或其代表以咨询者身份参加联盟代表大会。

第二节 党员组织办公室

第 4.2.1 条 全国党员组织办公室

全国党员组织办公室决定不同的内部投票主体。联盟党员组织办公室可向其提出创建或取缔支部的申请。

它负责审查已被开除党籍的成员提交的恢复党籍的申请。

全国党员组织办公室遵循性别平衡原则，由 33 个成员及 10 名候补成员根据本章程第 1.3.2 条、第 1.3.4 条的规定依提案比例构成。全国党员组织办公室在其第一次会议上选举其主席。

全国党员组织办公室的成员不得担任其他全国机关的成员。它每月至少召开一次会议，紧急情况下可用电子文档形式做出决定。

第4.2.2条 联盟党员组织办公室

每个联盟的代表大会应选出一个联盟党员组织办公室，根据本章程第一章第三节、第四节规定的条件，遵循性别平衡原则，并与联盟其他机构相区分。联盟党员组织办公室成员的数量由联盟内部条例确定，否则由联盟代表大会决定。联盟党员组织办公室的成员不得担任其他联盟机关的成员。

联盟党员组织办公室负责保证本章程有关入党的条款得到遵循，负责分发党员证，与联盟财务监督委员会和支部一起制作各支部党员名单。它负责审查支部党员数量的变化，有权向支部提出有关党员数量变动的疑问。联盟第一书记可向联盟党员组织办公室提出第一书记、其他支部书记、党员或申请入党者的有关党员组织问题的请求。

联盟党员组织办公室每个月至少召开一次会议，紧急情况下可用电子文档形式做出决定。

第三节 有关纠纷规则的一般规定

第4.3.1条 根据纠纷性质确定管辖机关

申诉人可向联盟第一书记或向能够将纠纷转递给管辖机关的第一书记提出请求。

有关地方机构的构成、职能和决定的纠纷由联盟理事会负责一审管辖，全国理事会或其指定的委员会根据本章程第一章第三节、第四节的规定负责上诉管辖。有关党员组织的纠纷由联盟党员组织办公室负责一审管辖，全国党员组织办公室负责上诉管辖。

有关省和大区的机构的纠纷直接由全国理事会或其指定的委员会根据本章程第一章第三节、第四节的规定负责管辖。

对于党员个人行为或集体行为的监督由联盟仲裁委员会管辖。如果其属于不同的联盟，则由全国仲裁委员会单独管辖。

议会议员、全国理事会成员或其他全国机构成员为上述监督行为的源头和目标，党的第一书记可以直接向全国仲裁委员会提出申诉。

有关代表大会议事组织的纠纷由联盟代表大会预备委员会负责一审管

辖，由全国代表大会预备委员会负责上诉管辖。如果纠纷涉及数个联盟，则直接由全国代表大会预备委员会负责管辖。

涉及代表大会选举的纠纷由选票清点委员会负责管辖。

每个管辖机关在其内部条例中规定其职责，遵循对抗原则并保护被告权利。

在没有向联盟第一书记或党的第一书记提出请求并穷尽内部救济时，对党的决议或党的机关的争议不能向司法机关提出救济。

第4.3.2条　对议会议员行为的监督

议会议员当选后，议会党团形成后均受到全国理事会对其议会行为的监督。全国理事会应劝诫违反纪律的当选者遵守党的决定。全国理事会在必要的情况下可宣布本章程第4.4.2.3条规定的惩戒措施。这种情况下，全国理事会最多只能在一个会期程序期间做出决定。全国理事会应听取利益相关者及其所在联盟、所在党团主席的意见后做出决定。全国理事会的决定一经做出即生效，但当事人可就该决定向全国代表大会上诉，上诉不中断该决定的效力。

第4.3.3条　全国理事会在特殊情况下的开除决定

对于那些在没有被免除其以党的名义担任的竞选职务时就企图辞去其当选职务的党员，全国理事会应将其视为开除。当一名候选人参选职位时，党的常设机关已提名其他候选人参选，当事人一方可以向全国理事会提请将违反纪律一方排除在党外并视为开除。

在例外的情况下，如果党的有权机关已批准提名候选人，该候选人违反纪律的，全国理事会或中央办公厅在全国理事会的两次会议中间，可以向全国仲裁委员会报告，宣布本章程第4.4.2.3条规定的惩戒措施。该宣告只能在本政策第4.4.4.1条规定的条件下进行。

第四节　仲裁委员会

第一部分　仲裁委员会的构成

第4.4.1.1条　全国仲裁委员会的构成

常规的全国代表大会每三年按照本章程第一章第三节、第四节的规定选出一个全国仲裁委员会。该委员会由33个成员及10名候补成员根据本章程第1.3.2条、第1.3.4条的规定，依提案比例构成。其成员不得担任党的其他国家机构的成员。该委员会在其内部选出其主席及书记。全国仲裁委员会向全国代表大会报告工作。

第4.4.1.2条 联盟仲裁委员会的构成

联盟在常规的联盟代表大会上按照本章程第一章第三节、第四节的规定选出一个联盟仲裁委员会，其效力由联盟章程及内部条例规定，否则由联盟代表大会规定。该委员会按照性别平衡原则构成，其成员应至少拥有连续三年的党龄，且不是大区的机关成员。

该委员会在其内部选出其主席及书记。

第二部分 提出裁决请求的方式及仲裁委员会的权力

第4.4.2.1条 向仲裁委员会提出裁决请求的方式

在纠纷审理中，如果控辩双方（党员或党团）属于同一个联盟，则该纠纷应向联盟办公厅提出，联盟办公厅应立即将该纠纷转至联盟仲裁委员会，不能对该纠纷发表意见，但可以要求联盟仲裁委员会报告审理情况。

所有涉及两个或数个不同大区的联盟的纠纷，应向中央办公厅提出，由中央办公厅立即转至全国仲裁委员会。所有要求裁决的案件不得在其事实发生超过一年后才提出。在原告被除名、辞退或开除的情况下，如果其请求已登记但尚未受到全国或联盟仲裁委员会的审理，则此案件应被视为完全无效。在被告被除名、辞退或开除的情况下，如果其请求已登记但尚未受到全国或联盟仲裁委员会的审理，则前述被告应当因其错误被视为开除。

第4.4.2.2条 仲裁委员会内部辩论的对立性

双方当事人必须参与相对的庭审辩论后仲裁委员会才能判处相应的惩戒措施。载有案件性质和名单的日程应至少在会议前两周送达所有联盟或全国仲裁委员会的成员。

第4.4.2.3条 仲裁委员会的权力

联盟或全国仲裁委员会有权驳回请求或实施下面规定的惩戒措施。经当事人的申请，它也可裁决由第三方仲裁员在三个月内进行裁决。如果当事人违反党的原则或规定、违反仲裁意义上的某种合同承诺或从事对党造成严重损害的行为，可判处以下惩戒措施：

－警告；

— 纪律处分；

— 临时停职；

— 暂时或永久开除。

上述惩戒措施可附随部分或全部的缓期执行。根据本章程第4.4.2.4条的规定还可判处临时终止授权的附加处罚。

第4.4.2.4条　临时终止授权

临时终止授权是指禁止受到该项惩戒措施的党员成为党的候选人、代表，以党的名义发表言论或在任何层级的机构担任职务（职权职务或委任职务）。特别是当涉及一个占有选举职务的党员时，联盟或全国仲裁委员会如果认为保留职务对党有利，可以允许其继续履行职务。

第4.4.2.5条　程序滥用的处罚

如果申诉被认为是没有根据或是被滥用的，仲裁委员会可以向滥用程序的相对方判处同样的惩戒措施。

第三部分　救济途径

第4.4.3.1条　对联盟仲裁委员会决定的上诉

联盟仲裁委员会的判决自送达后三十日成为终局裁决。

在三十日的期限内，当事人可向全国仲裁委员会上诉。联盟仲裁委员会的判决应告知利益相关方及其所在支部。应当指出的是，上诉过程中，联盟仲裁委员会的判决应暂停执行，以待全国仲裁委员会判决。

第4.4.3.2条　上诉的暂停效力

上诉在所有情形下均具有暂停效力。但是联盟仲裁委员会判处的开除决定会停止所有以党的名义授予的权限。

第四部分　重新入党和永久开除

第4.4.4.1条　重新入党

所有被开除或视为开除的公民两年期限过后才可重新申请。全国理事会或中央办公厅在征求当事人开除前所在联盟、支部的意见后可做出重新入党的决定。重新入党后如若再次遭到开除，那么此开除决定将会是永久的，绝无重新入党的可能。

第4.4.4.2条　永久开除决定的告知

永久开除的决定应由中央办公厅告知所有联盟。

第五节 支部、联盟及大区联合会的解散及监督

第一部分 支部的解散及监督

第4.5.1.1条 支部解散及监督的理由

联盟理事会可创设调查委员会并根据国家方针提案的比例指定其成员，调查委员会可以听取各方意见，采取各种必要调查措施，并向联盟理事会报告。听取调查委员会报告后，联盟理事会可以宣布对支部采取监督措施或解散支部领导机构。其理由为严重的违纪行为、给党造成严重损害的行为或玩忽职守的行为。只有在严重违纪的集体行为发生时才能使用解散的措施，个人行为由联盟或全国仲裁委员会管辖。

第4.5.1.2条 支部解散及监督的方式

联盟理事会召开会议并由多数成员出席后，宣布支部解散及监督意见。当出席人数不足时，联盟理事会应在一个月的期限内重新召开会议，第二次会议时无论出席人数多少都可做出决定。

第4.5.1.3条 解散决定的宣告

所有解散的决定均需以预审程序在八日内呈报全国理事会。只有在全国理事会审查和确认后，解散决定才具有终局性。在全国理事会必要的审查期内，受到解散的支部无权从事任何公共行为。

第4.5.1.4条 解散支部的重建

解散支部的联盟拥有重建支部的权利。联盟理事会可确定重建支部的条例。重建支部需在解散后一年的期限内做出。超过一年，可由至少五名原支部党员组成的小组向全国理事会提出重建的请求。

第二部分 联盟及大区联合会的解散及监督

第4.5.2.1条 联盟及大区联合会的解散及监督

全国理事会（在其两次会议期间可授权中央办公厅）创设调查委员会并根据国家方针提案的比例指定其成员，调查委员会可以听取各方意见采取各种必要调查措施，并向全国理事会报告。听取调查委员会报告后，全国理事会可以决定对联盟及大区联合会采取监督措施或将其解散。其理由为严重的违纪行为、给党造成严重损害的行为或玩忽职守的行为。其还可以宣告解散从事上述行为的联盟理事会、联盟办公厅或联盟书记处。

第 4.5.2.2 条　已解散联盟及大区联合会的重建

全国理事会有尽快重建已解散联盟及大区联合会的权力,并有权批准重建的条例。

第五章　政治选举、候选人的选定、社会党团

第一节　一般规定

第 5.1.1 条　全国协议及全国决定

全国领导人在咨询联盟后经全国大会批准后可签署全国协议,无论选举的类型如何,党的各级候选人均需遵守。在单记名投票中,党的各级候选人均需遵守全国的男女候选人分配决定。

第 5.1.2 条　选定候选人的日程

全国理事会或其授权的中央办公厅负责组织和管理候选人的选定活动:

- 根据本章程第 1.3.1 条及以下条款,指定一个选举委员会;
- 制作一个约束全党机构的日程。

此决定需以附编号的全国通报的形式送达联盟第一书记、全国理事会成员、议员及全国仲裁委员会成员。

第 5.1.3 条　选定候选人的选举机构

参与政治选举的候选人由全体根据党章第 3.1.1 条规定有选举权的党员投票选出,选举人需注册于相应选区的选举名单。选民选举前应出示选民证或已注册于选举名单的证明。未成年人和外国人在其居住地的支部参与选举,选前需提交其居住地证明材料。

第 5.1.4 条　选定候选人的法定人数

如果登记在支部参与候选人投票的党员数量低于注册于市镇(超过3500 居民的城市)、选区或相关区域的选民数量的百分之五,支部可以制作一份采取优先选举制的候选人名单。在市镇和选区的选举由联盟理事会做出决定,议会、欧盟、大区及超过 20000 居民的大城市的选举由全国理事会做出决定。

第 5.1.5 条　候选人备案的条件

参选公共职位的候选人应及时缴纳党费及当选人党费。候选人应当满足选举法规定的平等性条件,并满足本章程第 2.6.5 条规定的全国选举的相关条件。为了成为备选的候选人,胜出者需要及时缴纳其过去应缴纳的党

费。所有议会选举的候选人应当在其候选人资格批准前，以书面形式提交遵守本章程第1.4.3条及内部条例的承诺。所有参与地方或国家选举的候选人应当在其宣布竞选的同时提交其联盟或全国领导人出具的扣除党费的通知。除全国理事会或其委托的中央办公厅明示的决定外，参与立法机构、参议院或欧盟选举的候选人应至少有三年连续的党龄。

第5.1.6条　选举的进程

内部条例对投票和内部竞选的模式予以具体化。

第5.1.7条　候选人的承诺

所有党员候选人在其候选人资格批准前，应当以书面形式提交承诺，宣告如以任何理由退党即当辞职的承诺。

第5.1.8条　候选人选定程序中联盟的职责

联盟应监督党的原则及条例得到实施，特别是涉及性别平衡原则及与其他党的选举协议。

第5.1.9条　候选人的批准

除了20000居民以上城市及省会的第一书记候选人选定外，所有地方候选人的选定均在联盟理事会批准后才最终确定。对于国家、大区、欧盟及20000居民以上的城市及省会，候选人的选定在全国理事会批准后才最终确定，必要时，可由被授权的中央办公厅决定。

第5.1.10条　当选人加入全国当选社会党人及共和党人联合会

所有当选的社会党人均应加入全国当选社会党人及共和党人联合会。

第5.1.11条　选举职务和党内职务的不相容

35000居民以上的城市市长与支部书记的职务不相容。省理事会的主席与联盟第一书记的职务不相容。大区理事会主席与联盟第一书记及大区联合会书记的职务不相容。

第二节　一些选举职位党的候选人之选定

第5.2.1条　参议院主席、国民议会主席及巴黎市长候选人的选定

参议院主席、国民议会主席及巴黎市长候选人的选定需要与中央办公厅的意见相符。

第5.2.2条　国民议会选举的候选人选定

国民议会选举的候选人选定由全国大会完成。必要时可由被授权的中

央办公厅完成。

第5.2.3条　参议院选举的候选人选定

参议院选举的候选人选定由全国大会完成。必要时可由被授权的中央办公厅完成。

第5.2.4条　欧洲选举的候选人选定

欧洲选举的候选人由党的第一书记根据本章程第5.1.2条的日程通过书面的方式选定。候选人应报送相关的联盟第一书记知晓。

第5.2.5条　省级议会议长的候选人选定

省级议会议长的候选人选定通过联盟党员直接选举产生，选举需参照选定联盟第一书记的相关规定。

第5.2.6条　区议会议长的候选人选定

区议会议长的候选人选定通过大区全体党员的直接选举产生。中央办公厅负责区议会主席的政治协议。

第5.2.7条　城市社会党人第一候选人或市镇小组主席候选人选定

城市社会党人第一候选人的选定由居住于城市的全体党员直接选举产生。市镇小组主席候选人选定由居住于相关市镇的全体党员直接选举产生。联盟负责市镇小组主席的政治协议，有国家协议的情形除外。

第5.2.8条　欧洲社会党对欧盟委员会主席的候选人之选定

欧洲社会党选定欧盟委员会主席的候选人由全体党员通过直接选举完成。

第三节　共和国总统候选人的选定

第5.3.1条　公民初选的原则

总统候选人通过全体支持共和主义、左翼价值观的公民在初选中产生，希望参与的左翼团体可协助组织公民初选。候选人应当承诺公开支持最终选定的候选人并承诺参与其竞选活动。至少在总统选举的一年以前，全国理事会应制定初选的日程及组织模式。

第5.3.2条　参与选举的条件

参与选举的人需要满足以下三个条件。

– 注册于总统选举一年前公布的共和国选举名单，或在投票日已注册于选举名单（由投票站所在的地区出具注册证明），或在初选日和总统选举日之间满 18 周岁，或为参与初选的政党党员，或为青年组织成员且未注册于外国或未成年人名单。

- 以签名的方式表明支持左翼思想并赞同原则宣言。
- 支付至少 1 欧元的费用。

第 5.3.3 条　公民初选的组织

由各初选协办组织代表和候选人代表组成的全国委员会负责组织公民初选。该委员会与所有省份的构成相同。其选举办公室的职责及票数统计需遵循共和国选举的相关规定。由协办各方组成的特设高权力机构宣布最终的全国性结果。

第四节　党团

第 5.4.1 条　原则

议会社会党团由国民议会议员和参议院议员构成。其区别于其他政党或政治团体，并单独由党员构成。即使在例外情况下，党团也不得在未经党的允许时超越本党。所有议会当选者需遵守其作为支部和联盟积极分子的义务，其间的纠纷由全国仲裁委员会管辖，但其在议会中的活动和投票单独并排他的由议会党团和全国理事会管理。本条规定同样适用于欧洲议会中的法国社会党代表。

第 5.4.2 条　议会党团的职责

除了有关候选人选定及议会党团内部管理的事宜，所有属于党团的议会议员均有在国民议会和参议院的所有会议中平等的讨论、投票权。国民议会和参议院议员必须注册于与其所在议会委员会所对应的研习小组或委员会内。该义务同样适用于欧洲议会中的法国社会党代表。

第 5.4.3 条　议会党团的义务

议会中的社会党团成员需遵守党内部条例的规定并遵循其策略。在任何情况下，他们均需遵守统一投票的规定。如违反该规定，全国理事会可启动本章程第 4.3.2 条规定的制度。该规定同样适用于欧洲议会中的法国社会党代表。为了各议会内部的组织，国民议会及参议院的议员组成各自的管理团体。

第 5.4.4 条　议员党员的党费

全国代表大会规定党在法国议会和欧洲议会议员的党费总额和分摊。

议员党员直接向全国金库缴纳其全国层面的党费。

第5.4.5条　议员党员的行动报告

每三年，社会党团及欧洲议会中的法国社会党代表的行动报告中应有专章报告其行动。

第5.4.6条　全国理事会及议会党团的磋商

全国理事会及议会党团可在二者之一的请求下一同磋商投票。二者成员的简单多数决定可立即被执行，若未达到简单多数，全国理事会可通过其全体成员的绝对多数决定该问题。

第五节　地方当选党团

第5.5.1条　地方当选党团的职责

在市镇、市镇之间合作的公共机构、省及大区内，社会党的议员应当分别组成团体以区别于其他政党。在任何情况下他们均需遵守团体统一投票的原则。如果违反该原则，则应交与联盟仲裁委员会决定。

相应层级的第一书记有权参与社会党团会议。联盟第一书记及其代表、大区书记有权参与党团在大区理事会中的会议。

第5.5.2条　当选者的党费

除了第5.4.4条规定的情形外，所有持有职位身份的当选者均应当向其联盟的全省财务机构支付党费。

第六章　高级道德监察处

第6.1条　高级道德监察处的目标

高级道德监察处是社会党的一个机关。它独立于党的领导者。它的职责是监督道德规范及民主社会一般规则在社会党及其党员中的实施。

第6.2条　高级道德监察处的组成

高级道德监察处由九名正式成员和三名候补成员构成。

其成员的选择来源于其职业能力及道德信用。

其成员需承诺遵循社会党的价值及章程。

高级道德监察处成员的选定由全国代表大会代表的多数选票决定。当职位空缺或一名或署名成员辞职时，高级道德监察处成员的组成由全国代表大会代表的多数选票决定，在全国代表大会两次会议期间，由全国理事会通过三分之二多数决定。

第6.3条　高级道德监察处的管辖权及其职权规范

高级道德监察处就社会党机关所行为程序的合规性提出意见。

第6.4条　当高级道德监察处作为公民初选监察处时的管辖权和职权规范

高级道德监察处行使公民初选监察处的职责。

在选定总统选举候选人的公民初选中，公民初选监察处见证竞选过程及其结果的平等性、忠实性和透明性。公民初选监察处在涉及选举的忠实性和真实性的案件中，拥有改变或取消选举的权利。它是唯一有权宣布选举结果的机关。

第6.5条　联盟初选监察处

当市镇组织初选时，候选人或全国理事会可请求被授权的中央办公厅设立地方的初选监察处。联盟向全国初选监察处报告其选定的联盟初选监察处的三名成员。

三名成员的选定需经全体候选人和全国公民初选监察处的同意。

第6.6条　向社会党高级道德监察处提出申诉

高级道德监察处可以依职权提出意见或根据申请作出裁决或建议。可向其提出申请的主体为：

- 全国代表大会；
- 第一书记；
- 中央办公厅；
- 全国理事会；
- 全国党员组织办公室；
- 全国仲裁委员会；
- 财务监督委员会。

第6.7条　向社会党公民初选监察处提出申诉

公民初选监察处可以依职权提出意见或根据申请作出裁决或建议。可向其提出申请的主体为：

- 参加公民初选的候选人；
- 全国初选组织委员会主席；
- 地方初选主管机关主席。

第 6.8 条　其他规定

高级道德监察处成员不得担任任何联盟或全国层级的社会党机关职务。获提名参与选举的高级道德监察处成员在全部竞选期间不得担任机关中的职务。

高级道德监察处成员不得在社会党全国代表大会筹备中签署捐款或提案。

高级道德监察处可向中央办公厅、全国理事会或全国代表大会提交行动报告。

第七章　章程及原则声明的修改

第 7.1 条　章程及原则声明的修改

常规的全国代表大会或专门为此所召集的章程修改大会负责章程及原则声明的修改。

全国理事会或被授权的中央办公厅应在全国代表大会召开前至少四个月向各支部、联盟通报章程修改及款项募集计划。中央办公厅或其依据本章程第 1.3.1 条选定的委员会负责起草修改意见。该章程修改意见应被党员所拥护并由全国代表大会的代表批准。

第 7.2 条　内部条例及道德准则的修改

全国理事会具有修改内部条例及道德准则的排他性权力。关于修改内部条例及道德准则的意见应在全国理事会会议前两周报送其成员。

第 7.3 条　试点

经中央办公厅或第一书记的提议，全国理事会可以四分之三多数意见，宣布在一个或数个联盟内部试点新的候选人选举的组织或运行模式。

该试点应当最晚在其实施前一年内以评估报告的形式提交全国理事会。

社会党内部条例[*]

(内部条例遵循章程的提纲并对其特定条款的实施方式予以具体化)

第一章　一般性规定

第一节　党的身份

第1.1.1条　党的名称

/

第1.1.2条　党的原则声明

/

第1.1.3条　社会党国际和欧洲社会党

/

第二节　原则

第1.2.1条　道德准则

/

第1.2.2条　社会党关于人类进步的章程

/

第1.2.3条　对党的忠诚

党的全国理事会或全国办公厅如发现有党员在媒体上支持与党的决议相悖的意见或者在媒体上发起对另一个党员的论战，即可评估是否应把该行为提交全国仲裁委员会处理。在全国理事会的两次会议之间，全国办公厅有权公布必要的事态发展。

第1.2.4条　党内讨论模式

/

第1.2.5条　内部法规及指令

党的全国理事会、全国办公厅及第一书记可在其各自的管辖权范围内颁

---

* 来源：法国社会党网站，https://www.parti-socialiste.fr/les-socialistes/nos-valeurs/charte-des-socialistes-pour-le-progres-humain/statuts-et-reglement-2015-ps/，最后访问日期：2018年1月28日。

布必要的指令。党的第一书记可在其管辖权范围内将上述权力授予国家书记。

第三节　比例代表制

第1.3.1条　原则

/

第1.3.2条　比例代表制在全国层面的实施

参选党的中央领导及管理机关的候选人应当按照全国办公厅颁布的日程以书面形式向第一书记呈报其所代表党员递交的提案。党的第一书记应向每个提案的第一签署人报告其根据候选人提案收到的候选人名单。该名单应作为全国方针提案的附件。

上述安排候选人于不同领导及管理机关的名单应当增加50%的席位作为补充名单。该名单应当符合章程第1.4.1条规定的性别平衡原则。席位依据提案递交的顺序配备。当名单应有的席位多于候选人数量时，该席位即被宣告空缺。

如果在联盟或支部内，一个提案未能提交于上述名单上，那么提案的第一签署人或其正式代理人应以向第一书记寄送的方式终止该提案。

候选人于不同中央领导及管理机关的分类由全国代表大会代表以提案的方式赋予效力。

第1.3.3条　比例原则在联盟和地方层面的实施

参选联盟领导及管理机关的候选人应当按照联盟理事会颁布的日程以书面形式向联盟第一书记呈报其所代表党员递交的提案。联盟第一书记向相关提案负责人送达其复印件。提案的负责人由全国代理人选定。联盟应最晚在联盟代表大会前十五日向党员通报候选人姓名。

参选支部行政委员会的候选人应当以书面形式向支部书记呈报其所代表党员递交的提案。支部大会需召开会议对附有的候选人名单的提案进行投票。

在针对提案进行投票时，每个联盟机构候选人名单均有内部分配，并在联盟代表大会中指定代表。

第1.3.4条　在各级机构中的代表权门槛

/

第1.3.5条　在大会和会议上的代表构成

/

第四节　性别平衡原则、轮换原则、多样性原则和非兼任原则

第1.4.1条　性别平衡

无论是在全国层面还是在联盟层面，党的领导和管理机关应严格遵守性别平衡原则。党在全国和地方选举中的候选人应当在一轮单次选举中遵守性别平衡原则。党将制定一切必要规则保障该原则得到遵守。

第1.4.2条　轮换及多样性

/

第1.4.3条　职位和职务不兼任

党内参与竞选的候选人和当选者不得兼任议会职务和地方（大区、省、市镇、市镇之间合作的公共机构）行政职务。连续担任行政领导（大区理事会主席、省理事会主席及市镇之间合作公共机构主席）的数量应被限制在三人，时长最多十八年。通过书面方式向党的联盟或中央机构承诺遵守关于不兼任规则的候选人不得被提名参与竞选。所有参与议会竞选的候选人应在选举举行后三个月内辞去其地方行政职务。候选人应当与党组织一起商议其职务过渡的方式。

第二章　党的机关

第一节　党员和支持者

第一部分　党员

第一段　入党

第2.1.1.1.1条　原则

社会党及其所有机构每年均举办党员招募活动。

第2.1.1.1.2条　入党申请

入党申请可以通过寄送书信、邮件或在社会党网站上填报登记表的形式完成。

党的中央所在地收到的入党申请应立即通过全国党员组织办公室转送至相关的联盟党员组织办公室及相关的支部。党的联盟所在地收到的入党申请应立即转送至联盟党员组织办公室、相关的支部书记和全国党员组织办公室。支部书记接收到的入党申请应立即转送其复印件至联盟党员组织办公室，由后者再通报全国党员组织办公室。

第 2.1.1.1.3 条　入党的效力

自支付党费或自入党申请递交支部书记后，支部书记应在一个月期限（除七月和八月外）内以书面方式将新党员入党事宜告知其他党员。

第 2.1.1.1.4 条　请求驳回入党的可能

驳回入党的请求应向联盟党员组织办公室提出，期限为告知支部新党员入党事宜之后的一个月内。

联盟党员组织办公室应在听证会前至少十五日传唤涉争党员。涉争党员可提供书面解释材料。

第 2.1.1.1.5 条　入党事务的纠纷

联盟党员组织办公室应在两个月内对纠纷实行预审。联盟党员组织办公室的裁决自送达支部书记及联盟第一书记时生效并可被执行。支部书记及联盟第一书记有义务将该裁决告知支部和联盟的党员。该裁决可在一个月内上诉至全国党员组织办公室。如果联盟党员组织办公室未在期限内作出任何裁决，申请人可在一个月内直接向全国党员组织办公室提出控告。

第 2.1.1.1.6 条　于选举名单注册地或主要居住地之外的入党

如果一个地方存在数个支部，入党申请人的选举名单注册地或主要居住地为一个支部，而入党申请却提交于另一个支部，该申请属于例外申请，应适用党章第 2.1.1.1.6 条规定的程序。

第 2.1.1.1.7 条　社会主义青年运动团成员的入党

/

第二段　义务

第 2.1.1.2.1 条　党费

新党员入党后的第一年需缴纳 20 欧元的党费，此条只能使用一次，不适用于退党后再次入党的情形。

全国理事会每年根据政治生活开销和党的需求制作党费累进计算表、公共捐赠表及当选公职的党员党费数额表。党员的缴纳能力和收入均被列入考量范围。

上述计算表为最低标准，联盟可以在遵循累进原则的基础上增加党费总额，并应在党的网站上公布。所有党员的党费均由财政部门根据法律予以监督。

全国党费计算表应当由支部财务主管于每年初告知所有党员，于新党员入党生效时告知新党员。

支部党员名单中应详细列明党员的入党时间及其缴纳入党费的金额和时间。支部行政委员会委员应在支部书记和支部财务主管的建议下，于每个季度末中断该名单的登记并将之交与联盟党员组织办公室以履行章程第2.4.1.4条规定的义务。

支部行政委员会、联盟办公厅、大区联合会办公厅各自负责对章程第2.1.1.2.2条规定的事务提供许可。

第2.1.1.2.2条　政治义务

/

第2.1.1.2.3条　工会及社团活动

/

第三段　党员权利

第2.1.1.3.1条　知情权

/

第2.1.1.3.2　接受培训和接待的权利

/

第四段　除名、辞退、开除

第2.1.1.4.1条　失去党员资格

/

第2.1.1.4.2条　除名

支部书记应向根据章程第2.1.1.4.2条被除名的党员寄送信件。该信件的复印件应呈送至联盟党员组织办公室。该信件应明确告知被除名的党员自信件寄出后六个月内可不缴纳党费。为了完成除名的程序，除名应尽快呈送至全国党员组织办公室。

被辞退的党员只有在三年内补交全部迟交的党费后才能重新入党。新党员的党费数额规定仅适用于从未加入过社会党的支持者。文件数据的集中管理系统保证必要的核实措施得以实施。

第2.1.1.4.3条　辞退

辞退以辞职者的辞职信完成。该辞职信可提交至支部，并由支部书记转交至联盟第一书记；也可直接提交至联盟第一书记。收到辞职信的机关应当给予回执，并将辞职事宜告知相关支部。

当辞职者仅以公开的口头形式表达辞职意向时，支部书记或联盟第一书记应向该辞职者及其相关支部书面告知。

在任何情形下，辞职者自辞职信送达后两周内均拥有撤回辞职的权利。撤回决定应当以挂号信的方式寄送至联盟第一书记。

第 2.1.1.4.4 条　开除

/

第二部分　专门党员

第 2.1.2.1　入党

/

第 2.1.2.2 条　义务

社会党所有党员均可以参与论坛或专题运动，论坛或专题运动由全国理事会根据章程第 2.1.2.2 条规定的程序确定。全国理事会需定期告知全体党员其拟订的主题及党组织的论坛或主体运动。

第 2.1.2.3 条　参与组织生活

/

第三部分　支持者

第 2.1.3.1 条　支持者参加组织活动

/

第 2.1.3.2 条　支持者在全国大会上的代表

/

第二节　支部

第一部分　支部的构成、角色和代表

第 2.2.1.1 条　支部的构成和角色

/

第 2.2.1.2 条　支部构成的否决

/

第 2.2.1.3 条　支部的分割

如果在前一年 12 月 31 日的支部投票中，一个支部少于 5 名党员，则该支部自动在行政上根据联盟理事会的决定被并入另一个支部。该支部也不得在联盟大会或联盟代表大会上派驻代表。该支部不得以支部书记团成员的身份向联盟理事会派驻代表。联盟应将该支部的党员登记于被并入支部的选举名单中。为了组织选举，所有在前一年12月31日后成立的支部自动在行政上根据联盟理事会的决定被并入另一个支部。联盟应将该支部中拥有必要选举党龄的党员登记于被并入支部的选举名单中。

一个支部可根据其成员的多数决及相关联盟理事会的建议被分割为若干支部。对于超过250名党员的支部，其分割由四分之一的党员提出请求，并由支部全体大会以多数决通过。对于超过1000名党员的支部，分割是必需的。其分割由联盟理事会做出，否则也可由全国理事会或其制定的委员会做出。分割的条件需满足章程第1.3.3条规定的原则。

第2.2.1.4条　地区团体

联盟理事会可以向支部提出创建地区团体的建议。

第二部分　支部管理委员会及支部书记

第2.2.2.1条　支部管理委员

/

第2.2.2.2条　支部书记

/

第三节　城市及居民点委员会

第2.3.1条　城市及居民点委员会的构成

/

第2.3.2条　城市及居民点委员会的代表

每个支部均在城市及居民点委员会派驻一个代表团。该代表团是依照章程第1.3.3条的规定由支部管理委员会依比例选出的。该代表团的编制由支部在前一年12月31日的大会上颁发的委任状确认，该委任状应根据联盟章程及内部条例规定的比例或根据联盟理事会决定的比例产生。

第四节　联盟

第一部分　一般性规定

第2.4.1.1条　联盟的构成

联盟根据党的章程在省内设立，并根据章程第2.4.1.3条制定其内部条例。在一个省内，只有联盟可以拥有银行账户，支部账户以竞选资金专有账户的形式附属于联盟账户。

联盟设有全省财务协会负责募集资金。党的第一书记或其授权的全国财务主管是唯一有权向财务协会发放或撤回募集资金许可的主体。

第 2.4.1.2 条　联盟的角色

/

第 2.4.1.3 条　联盟章程及联盟内部条例

联盟制定的内部条例不能违反党的章程及全国内部条例。它不得创制新的机关，不得创制党的章程及全国内部条例没有规定的机关。

如果全国理事会对联盟章程及联盟内部条例做出否决的决定，联盟章程及联盟内部条例即丧失执行力。此时，联盟应当向联盟理事会报送符合党的章程及全国内部条例的章程及内部条例。

内部条例旨在明确联盟的民主和奋进的生活，特别是：联盟机构的编制和职责（除联盟财务监督委员会、联盟党员组织办公室、联盟仲裁委员会以外），支部代表参与该地区城市及居民点委员会工作的方式，组织讨论的规范，全国选举中支部代表参与联盟大会及联盟代表大会的方式，委员会的数量、名称及组成。

第 2.4.1.4 条　联盟党员名单的建立

/

第二部分　联盟的机关

第 2.4.2.1 条　联盟理事会

/

第 2.4.2.2 条　联盟办公厅

/

第 2.4.2.3 条　联盟书记处

/

第 2.4.2.4 条　联盟第一书记

在联盟代表大会之后的一个月内，联盟第一书记应将联盟不同机关、委员会的构成细节上报中央机关。

第 2.4.2.5 条　联盟劳动理事会

/

第三部分　联盟代表大会及其在全国代表大会上的代表

第 2.4.3.1 条　联盟代表大会

/

第 2.4.3.2 条　全国大会和全国代表大会上的联盟代表

/

第四部分　对联盟的支持和评估

第 2.4.4.1 条

支持和评估委员会在其工作中有权调阅联盟和大区联合会的相关文件。委员会可召见联盟或大区的所有党员、机构及任何相关个人。

第五节　大区联合会

第 2.5.1 条　大区联合会的角色

/

第 2.5.2 条　大区委员会

大区委员会依联盟代表的比例而构成，联盟代表及中央在大区联合会的代表由上一届代表大会选出。除在只有两个联盟构成的大区联合会外，任何一个联盟都不得持有大区委员会的多数席位。大区委员会的成员数量应在 12 和 60 之间。

大区内的相关联盟的第一书记、大区理事会小组主席，必要时连同大区理事会主席均为大区委员会及其办公室的代表成员。

第 2.5.3 条　大区委员会办公厅和大区书记

大区联合会在大区委员会内任命一名培训秘书。该秘书有权就大区内积极分子的培训采取所有措施。

第 2.5.4 条　大区企业委员会、大区企业大会

/

第六节　党的国家机关

第一部分　全国理事会

第 2.6.1.1 条　全国理事会的角色

/

第 2.6.1.2 条　全国理事会的任期

/

第 2.6.1.3 条　全国理事会的组成

全国理事会议的组织形式与议会相似，通过内部选举产生一个主席和一个与提案成正比的办公室，负责组织全国理事会的工作。其办公室负责登记参与人及其发言时间。

第 2.6.1.4 条　全国理事会成员的任命

全国理事会内提案候选人的名单应充分尊重性别平衡原则。

补充名单上的成员应协助全国理事会的工作。他们可以在与其提案相同的正式成员授权的情况下，代替正式成员参加正在召开的全国理事会的会议，并以自己的名义投票。此为补充成员唯一的权利。

累计三次无正当理由缺席全国理事会的正式成员应被与其提案相同的补充成员取代。

第 2.6.1.5 条　参与全国理事会的大区书记

/

第 2.6.1.6 条　参与全国理事会的欧洲社会党代表

/

第 2.6.1.7 条　全国理事会的召集与议程

全国理事会的议程确定后应同报联盟理事会，供其讨论。

全国理事会的讨论分为两个部分，首先是关于报告的讨论（包括全国书记处的行动报告、联盟第一书记关于当前地方政治局势的报告、年度财务报告）；其次是关于各种时事政治主题的讨论。

全国理事会可就每一个行动报告进行投票。全国理事会成员可就议程中与每场讨论相关的论点，在规定的时间内进行发言。

第 2.6.1.8 条　全国劳动委员会

全国理事会创制的委员会应在其第一次会议中选举其主席、书记及总报告人。委员会的会议在其主席的建议下召开。全国理事会应组织这些委员会的年度座谈会，以供广开言路并对外部开放。

第二部分　中央办公厅

第 2.6.2.1 条　中央办公厅的角色

/

第 2.6.2.2 条　中央办公厅的组成

/

第 2.6.2.3 条　中央办公厅的职权

/

第三部分　中央书记处

第 2.6.3.1 条　中央书记处的职权

/

第 2.6.3.2 条　中央书记处的选派

/

第四部分　党的第一书记

第 2.6.4 条　党的第一书记的角色

/

第五部分　党的国家机关成员的党龄条件

第 2.6.5 条　担任国家机关职务的党龄条件

/

第七节　经济、社会、环境及文化理事会

第 2.7.1 条　经济、社会、环境及文化理事会的角色

党的第一书记及党的中央机关可以向经济、社会、环境及文化理事会申请处理有关时事及一般范围内的主体讨论。理事会办公室或者一个科室可建议特定的主体，经党的第一书记确认后，可供理事会讨论。理事会可以向所有党的中央机关向积极分子发出的文件（除了向代表大会提出的全国方针提案外）提出意见。

经济、社会、环境及文化理事会需指定内部条例以明确其运作。

第 2.7.2 条　经济、社会、环境及文化理事会的组成

/

第 2.7.3 条　国家企业委员会

/

第 2.7.4 条　企业社会党小组

大区企业委员会召集全国各行业的企业社会党小组的全省负责人及企业的联盟书记。在全国常规代表大会期间，大区企业委员会召开代表大会以确定其办公室及书记的机构任命。

第 2.7.5 条　联盟内负责企业事务的书记

/

第八节　全国常设委员会

第 2.8.1 条

/

第九节　合作机构

第一部分　原则

第 2.9.1.1 条　合作机构

/

第二部分　社会党青年运动

第 2.9.2.1 条　社会党青年运动的目标

/

第 2.9.2.2 条　参与社会党青年运动的年龄条件

/

第 2.9.2.3 条　社会党青年团的章程和内部条例

/

第 2.9.2.4 条　社会党青年运动参与党的机关

/

第三部分　全国当选社会党人及共和党人联合会

第 2.9.3.1 条　全国当选社会党人及共和党人联合会

/

第 2.9.3.2 条　全国当选社会党人及共和党人联合会的运行

/

第四部分　其他机构

第 2.9.4.1 条　其他合作机构

/

第三章　党的运行

第一节　党的辩论和投票机构：一般规则

第 3.1.1 条　投票条件

/

第 3.1.2 条　选前辩论的机构

各联盟应当至少在章程第 3.1.1 条规定的所有选举（除了全国代表大会层面的选举外）举办前两个月设立联盟特别委员会，以根据中央通报的方式聚集所有参选各方的代表。该委员可作为一审机构管辖所有涉及选举组织的问题和争议。其磋商过程应形成笔录，由参会各方签署，并送达各方成员。

中央需设立中央特别委员会，以根据全国理事会规定的方式聚集各方代表。该委员会负责监督联盟特别委员会的设立并作为二审机构管辖对联盟特别委员会决定的争议。在履职空缺或违法条例规定的情况下，中央特别委员会可替代联盟特别委员会。

内部竞选的期间由全国理事会决定，其间，参选各方对于联盟刊物和网站享有平等的使用权。参选各方有权在联盟刊物和网站上刊登各种全国、全省、地方会议中有关内部竞选的信息。联盟第一书记负责制定联盟竞选材料的编辑模式，并向联盟委员会建议不论是在联盟常规媒体还是在特别出版物或竞选材料中，均应适用平等的信息处理模式。

自联盟委员会第一次会议后，联盟协作支部秘书的文件需提交给联盟委员会所有成员。在支部投票之前，联盟委员会应组织至少一次全省的辩驳讨论会。联盟应将辩驳讨论会事宜提前至少两周告知全体党员，并将在中央书记处预留的讨论会的日期告知其他联盟，从而使参选各方准备派驻代表参加。在讨论期间，各方应遵守严格平等原则。在全部内部竞选期间，参选各方选定的发言人只要是社会党党员，即拥有在各联盟和各支部自由行动的权利。

联盟的处所应告知参选各方以促进信息的汇聚和交流。

联盟委员会的成员及其代理人，有权调阅参考联盟文件及各支部的选举名单，但该权利只能在其联盟处所内行使。

在遵循严格平等原则的基础上，联盟负责联盟理事会的决议的送达并承担其花费和注意义务。寄送地址清单应（以自粘标签的形式）提交给申请的参选方。

上述寄送和支付邮资的全部行为均在联盟处所以其自己的方式执行，以便宜费用特别是邮费的承担。

第二节 全国代表大会

第 3.2.1 条 全国代表大会的会议周期

/

第 3.2.2 条 全国代表大会的召集

/

第 3.2.3 条 全国代表大会预备委员会

全国代表大会预备委员会之目的为在全国办公厅的控制下，监督良好的实体运作、保障平等对待及调取各种捐赠资料的行政便宜权利。它由召集全国代表大会的全国理事会设立，包含党的第一书记、由全国办公厅指定的相关的中央书记及两名上届全国代表大会提案的代表。

如果有全国捐赠登记理事会加入，两名上届全国代表大会提案的代表则被替换为两名一般捐赠代表。全国委员会的磋商过程应形成笔录，由参会各方签署，并送达各方成员。

每个联盟需最晚在全国捐赠登记理事会或全国提案理事会后 15 日成立联盟代表大会预备委员会。全国委员会监督联盟委员会的建立。联盟代表大会预备委员会由联盟第一书记、联盟办公厅指定的相关联盟书记，及至少两名上届代表大会提案的代表组成。如果有全国捐赠登记理事会加入，两名上届代表大会提案的代表则被替换为两名一般捐赠代表。联盟委员会的磋商过程应形成笔录，由参会各方签署，并送达各方成员。全国委员会可以作为二审受理对联盟委员会决定有疑义的请求。在履职空缺或违法条例规定的情况下，全国委员会可替代联盟委员会。

在全国理事会综合会议后，在联盟代表大会预备委员会中的一般捐赠代表由三名全部提案的代表所代替。其负责监督良好的实体运作、保障平等对待及调取各种提案资料的行政便宜权利。

第3.2.4条　辩论的内容

/

第3.2.5条　全国综合事务理事会及全国方针提案存放处

/

第3.2.6条　党内讨论全国方针提案的机构

/

第3.2.7条　对于全国方针提案的投票及对党的第一书记的选举

自章程第2.4.1.4条规定的最后一个名单生效后，根据章程第3.1.1条规定，支部书记及财务主管应共同提前至少一个月制作参加在投票日服务的工作人员签名表。该签名表应至少在投票日前十五日报送至联盟代表大会预备委员会及联盟党员组织办公室。

第3.2.8条　中央机构的行动报告

/

第3.2.9条　联盟代表大会

联盟代表大会有权核查支部的选举，有权举办全国代表大会代表团的选举。在进行核查的时候，支部代表根据提案聚集在一起，完成各支部在联盟机关候选人的分组，并指定其在全国代表大会中的代表。

联盟代表大会需指定选举核查记录。该记录包含各支部核查结果的细节及总数，并附上笔录、签到表及被申请的支部选举表决文书。联盟必须持有代表大会委员会提供的文件，以确保选举验证委员会事务的推进。

第3.2.10条　全国代表大会的代表

/

第3.2.11条　联盟在全国代表大会的代表

/

第3.2.12条　联盟第一书记的选举及支部书记选举

/

第三节　全国大会

第3.3.1条　全国大会的组织

/

第 3.3.2 条　全国大会的会议日程
/

第四节　积极分子大会

第 3.4.1 条　积极分子大会的目的
/

第 3.4.2 条　积极分子大会的召集和日程
/

第五节　支部书记的全国会议

第 3.5.1 条　支部书记的全国会议
/

第六节　向党员的直接咨询

第 3.6.1 条　向党员的直接咨询
/

第七节　公民论坛

第 3.7.1 条　公民论坛的组织
/

第四章　纠纷的控制和管理机关

第一节　财务监督委员会

第 4.1.1 条　全国财务监督委员会

全国财务监督委员会每年至少召开两次会议，会议由其主席负责召集。其委员会成员之外的第三人可以向其主席提出书面申请，在一个月期限内，该第三人可收到邀请参与会议。

全国财务监督委员会应制定并实施其内部条例，以明确其职权、指令和决定相关的规范。

第 4.1.2 条　联盟财务监督委员会

全国财务监督委员会的内部条例适用于联盟财务监督委员会。

第二节 党员组织办公室

第 4.2.1 全国党员组织办公室

全国党员组织办公室制定并实施其内部条例，以明确其职权、指令和决定相关的规范，尤其需明确保护党员救济权利和发表不同意见的权利的模式。

对于不在选举名单注册地或主要居住地的党员，全国党员组织办公室需要制定例外准则。

全国党员组织办公室对于取消专门党员资格的申请具有直接的管辖权。

第 4.2.2 条 联盟党员组织办公室

各支部应在每季度末将党员具体情况、除名决定及其理由报送至联盟党员组织办公室。

每个季度末，联盟党员组织办公室应会同联盟财务监督委员会及各支部，制作党员名单，该名单需包括党员入党注册日期及党费缴纳情况。联盟党员组织办公室应评估各支部党员数量，并可就党员数量变动向支部提出疑义。联盟党员组织办公室每两年需制作其行动报告，并向联盟理事会报告。该报告应包括联盟党员数据及成分的发展状况。

全国党员组织办公室的内部条例适用于联盟党员组织办公室。

第三节 有关纠纷规则的一般规定

第 4.3.1 条 根据纠纷性质确定管辖权的机关

/

第 4.3.2 条 对议会议员行为的监督

/

第 4.3.3 条 全国理事会在特殊情况下的开除决定

/

第四节 仲裁委员会

第一部分 仲裁委员会的构成

第 4.4.1.1 条 全国仲裁委员会的构成

/

第 4.4.1.2 条　联盟仲裁委员会的构成

/

第二部分　提出裁决请求的方式及仲裁委员会的权力

第 4.4.2.1 条　向仲裁委员会提出裁决请求的方式

向全国或联盟的仲裁委员会提出的控告应当以挂号信的方式与回执一道寄送给联盟第一书记或者党的第一书记，并由书记根据情况报送至联盟办公厅或全国办公厅。该控告应在 15 日内被转递至全国或联盟的仲裁委员会。

仲裁委员会应在两个月的期限内为所有原告指定报告人。

联盟仲裁委员会应在控告之后 8 个月内做出决定。违反该期限时，联盟仲裁委员会所做出的决定无效。

仲裁委员会应在其会议召开前 15 日内以普通信件的方式向其成员寄送召集函。召集函应抄送联盟第一书记、党的第一书记、支部中的联盟书记及联盟中的党的书记。召集函应注明日程并概述纠纷。

第 4.4.2.2 条　仲裁委员会内部辩论的对立性

控辩双方需要参与对立性的庭审，否则程序无效。双方可传唤党员作为证人。报告人、联盟第一书记及党的第一书记同样享有上述权利。在国外法国人联盟中，根据全国仲裁委员会，该程序也可采用。

仲裁委员会应当在其内部确定一名报告人，以向控辩双方传达庭审的事项。委员会应在开庭前 15 日以挂号信的方式向控辩双方寄送开庭通知，挂号信需附收据。

第 4.4.2.3 条　仲裁委员会的权力

仲裁委员会的决定需附理由，决定书应提及党的党章第 4.4.2.2 条的规定，并明确上诉的条件。如违反上述规定，该决定无效。

决定应当在控辩双方参与的庭审之后做出，决定需要立即通知全国或联盟书记处。决定应当在八日内以挂号信的方式寄送至相关各方，并附收据。决定应当在八日内通知联盟第一书记及联盟中的全国书记。

仲裁委员会需制定内部条例，以明确其职权、指令和决定相关的规范，尤其需明确保护党员救济权利和发表不同意见的权利的模式。联盟仲裁委员会的内部条例不得违反全国仲裁委员会的内部条例之规定。

第 4.4.2.4 条　临时终止授权

/

第 4.4.2.5 条　程序滥用的处罚

/

第三部分　救济途径

第 4.4.3.1 条　对联盟仲裁委员会决定的上诉

/

第 4.4.3.2 条　上诉的暂停效力

/

第四部分　重新入党和永久开除

第 4.4.4.1 条　重新入党

/

第 4.4.4.2 条　永久开除决定的告知

/

第五节　支部、联盟及大区联合会的解散及监督

第一部分　支部的解散及监督

第 4.5.1.1 条　支部解散及监督的理由

/

第 4.5.1.2 条　支部解散及监督的方式

联盟理事会一经做出解散支部的决定，联盟理事会应当任命一个代表团，辅之以中央领导的代表，共同召开支部的特别会议，以根据上届全国代表大会确定的比例及程序更新其在支部机关内的提案代表。

第 4.5.1.3 条　解散决定的宣告

联盟理事会一经做出解散支部的决定，联盟理事会应当任命一个代表团，辅之以中央领导的代表，共同召开支部的特别会议，以根据上届全国代表大会确定的比例及程序更新其在支部机关内有代表权的全国方针提案的代表。

第 4.5.1.4 条　解散支部的重建

/

第二部分 联盟及大区联合会的解散及监督

第 4.5.2.1 条 联盟及大区联合会的解散及监督

/

第 4.5.2.2 条 已解散联盟及大区联合会的重建

/

第五章 政治选举、候选人的选定、社会党团

第一节 一般规定

第 5.1.1 条 全国协议及全国决定

/

第 5.1.2 条 指定候选人的日程

/

第 5.1.3 条 选定候选人的选举机构

在特定选区内参加党内候选人选定的选举人应当是党员，如期缴纳党费及当选公职的党员党费并根据本党党章第 2.4.1.4 条的规定注册于选举名单之上。

未成年人和外国人应持居住证明在其居住地的支部选举名单上注册。

社会党青年运动的成员在第一次申请加入社会党后，根据其当年有效的社会党青年运动的证书，可立即成为拥有完整权利的党员，无须缴纳额外党费。他们可根据本党党章第 3.1.1 条的规定参加党内的选举。

每次选举的七周前，联盟需告知支部秘书居住于其区域外的选举人党员，及居住于其区域内的未成年人及外国人选举人党员的名单。

当上述元素及本党党章第 2.4.1.4 条规定的最后一项名单生效后，支部书记及财务主管应当根据第 3.1.1 条一同提前至少一个月制作投票日使用的签名表。支部行政委员会确认上述名单后，支部应在投票日前至少十五日根据本条例第 3.1.2 条将该名单报送至联盟委员会。

第 5.1.4 条 选定候选人的法定人数

/

第 5.1.5 条 候选人备案的条件

候选人名单应当以书面的形式报送至举办选举的联盟第一书记处，才能使得候选人资格生效。参加总统选举或欧洲议会选举的候选人名单应报

送至党的第一书记。

纳入选举清单的候选人名单应在登记后存放于负责制作上述名单的机构处。

在大区选举中，候选人名单应同时报送至联盟第一书记及大区书记。

党的章程第5.1.2条规定的全国通报应记载候选人名单备案时效的失效日期。

第5.1.6条　选举的进程

候选人名单中的候选人有权通知其所属选区内的所有党员相关事项。支部（缺少支部时联盟）负责根据本内部条例第3.1.2条规定发送相关通知的方式。另外，候选人有权支持其选举并有权在每个相关选区内的支部选择并授权一名同志从事相关事项。每个相关选区应组织至少一次候选人的辩论阐述会。

投票地点由支部在征求联盟的同意后确定。

在一个支部中，投票地点必须是唯一的。如果有需求，可根据字母顺序设置数个投票站，但投票站应当位于同一个地点，每个办公室需有一个自己的签到表。支部选择投票地点后需根据本条例第3.1.2条于联盟委员会前至少一个月提交给联盟。

投票站需无一例外于每日15时至22时开放，企业支部可以按照自己的时刻表行动，该时刻表由其支部秘书根据本条例第3.1.2条规定报送联盟委员会同意后确定。

投票召集函应涉及第一轮和第二轮投票的日期和地点，并提前至少十五日向根据本条例第5.1.3条规定的选举签到表上的党员发放。

全国理事会或它授权的全国办公厅决定全国各地党内的投票日，除了局部选举外。

投票为个人无记名投票，不允许委托投票。

根据本条例第5.1.3条规定的签到表上的党员需持本人身份证件、当年有效党员证（如没有党员证，可持支部财务主管出具的投票日时已缴清党费的证明，及候选人选定）参加投票。未成年的法国人需提供在公职候选人选定中的选举人证明或居住证明。

选举人通过秘密写票室将装有选票的信封放入投票箱内。

选举人应在签到表上亲笔签上其姓名。如果选举人无法签名，则需在签到表上备注。

投票站由支部书记、支部财务主管或其代表、副手构成。候选人可指定其副手或代理人。联盟官员、联盟理事会成员或其代表可以协助证明投票的合法性。

投票流程的最后应进行现场点票，并向参选各方、支部、联盟提供一份笔录。笔录上需要有选举办公室全体成员签名。选举结果随后由支部书记宣布。需向联盟提供签到表及合法选票的复印件。

为了对上述材料进行事后审查，除了向联盟提交上述材料外，支部书记应当在监督选举结果公布之后，通过各种可能的办法（电话、传真、邮件等）立即向联盟所在地报送选举结果。

联盟有义务在最短的时间内，通过上述相同的方式，将联盟理事会对选举结果的省内复核报送至联盟内的全国书记，并等待根据章程第5.1.9条规定的方式对选举结果进行确认。如果涉及全国的选举，对选举结果的复核由全国委员会完成，复合后才能对外公布。

违反全部章程及本条例中有关内部选举组织工作及选举程序规定的，相关支部或联盟不得使用选举结果。

最终选举结果由全国代表大会、全国大会或全国理事会确认生效。在必要的时候也可由上述机构授权的全国办公厅确认生效。

第5.1.7条　候选人的承诺
／

第5.1.8条　候选人选定程序中联盟的职责
／

第5.1.9条　候选人的批准
／

第5.1.10条　当选人加入全国当选社会党人及共和党人联合会
／

第5.1.11条　选举职务和党内职务的不相容
／

第二节　一些选举职位党的候选人之指定

第5.2.1条　参议院主席、国民议会主席及巴黎市长候选人的指定
／

第5.2.2条　国民议会选举的候选人指定

联盟需在其区域内的每个选区举行参与议会选举提名的候选人推介大会。联盟还需经过支部同意后决定投票的数量和地点。根据政府通报（章程第5.1.2条规定）所确定的时间，注册于选举名单（全国党内条例第5.1.3条规定）上的党员在支部大会或选区大会上对候选人名单进行表决，该候选人名单包括候选人及候补候选人。

支部中或选区大会上选票的清点由一个集中的办公室完成，该办公室对所有党员公开。

如果没有候选人获得绝对多数选票，即需要进行第二轮选举，由在第一轮选举中的选票前两名候选人参加。联盟大会负责提交候选人名单作为党的提名候选人。

第5.2.3条　参议院选举的候选人指定

在以比例选举的方式举办参议院选举的省内，联盟理事会向党员选举建议一个完整的候选人名单，该名单通过两轮多数决投票的程序产生。所有的联盟理事会成员都有权在联盟候选人名单采纳后24小时内向联盟第一秘书提交其在登记的候选人中自己选择的替代名单，无论是否纳入联盟候选人名单。

候选人名单的建议稿只有在符合章程第1.4.1条的情况下才能提交党员表决。联盟的名单最晚应当在投票前十日以章程第5.1.2条规定的通报的方式向党员公布。提交于联盟理事会的由起草人所主张的替代名单也应以上述方式向党员公布。

支部在不开放候选人选举中表决候选人名单。由联盟理事会负责投票的清点。获得绝对多数选票的名单获得联盟推选进入国家提名的机会。如果没有名单满足绝对多数的条件，联盟理事会应当组织第二轮投票，并将投票结果报送全国大会。有涂改或混合圈选的选票均为作废选票。

在以多数决选举的方式举办参议院选举的省内，包含一省的选区应当采用在国民议会中的选派程序。

第5.2.4条　欧洲选举的候选人指定

全国理事会或其委托的全国办公厅应当根据提案的比例建立一个选举委员会，该委员会由党的第一书记或其指定的代表负责领导。选举委员会应当建立与跨区的选区数量同样多的工作组。相关的联盟第一书记及大区书记均为该工作组的当然成员。根据工作组的报告，选举委员会应为每一个相关的跨区的选区给出一个候选人的建议名单，并遵循本党党章第 1.4.1 条规定的标准。

选举委员会针对跨区的选区提出候选人的建议名单后，由全国理事会负责进行表决。如果该名单获得绝对多数的选票，那么它即成为全国理事会的建议名单；否则，选举委员会应当提出一个新的建议名单。党员在投票大会上对全国理事会关于跨选区的候选人建议名单进行表决。投票日由全国理事会或其授权的全国办公厅确定。有涂改或混合圈选的选票均为作废选票。全国理事会负责登记投票结果并发布提名。

第 5.2.5 条　省级议会议长的候选人及省级议会大会候选人指定

省级议会候选人的指定方式由全国理事会或其授权的全国办公厅决定。

第 5.2.6 条　区议会主席的候选人及区议会大会候选人指定

竞选大区名单上的首席社会党人的候选人应向大区书记登记，根据章程第 5.1.2 条规定的通报所确定的日程，大区书记应将登记信息告知相关联盟。

大区全体党员在支部大会的同天通过不记名投票选举首席社会党人。联盟负责登记投票结果并报送至大区委员会，大区委员会随后召开会议通过该决定。

投票结果应尽快通知联盟。如果必要的话需要第一轮投票的前两名组织进行第二轮投票。候选人提名需要满足章程第 5.1.9 条规定的条件。联盟理事会应当根据提案的比例建立一个选举委员会。该委员会由联盟第一书记或其指定的代表负责领导。除了在其他必要的情况下，全国理事会提名的首席社会党人或其指定的代表参与该选举委员会的活动。

选举委员会与首席社会党人一同提出候选人建议名单，该名单需遵循本党党章第 1.4.1 条规定的标准，并遵循地理及政治上的平衡分配。

联盟理事会以不记名投票的方式对选举委员提出的候选人建议名单进行表决。表决通过后，该名单应提交联盟党员表决。

所有的联盟理事会成员都有权在联盟理事会投票后 24 小时内向联盟第一秘书提交其在登记的候选人中自己选择的替代名单，无论是否纳入联盟候选人名单。党员在投票大会上对全国理事会关于跨选区的候选人建议名单进行表决。投票日由国理事会或其授权的全国办公厅确定。有涂改或混合圈选的选票均为作废选票。

联盟理事会应将党员投票结果报送至大区委员会。大区委员会根据省内支部制作大区清单,阐明各联盟的党员投票结果,并附评价。随后将该清单报送至全国理事会,或在必要时报送至全国理事会授权的全国办公厅。

第5.2.7条　市长候选人或市镇小组主席候选人的初选

根据条例第5.1.3条的规定,市镇内所有的党员有权在全体会议上选举参与市镇选举的社会党市长候选人。该选举以不记名选举的方式及两轮单记名投票多数选举制进行。如有必要,第二轮选举由在第一轮选举中取得前两名票数的候选人参加,提名需满足章程第5.1.9条规定的条件。

参加市镇选举的名单由选举事务委员会决定。该委员会由社会党市长候选人、所属地处于该市镇范围内的支部书记及上述支部的管理委员会代表组成。上述成员的选定需符合章程第1.3.3条、第1.4.1条的规定。联盟理事会应派驻一名代表与来自该市镇范围内支部的党的中央领导一同协助完成上述工作。

选举事务委员会拟订一份完整的名单,并根据本条例第5.1.3条的规定提交市镇内的党员大会。大会以是否同意的不记名投票对该名单进行表决。如果该名单表决未通过,选举事务委员会应当重新召开会议以审议党员大会提出的报告。党员大会重新表决候选人大会提出的名单。

最终的提名需根据章程第5.1.9条的规定经过联盟理事会、全国理事会或全国办公厅的同意。

第5.2.8条　欧洲社会党对于欧盟委员会主席的候选人之选定

/

第三节　共和国总统候选人的指定

第5.3.1条　公民初选的原则

/

第5.3.2条　参与选举的条件

/

第5.3.3条　公民初选的组织

/

第四节　党团

第 5.4.1 条　原则

/

第 5.4.2 条　议会党团的职责

/

第 5.4.3 条　议会党团的义务

/

第 5.4.4 条　议员党员的党费

/

第 5.4.5 条　议员党员的行动报告

/

第 5.4.6 条　全国理事会及议会党团的磋商

/

第五节　地方当选党团

第 5.5.1 条　地方当选党团的职责

/

第 5.5.2 条　当选者的党费

/

第六章　高级道德监察处

第 6.1 条　高级道德监察处的目的

/

第 6.2 条　高级道德监察处的组成

高级道德监察处的成员不得兼任任何中央或联盟层的机构或委员会官员。其成员在任职期满后的两年内不得成为议员，不得被提名参与地方或中央选举。

第 6.3 条　高级道德监察处的管辖权及其职权规范

当党的不同层级的管制机构在高级道德监察处被提出申诉时，如果没有发现失职现象，高级道德监察处不得干预上述机构的行为。

高级道德监察处被要求就某种党内纠纷管制机构程序的合法性提出意

见时，如果上述机构没有被提出申诉，或者在审理中没有发现上述机构的失职现象，高级道德监察处应驳回申诉人对纠纷管制机构的请求。

第6.4条　当高级道德监察处作为公民初选监察处时的管辖权和职权规范

/

第6.5条　联盟初选监察处

/

第6.6条　向社会党高级道德监察处提出申诉

/

第6.7条　向社会党公民初选监察处提出申诉

/

第6.8条　其他规定

/

第七章　章程及原则声明的修改

第7.1条　章程及原则声明的修改

/

第7.2条　内部条例及道德准则的修改

/

第7.3条　试点

/

民主与独立派联盟

民主与独立派联盟章程[*]

(2018 年 3 月 17 日党员会议通过)

第一章 一般性规定

第 1 条 创立

民主与独立派联盟(以下简称"UDI")是一个由拥护本章程的党员组成的政治实体。党的设立遵循 1901 年 7 月 1 日的法律及 1901 年 8 月 16 日的指令。

第 1-2 条 创始人

民主与独立派联盟的创始人为让-路易·博洛先生。

第 2 条 目标

民主与独立派联盟旨在推动 1958 年 10 月 4 日《宪法》第 4 条所规定的普遍的选举。

本党的目标是在遵守自由以及宪法特别是在宪法序言规定的基本原则的基础之上发展共和主义的价值和思想。

本党的价值包括人道主义、自由主义、社会主义以及欧洲主义。为此,本党致力于发展个人和集体自由,并促进最弱势群体的积极团结。

---

[*] 来源:法国民主与独立派联盟网站,http://parti-udi.fr/wp-content/uploads/2018/04/statuts_0318.pdf,最后访问日期:2018 年 8 月 20 日。

本党致力于建立责任民主和发展市场经济，以确保社会正义、社会对话和社会凝聚力。

本党保有分散的传统，因此 UDI 致力于加强地方当局的自由管理，以协调各地关系，保障人性尊严和行政透明度。

在欧盟建立元勋理念的推动下，本党致力于建立一个联合的欧洲，只有这样才能在全球化的浪潮下维护其社会模式，捍卫其社会价值和利益。

我们认为，国家的未来有赖于年轻人所接受的高水平教育，因此 UDI 旨在推动实在的教育改革。

本党还希望改革社会保障和税收体系，以刺激社会竞争。

UDI 还希望发展海外领土，同时重申国家的不可分割性。

最后，本党将行动根植于可持续发展的原则之上。

第 3 条　住所

UDI 的住所为巴黎市志愿者路第 22 号之二，邮编 75015。中央办公厅可以在任何时候决定改变党的住所。

第 4 条　内部条例

内部条例可对本章程条款的实施条件及 UDI 的运行条件予以进一步规定。

第二章　党员

第一节　自然人

第 5 条　党员的年龄、国籍及缴税住所条件

UDI 的党员应满足以下两个条件：

· 年满 16 周岁；

· 法国公民或在法国拥有缴税住所。

第 6 条　党员

没有选举职务的党员有权获得津贴。

以个人身份加入 UDI 的自然人为 UDI 的党员。

UDI 旗下包含若干有政党资格的法人，以个人身份加入 UDI 所属政党的，同样为 UDI 党员。

以个人身份加入 UDI 及其所属团体的，为 UDI 党员。

拥有选举职务的党员有权获得津贴。

当党员担任附津贴的选举职务时，应向 UDI 缴纳当选公职的党员党费，金额由中央办公厅根据内部条例的规定决定，以确保党员权利的完整性。

第 7 条 入党的生效

党员可以通过银行支票支付入党费用，支票与支付回执一同寄送至 UDI 的住所，或者在 UDI 的网站上通过银行卡支付。

除了内部条例规定的例外情形，UDI 不接受现金支付的入党费用。

直接提交给 UDI 或提交给 UDI 所属政党的入党申请应转送至入党审核委员会（以下简称"CVA"）以完成审查程序。该委员会负责审查相关信息的真实性以及入党申请是否符合其制定的相关标准。

CVA 将同意入党的决定告知申请人时，入党申请即生效。

中央办公厅应在党的住所收到入党申请后 90 日内向所有入党申请人发放回执，并将 CVA 审查后同意或拒绝入党的决定告知申请人。

第 8 条 党员的权利和义务

UDI 的全体党员享有平等的权利和义务。党员通过投票表达政见，投票遵循"一人一票"的民主原则。党员在必要时应承担党托付给他们的责任。党员有义务遵守 UDI 的章程和内部条例。

第 9 条 党员资格的丧失

党员在入党后的第二年如果没有续交党费，则丧失其作为 UDI（或 UDI 所属法人）的党员资格。无论何种原因，丧失 UDI 所属法人的成员资格，即自动丧失其作为 UDI 党员的资格。

如果加入与 UDI 无关的政党，即自动丧失 UDI 的党员资格。

党员资格还可通过辞退、注销和开除而丧失。

第 10 条 支持者

以下主体为 UDI 的支持者：

·向 UDI 捐赠财物，但并未表达入党意愿的个人；

·与 UDI 属于同一议会党团但并未表达入党意愿的大区议员、省议员、市镇议员；

·向 UDI 通过电子邮件、信件、电话表达过入党申请的个人；

·任何与 UDI 的官方互联网账户或 UDI 网站积极互动的个人；

· 未遭受过纪律处分的前 UDI 党员。

与本章程第 5 条规定不同的是，党的支持者无须受年龄、国籍及缴税住所条件限制。

支持者的权利由内部条例规定，但其权利不得与党员等同。

第二节 法人

第 11 条 有政党资格的法人

有政党资格的法人可以向 UDI 提交加入的申请，经中央办公厅以简单多数决通过后，该法人即可加入 UDI。

加入 UDI 的政党的法人即拥有 UDI 的党员资格。

加入 UDI 的有政党资格的法人应当在每年的 2 月 28 日前将其党员名单提交给 CVA 及中央仲裁与监察委员会（以下简称"CNAT"）。

加入 UDI 的法人应当在其章程中注明其党员具有本党和 UDI 的双重党员身份。

为了实施本章程第 9 条的规定，无论何种原因，丧失 UDI 所属法人的成员资格，即自动丧失其作为 UDI 党员的资格。

第 12 条 所属团体

不具有政党资格的法人可申请加入 UDI，作为其所属团体。经中央办公厅以简单多数决通过后，该团体即可加入 UDI。这些所属团体的成员无法立即获得 UDI 的党员资格，但可以选择以个人身份加入 UDI。

第三章 机构

第一节 中央的管理机构

第 13 条 中央机关

UDI 的中央机关为以下三个部门：

· 党员会议；

· 中央理事会；

· 中央办公厅。

第 14 条 党员会议

党员会议是 UDI 的审议机关，负责组织全体党员议事。

党主席负责召集党员会议，每三年至少举行一次会议。在其他任何时候，中央办公厅可以通过其成员的简单多数决申请召集党员会议。

党员会议应审议以下内容：中央理事会主席做的党的行动介绍、总书记的报告、财务主管的管理报告、党主席进行的党的总体情况报告，以及会议议程包含的所有问题。会议还应对党的政治方针进行讨论，并表决采纳相关提案。

党员会议以两轮不记名多数决的方式选举党主席。

第 15 条　中央理事会

中央理事会是 UDI 的代议机关，负责确定党的政治方针，并组织党的政治生活。

中央理事会成员任期三年，由以下几个团体构成：

· 中央办公厅成员；

· 联合会团体，其成员包括联合会主席、省代表、各省联合会根据内部条例规定的方式选举的个人代表；

· 当选公职的党员团体，其成员包括国民议会议员、参议院议员、欧洲议会议员、居民人数多于 10000 的城市市长或副市长、市镇间合作公共机构主席或副主席、省议会及大区议会主席。

中央理事会每年至少应召开两次会议，中央办公厅可以简单多数决定后由中央理事会提出召集建议，党主席以及中央办公厅多数成员均可提出召集请求。

中央理事会应践行党员会议确定的大政方针，并实施中央办公厅 50 名成员投票决定的政治项目。

第 16 条　中央办公厅

中央办公厅由以下成员构成：

· 党员会议选举的党主席；

· 中央理事会主席；

· 国民议会和参议院党团主席；

· 总书记；

· 总书记助理；

· 财务主管；

· UDI 副主席；

- 国家议员及欧盟议员；
- CNAT 主席；
- 党的发言人；
- 党主席提名的中央代表和中央书记；
- UDI 青年团的四名代表；
- 党主席提名的个人；
- UDI 所属政党法人的代表（每个政党可有两名代表）；
- UDI 所属非政党法人的代表（每个团体可有一名代表）；
- 中央理事会选举的 50 名成员。

中央办公厅根据党员大会和中央理事会确定的方针，保障党的政治领导，并监督党的章程和内部条例的实施和遵守。中央办公厅根据 CNAT 的意见制作财务方针及预算，并确定每年的党费数额。

只有中央办公厅或其授权的党员有资格根据党主席或中央理事会主席的意见充当党的发言人，陈述党的立场。

中央办公厅可向中央理事会提交方针、项目、计划，及声明的提案。

中央办公厅可以在其内部选任七名自然人成员，负责根据 CNAT 向其提交的报告行使纪检职权。这些中央办公厅的代表也称为中央办公厅纪检监察团。

中央办公厅或其授权的总书记可以在 CNAT 作出裁决之前采取临时措施或暂停决定。

中央办公厅可以根据中央提名委员会的建议就候选人提名发表意见，根据政治局的要求，中央办公厅可以临时将其提名权委托给中央提名委员会。

中央办公厅的决定对于党的所有自然人党员和法人成员均具有约束力。

中央办公厅可根据现实需要决定会议召开的方式，包括网络会议和电话会议。

第 17 条 党主席

党主席由党员大会选举产生，任期三年。

党主席在代表党与其他政治实体进行交往的过程中，确保党政治方针的实施。

党主席代表党参与民事活动和诉讼活动，并可将此项代表权限委托给党的副主席或 CNAT 主席。

党主席有权在听取中央办公厅的意见后，决定中央理事会主席、党的副主席、党的总书记、财务主管、发言人、总书记助理、中央提名委员会主席、UDI 青年团主席、中央代表、中央书记的人选，并有权在任何时候免除上述官员的职务。

党主席有权向中央办公厅推荐省代表的人选，并有权在任何时候免除其职务。

党主席有权任命 CNAT 主席、上诉委员会主席，二者的任期与党主席的任期相同，并直到党主席选举后的中央理事会或中央办公厅会议时任期结束。

党主席还可以向中央办公厅建议创设有利于党的组织的其他机构。

第 18 条　财务主管

财务主管负责 UDI 的收入和支出事务及 UDI 的日常管理。

中央办公厅可授权财务主管为 UDI 及其候选人的利益参与谈判，特别是涉及为中央和地方选举提供贷款担保或信贷额度的谈判。

财务主管每年应当就党的账户状况向中央办公厅汇报两次。

第二节　地方的管理机构

第 19 条　联合会

UDI 以省联合会为基础管理地方事务，具体方式由内部条例加以明确。

UDI 青年团是一个全国性社团，其主席由 UDI 主席任命。UDI 青年团可制定其自身的内部条例。

居住在国外的党员拥有专门的组织：国际 UDI。

内部条例对于联合会的组织模式及 UDI 的专题组织进行具体规定。

第四章　选举候选人的选定

第 20 条　总统选举及总统选举的初选

中央办公厅以简单多数决定总统选举及总统选举的初选候选人的产生方式。

第 21 条　中央提名委员会

中央提名委员会（以下简称"CNI"）负责接收总统选举以外的选举候选人申请。CNI 应当将申请转送至中央办公厅，中央办公厅根据 CNI 的推荐决定提名的候选人人选。

CNI 负责提名参与欧盟选举、国民议会选举、参议院选举、大区及居民数 20000 以上的市镇选举的候选人。

联合会负责确定参与省选举及居民数 20000 以下的市镇选举候选人人选，并报送 CNI 同意后生效。

CNI 由十五个成员及候补成员组成。其成员及候补成员由中央办公厅根据党主席的建议确定。

CNI 实行简单多数决，在支持票和反对票数相同的情况下，党主席的意见决定投票结果。CNI 的决议应作为建议转交给中央办公厅。

中央办公厅根据 CNI 提交的建议做出决定。如果情况需要，中央办公厅可根据本章程第 16 条的规定，向 CNI 派驻代表全权负责候选人的提名事宜。

根据本条规定选出的提名候选人决定，对于 UDI 的所有自然人党员和法人成员均具有约束力。

根据情况需要，CNI 的会议可通过多样化方式进行，包括网络会议和电话会议。

第五章　纪检程序和监察机构

第一节　纪检程序

第 22 条　纪检程序

UDI 的所有自然人党员和法人成员在违反现行章程或内部条例时，均可能启动纪检程序，并导致受到纪律处分。

党员若违反章程、内部条例的规定，违反 UDI 中央机关确定的政治原则和方针，违反中央或省内的候选人提名决定，或做出任何有损 UDI 的行为时，可受到以下处分：

・警告；

・暂停党员资格；

・开除党籍。

UDI 对其所属的政党法人做出的暂停党员资格或开除党籍的处罚，导致该政党所有成员自动受到 UDI 暂停党员资格或开除党籍的处罚。

UDI 对其所属的非政党法人做出的暂停党员资格或开除党籍的处罚，导致该非政党法人自动被暂停或丧失其代表在 UDI 机关内的任职资格。

UDI 对其自然人党员做出的暂停党员资格或开除党籍的处罚，导致该名党员自动受到来自其所属的 UDI 旗下政党的相应处罚。

所有的处罚做出前均应当经过辩论程序，该程序由本章程、内部条例及 CNAT 的指令共同规定。

第二节　监察机关

第 23 条　中央仲裁与监察委员会

23.1　中央仲裁与监察委员会拥有以下职权：

·确保各方遵守 UDI 及其机构制定的决议和政治方针，并对涉及本章程和内部条例实施的问题做出答复。CNAT 有权对内部条例规定的以下事项进行细化：

·作为调查机构参与纪检程序；

·对受理的纠纷进行裁决。

CNAT 负责确保各方遵守与党员会议和中央理事会相关的组织规定，并确保投票的顺利进行。

CNAT 每年应根据内部条例规定的方式制定 UDI 的党员名单，并确保其得到定期更新。它有权制作公共文件，并监督 CVA 的工作。具体方式由内部条例规定。

23.2　CNAT 由七名成员组成，中央办公厅根据党主席的建议负责任命 CNAT 成员。

CNAT 实行简单多数决。在支持票和反对票数相同的情况下，CNAT 主席的意见决定投票结果。

以下成员有权向中央仲裁与监察委员提出申诉：

·党主席；

·总书记；

·中央办公厅（以简单多数决提出申诉）；

·各省联合会主席；

·各省联合会代表；

·UDI 青年团主席；

·UDI 提名的参与外部选举的候选人。

CNAT 的成员如果以自然人的身份向 CNAT 提出申诉,则不得参加其决议的制定过程。

23.3　所有的处罚做出前均应当经过辩论程序,例如召开事前听证会。听证传唤函应在听证会召开至少七日前寄送至相关党员,并应以挂号信的方式与收据一同寄出,其内容应包含以下事项:

- ·申诉理由;
- ·对申诉进行评论的可能性;
- ·党员阅览相关文件的条件;
- ·可能引起的相关处罚。

CNAT 可向中央办公厅提出意见或建议。

中央办公厅的决议对 UDI 的全体自然人党员和法人成员均具有约束力。在申诉过程中,中央办公厅可做出先予执行的决定。

CNAT 的会议可通过多样化方式进行,包括网络会议和电话会议,召开纪检听证会时除外。

第 24 条　上诉委员会

上诉委员会由五名成员组成,其成员由中央办公厅根据党主席的建议任命,任期直到下一次常规党员大会召开时结束。

党员可以就任何处罚决定向上诉委员会提起上诉。上诉应当自其知晓处罚决定后七日内做出。上诉函应当以挂号信的方式与收据一同寄送至上诉委员会主席。

上诉委员会应当于受理后 90 日内就党员的报告进行调查。

上诉委员会在行使处罚权的过程中应当充分尊重被告人的权利。

上诉委员会实行简单多数决,在支持票和反对票数相同的情况下,上诉委员会主席的意见决定投票结果。

当事人唯有穷尽党内救济的情况下,才能寻求司法救济。

第六章　财产来源

第 25 条　收入

UDI 的收入包含以下部分:

- ·法律规定的国家拨款;
- ·自然人党员的党费;

· 当选公职的党员的党费；

· 所属政党法人的捐赠；

· 其他自然人的合法捐赠。

党费收入为省联合会提供资金，国家拨款经过财务协会并直接转给 UDI。中央办公厅根据简单多数决可以决定这项规定实施的例外。

UDI 与其所属的政党法人的财务关系应当通过协议，并以诚信透明的方式实现管理。

第七章　章程和内部条例的修改

第 26 条

中央理事会可以简单多数通过本章程的修正案。

中央办公厅可以简单多数通过内部条例的修正案。

第八章　临时条款和过渡条款

第 27 条

出现党主席长期履职不能的情况时，UDI 应指派他人临时履行其领导职能。如果党主席无法指定临时主席，则由总书记指定。临时主席负责管理党的日常事务。党主席履职中断后的四个月内应召开党员会议，选举新的党主席。

第九章　解散

第 28 条

党员会议可以根据党主席的提议决定解散 UDI。

在这种情况下，UDI 的资产可归于中央办公厅以简单多数决选择的另一政党。

民主与独立派联盟内部条例*

第一章　党员

第 1 条　入党、党费及捐赠

入党申请可以递交给联合会、民主与独立派联盟（以下简称"UDI"）所属法人，或直接寄送至 UDI 总部。递交给联合会的申请人应当居住在联合会所在地。在例外情况下，在联合会所在地拥有住所的人也可以向该联合会递交入党申请，但联合会内的此类党员不得超过 5%。

中央办公厅根据全国财务主管的建议确定每年的党费总额，及其在不同联合会之间以及中央和地方之间的分配。

联合会收到入党申请后，应当在代表对之进行调查后，报送 UDI 总部同意后生效。

党员资格注册时，党员名单上的信息应当完整、清晰、可操作。

党费的缴纳只能通过自然人的支票或个人银行卡完成，禁止以现金支付党费。

中央办公厅有两个月的审查时间，以决定是否拒绝入党申请，并无须给出拒绝理由。

只有入党审核委员会（以下简称"CVA"）通过入党申请后，入党才能生效。CVA 对入党申请的审查包括以下方面。

对于使用银行支票支付党费并提交纸质入党申请的：

－纸质入党申请书，应注明日期并签名（夫妻共同入党时，双方均应签名）；

－按照从财务协会到 UDI 的顺序标注日期、签名的个人支票。除为夫妻共同入党的情况外，为他人付款的只能是居住在一起的家庭成员，且每年支付的人数不得超过五人，通过公司或法人开具的支票支付是严格禁止的。

---

* 来源：法国民主与独立派联盟网站，http://parti-udi.fr/wp-content/uploads/2018/04/RI_2018.pdf，最后访问日期：2018 年 8 月 20 日。

对于在网上申请入党的：

－以个人银行卡支付，为他人付款的只能是居住在一起的家庭成员，且每年支付的人数不得超过五人，通过公司或法人的银行卡支付是严格禁止的。

第 2 条　对党员的处罚

对党员的处罚措施包括警告、暂停党员资格、开除党籍。所有的处罚做出前均应当经过辩论程序。处罚决定应当以挂号信的方式与收据一同送达当事人。

中央办公厅应行使纪律检查权，并应参考中央仲裁与监察委员会根据章程第 23 条规定编写的报告做出决定。在处罚决定尚未做出时，总书记或省办公室可决定暂停相关人员的党员资格，直至中央办公厅做出最终决定。

如果出现严重的违纪行为需要紧急调查并立即进行处罚，中央办公厅可以根据党主席的建议全权做出处罚决定。在这种情况下，当事人可以就处罚决定向 CNAT 提出申诉，CNAT 审理后将报告提交中央办公厅。

UDI 的所有党员（或 UDI 所属法人成员），如果加入与 UDI 无关的其他政治实体（根据 1958 年 10 月 4 日宪法第 4 条的规定），则该党员应当立即被 UDI 除名。

第 3 条

中央仲裁与监察委员会应监督投票的操作过程。投票可以在党员大会的地点进行，或者通过电子工具进行。

根据章程第 6 条规定，按期缴纳当年党费的党员才能参加投票，会议开始前两个月内缴纳党费的党员除外。

中央仲裁与监察委员会根据章程第 23 条的规定，监督投票的良好运行。为了行使这一职权，它有权验证投票党员的相关证明文件。

监督机关有权组织无法参与党员会议的党员进行投票，并决定投票条件。

受委托投票的代理人只能代表一人进行投票，并不得参加电子投票。

电子投票的日期应当由中央仲裁与监察委员会确定。CNAT 应通过监督确保电子投票的有效性。已参与电子投票的党员名单和投票结果应在党员会议开始之前记录在案。现场投票和电子投票结果应当统一进行计票。

UDI 党主席的选举以不记名投票的方式进行。

投票终结后才能进行计票，投票结果由中央仲裁与监察委员会主席宣布。

参与 UDI 党主席选举的候选人在竞选活动开始后至选举结果宣布前，均有权向中央仲裁与监察委员会派驻一名代表，该代表在 CNAT 内部享有咨询权。

第 4 条

任何党员均可正式委托另一位党员从事相关事项。党员仅能接受一份其他党员的委托。中央仲裁与监察委员会应规定委托的形式。委托书中应包含签署人的姓名、住所，并在党员会议中使用。

第二章　中央理事会

第 5 条

与省级机关一样，中央理事会成员每三年进行一次改选。在任期的三年内，如果出现中央理事会席位空缺的情形，省党员大会可选任代替的成员。

第 6 条

中央理事会主席应向中央办公厅报告其会议的日期、地点和日程，仅中央办公厅同意后生效。

在任何时候，根据党主席或中央办公厅成员多数决的请求，中央理事会均可根据 UDI 章程第 15 条召集会议。

第 7 条

中央理事会以简单多数通过决议。

第 8 条

中央理事会的投票可在其会议地点进行或通过电子投票的方式进行。

根据章程第 6 条的规定在当年如期缴纳党费的中央理事会理事有权参加会议投票，会议开始前两个月内才缴纳党费的理事除外。

中央仲裁与监察委员会根据章程第 23 条的规定，监督投票的良好运行。为了行使这一职权，它有权验证投票理事的相关证明文件。

监督机关有权组织无法参与会议的党员进行投票，并决定投票条件。

受委托投票的代理人只能代表一人进行投票，并不得参加电子投票。

电子投票的日期应当由中央仲裁与监察委员会确定。CNAT 应通过监督确保电子投票的有效性。已参与电子投票的党员名单和投票结果应在党员会议开始之前记录在案。

现场投票和电子投票结果应当统一进行计票。

全国理事会投票以举手表决的方式进行。出席会议的四分之一成员、UDI 主席、中央理事会主席可请求以不记名投票的方式进行表决。

第 9 条　召集、文件传达、审议及提案

中央理事会应当在会议召开前至少七日将各方提交给中央理事会的文件、方案、审议日程通过电子邮件发送给中央理事会理事。

中央理事会应当有至少十位理事于会议召开两周前向 UDI 总部寄送干预意见。中央办公厅可决定是否将之列入会议日程。

第 10 条　时政问题

中央理事会举行会议时应组织召开有关时政问题的会议。

中央理事会理事可以在会议前向 UDI 总部寄送提交相关问题。每个问题的内容包括一个标题和最多 15 行说明。每次会议应就 10 个问题进行审议。

第三章　中央办公厅

第 11 条

中央办公厅由党主席主持工作，由 UDI 总书记领导文职工作。

中央办公厅以简单多数投票通过决议。

第四章　党主席

第 12 条

党主席选举每三年举行一次。候选人申请应提交给中央仲裁与监察委员会，并由其同意后生效。选举的过程应接受中央仲裁与监察委员会的监督。

候选人名单及竞选承诺应当在党员会议召开的两个月前分发给全体党员，并接受中央仲裁与监察委员会的监督，由中央仲裁与监察委员会确定进行竞选宣传的公平条件。

中央办公厅应当在中央仲裁与监察委员会的监督下，为候选人提供竞选经费，并在每个候选人之间公平分配。

党主席应经过两轮不记名选举选出，获得多数选票的候选人获胜。第一轮选举中获得绝对多数选票的候选人直接胜出。如果没有获得绝对多数选票的候选人，则由选票数前两名的候选人参加第二轮选举。

每轮选举前，候选人均可表达自己的政见。中央仲裁与监察委员会应确保发言时间在每个候选人间的平均分配。

选举结果应在党员会议中宣布。

第 13 条

候选人应当在党员会议召开的两个月前向中央仲裁与监察委员会提交候选人申请，该申请应当以挂号信的方式与收据一同寄出。候选人声明应当附上竞选承诺，且不得超过 10000 个字符。

候选人声明应当获得来自至少 10 个不同联合会的 500 名党员的支持。

中央仲裁与监察委员会应当对候选人声明是否符合上述要求进行检验，并在党员会议召开的 45 日前将生效的候选人名单报送至中央办公厅。

第 14 条

在 UDI 党主席职位空缺的情况下，中央仲裁与监察委员会应当在四个月内组织新的党主席选举。

新党主席产生之前由党的总书记负责代为管理党的日常事务。

民主与独立派联盟省级联合会内部条例[*]

序　言

根据民主与独立派联盟（以下简称"UDI"）章程第 19 条，本内部条例对 UDI 各省联合会的职权和运行进行规定。

第 1 条　民主原则

根据直接民主原则，党的领导机关选举实行普选，并遵循章程规定的"一人一票"规则。选举前中央仲裁与监察委员会应更新全体党员的信息，包括其至上一年 12 月 31 日前党费的缴纳状况。各省的党员信息每年也需要进行更新，并从 UDI 总部直接寄送给各省联合会主席及省代表。

第 2 条　财务

各联合会的财务由 UDI 中央提供，具体包括：

向 UDI 财务协会缴纳的 50% 的普通党员党费和 50% 的当选公职的党员党费；

党的地方机构收到的捐赠（根据捐赠者的指示，并排除全国性的募集活动）。

根据前两款的规定向联合会支付的资金必须为了联合会的特定活动或项目才能生效。在这两种情况下，UDI 的支付可以直接向联合会账户转账或者直接从党中央转入的超出普通党员党费和当选公职的党员党费的部分中直接扣除。

中央办公厅可根据财务主管或党主席的建议，决定向联合会提供额外的资金支持，以促进其发展。

根据现行法律以及 2012 年 11 月 12 日全国竞选账户和政治财务委员会做出的许可，所有党费及捐赠均应以财务协会到 UDI 的顺序转入。不得接受法人签发的支票。

根据 2017 年 3 月 6 日第 2017-286 号法律及 2017 年 9 月 15 日第 2017-

---

[*] 来源：法国民主与独立派联盟网站，http://parti-udi.fr/wp-content/uploads/2018/04/RIFD_2018.pdf，最后访问日期：2018 年 8 月 20 日。

1339号法律的规定，联合会不得直接将收入计入其银行账户。所有收入应当直接转入财务协会账户，并由财务协会居间转入各联合会。

这些资金应由省财务主管转交给会计并开具收据，任何资金均不得来自法人，并禁止现金的使用。

第3条　管理机构

省联合会的管理机构包括以下部分：

省办公室；

省理事会；

省党员会议。

第4条　省办公室（以下简称"办公室"）

办公室成员包括法定成员和当选成员。

法定成员为：由省党员会议选举产生的联合会主席、中央办公厅选定的省代表、国家议员、市长、市镇间合作公共机构主席、大区议员、省议员、该省派驻于中央办公厅的代表。

当选成员由省理事会根据选举名单依比例选出，并应遵循性别平衡原则及本条例第5条的规定。

办公室主席在其内部选任一名财务主管，并报请全国财务主管同意。办公室还可以任命一名财务助理辅助其工作。

办公室可根据主席的建议在其内部选任一名副主席以及数个专职负责人。

办公室每季度应至少召开一次会议，并开展有利于联合会发展的运动。

在居民人数少于9000的市镇选举和省级选举中，办公室应负责提名党的候选人。负责选举事务的总书记助理应向中央提名委员会报告相关地区选举的决定。大区选举和全国性选举由中央提名，委员会全权负责。

第5条　省理事会

省理事会成员包括法定成员和当选成员。

法定成员为省办公室成员。

当选成员由省党员会议根据本条例第6条的规定选举产生。这部分成员不得超过按期缴纳党费的党员总数的20%，且不得少于法定成员的数量。

省理事会是联合会的审议机关，每年至少召开两次会议。

省理事会在其内部选举产生办公室的当选成员，选举根据候选人名单依比例进行。省理事会还应根据省联合会主席的建议选举当地立法机关的代表。

第 6 条　省党员会议

省党员会议召集联合会内所有按期缴纳党费的党员进行商议。

省党员会议每年至少召开一次，会议由省联合会主席、省办公室至少一半的成员或者重要办公厅召集。

省党员会议每三年应举行以下选举：

联合会主席选举（选举以两轮选多数决的方式进行）；

省理事会成员选举（选举根据候选人名单依比例进行，名单应当保持完整并获得至少 10% 选票才能有成员当选，获得超过 33% 选票的名单得到最多席位）；

中央理事会成员选举（选举根据候选人名单依比例进行，名单应当保持完整，选出的中央理事会成员数量应当为该联合会全体党员数量的 10%）。

第 7 条　选举的运行和监督方式

联合会领导机关选举每三年进行一次。为此，联合会应建立一个省仲裁与监察委员会，负责选举的筹备事宜。

省仲裁与监察委员会由省代表主持工作，省联合会主席为其法定成员。除了省代表和省联合会主席外，每个候选人均在该委员会内有一名代表，每份参选中央理事会成员及省理事会成员的选举名单均在该委员会内有一名代表。

该委员会领导人不得由参选省领导的候选人担当。

省办公室应确定选举举行的时间，党的总部应当最晚在选举举行前 30 日将有权参加选举投票的党员名单和身份信息转交给负责筹备选举的委员会主席。在选举前两年初选在候补选举名单上的党员，如果在选举当天前更新其党员资格，则有权参与选举。

候选人申请书应当于选举举行的十五日前提交给负责筹备选举的委员会主席。省联合会主席候选人应当在选举前一年的 12 月 31 日注册于选举名单，并在选举举行的十五日前缴清一般党费或当选公职的党员党费。

候选人名单应当于选举举行的十五日前提交给负责筹备选举的委员会主席。选举名单上的候选人应当在选举举行的十五日前缴清一般党费或当选公职的党员党费。

选举可通过电子投票的方式进行或在联合会所在的各省内投票站进行。每个党员只能代理一名党员进行投票。

出现纠纷时，当事人可在选举开始的五日内将争议提交中央仲裁与监察委员会申请裁决。

第 8 条　省联合会主席

省联合会主席与省代表一同为 UDI 在省内的代表。

省联合会主席负责召集并主持省党员会议、省理事会及省办公室会议。

省联合会主席任期三年，由省党员会议选举产生。省联合会主席以两轮不记名多数决的方式进行，如果第一轮选举无人获得绝对多数，则应举行第二轮选举。只有在第一轮选举中获得选票最多的前两名候选人才可以参加第二轮选举。

省联合会主席辞职或出现履职障碍时，省代表负责代理主席的日常工作，最多三个月后省代表应召集省党员会议，以举行新的主席选举。

第 9 条　省代表

中央办公厅征询省联合会主席意见后可任命省代表。省代表负责监督党的章程、内部条例、中央决议在省内得到遵守。省代表是省内各机关的当然成员。

只有中央办公厅有权在任何时候免去省代表的职务。

根据中央办公厅的要求，省代表可以召集省办公室会议、省理事会，或省党员会议。

第 10 条　省财务主管

省办公室根据省联合会主席的建议任命省财务主管。省财务主管应向全国财务主管提供其无犯罪证明后才能获得其银行的签名授权。

省财务主管可获得一位助理辅助其工作，财务主管助理应通过相同的规则获得委派。

中央财务主管可授权省财务主管以省联合会的名义管理财务协会及 UDI 的子账户并拥有签名权。该授权必须在省财务主管的义务培训完成之后。

省财务主管就党的地方财产向 UDI 负责。禁止现金的使用和透支金额的操作。

省财务主管应与省主席及省代表紧密合作，负责制作联合会的年度预算，并将预算提交给省办公室。

每年预算执行期结束后,省财务主管应当制作决算及账户结果报告,并提交给省办公室。根据 1990 年 1 月 15 日法律的规定,上述信息应当在全国财务报告进行前 45 日提交给 UDI 总部,由国家财务主管在国家层面进行统合。

账户信息提交的形式和条件应当由 UDI 财务专员进行规定。

财务主管的职务因辞职或未缴党费而丧失。省主席经省办公室的同意可以要求更换省财务主管,UDI 党中央认为省财务主管无法胜任其职务时也可要求更换。

省联合会的运作条件及其有权获得的资金数额由本内部条例第 2 条规定。

第 11 条 中央理事会理事

省党员会议应选举其向中央理事会派驻的代表(除法定成员以外),任期三年。

各省联合会理事的数量由中央仲裁与监察委员会按照一名理事代表十名党员的方式计算,并告知各省机关。

用于确定每个联合会理事人数的文件应当于每年 12 月 31 日更新,并提交给省主席及省代表。

中央理事会理事的选举根据候选人名单依比例进行。

第 12 条 党员资格及党的纪律

UDI 每年均会敦促党员缴纳党费。每年 12 月 31 日仍未缴纳党费的党员应被视为丧失党员资格。补缴后其党员资格于当年最后一个季度恢复。在选举中,所有参与的党员均应最晚于选举当日缴清党费。

办公室对于某党员的入党有异议的,可直接向中央办公厅提出。

省联合会严重违反 UDI 章程、本内部条例或 UDI 中央机关制定的政治方针时,中央办公厅可根据党主席的建议决定解散该联合会,暂停其工作,或暂停其全部或部分成员的党员资格。

当某联合会内党员严重违反 UDI 章程、本内部条例或 UDI 中央机关制定的政治方针时,省办公室在任何时候都可向中央仲裁与监察委员会提出控告。

UDI 中央机关批准设立的 UDI 章定机构以外的其他机构,应视为违法,该机构在任何时候均不可以党的名义从事活动,也不可以任何方式成为 UDI

的代表。

不经过办公室授权而使用党的图像、徽标、代理 UDI 的行为均应受到中央仲裁与监察委员会的追诉,相关党员应被开除党籍。

第 13 条　党费

中央办公厅每年应核定党费的总额,并敦促党员缴纳党费。

党费必须由自然人以个人名义缴纳,并只能通过支票或网上支付的方式缴纳。

省联合会每年应于时限中期向 UDI 总部提交党员资格报告,并附上以财务协会到 UDI 的顺序转入的支票。

第 14 条　捐赠

自然人根据现行规定向 UDI 的捐赠应当以财务协会到 UDI 的顺序转入。

根据捐赠者的要求,可将部分或全部见证款项转入某省联合会。

第 15 条　法定人数

省理事会、省办公室应当在过半数成员出席或代表出席的情况下才能进行有效审议或举行有效表决。

每个成员只能代理一个成员进行投票或参会。

"不屈法国"

"不屈法国"集体行动章程[*]

"不屈法国"是一个网络型运动团体。它联合了由不屈的意志而形成的行动集体,并在"共同的未来"计划框架下自主行动。

"不屈法国"成员应在尊重"不屈法国"规则和方向的基础上,创建或加入一个或多个行动小组,并保持开放、仁爱和积极行动的精神。

行动小组应得到认证,他们的行动可获得额外的资源。为此他们应当遵循本章程的规定。

"不屈法国"是一个进化中的团体,因此本章程可以随着本党的演进及经验的积累而发展。

行动小组的活力

行动小组应定期召开会议。行动小组由两人负责组织活动,如有必要,两人应来自支持"不屈法国"的不同的政治实体。

这两人的责任是激发小组行动的活力。他们有在"不屈法国"的数字平台上对小组行动的管理权限。他们应保护平台上注册者的个人信息,未经注册者同意,他们不得公布其个人信息,也不得将之用于小组行动之外的其他领域。

---

[*] 来源:"不屈法国"网站,https://lafranceinsoumise.fr/groupes-action/charte-groupes-dappui-de-france-insoumise/,最后访问日期:2018年7月17日。

运行方式

行动小组应当至少由两人组成,并邀请十五人积极参与其活动。实际上,小规模的群体可以使每个成员真正地参与进来,避免活动启动障碍和促进各地组织精细化的网络结构。

为了鼓励小组内每个人的主动性,避免多数派和少数派的分歧,行动小组的决策方式偏向于寻求一致同意而不是投票。

行动小组应保持党在全国行动的一致性。因此,他们的举措必须与"共同的未来"计划相一致,并应遵循"不屈法国"集体决议产生的战略方针。

行动小组的类型

行动小组可以根据地理位置、职业、功能或主题而组建,具体要求如下。

· 地理行动小组是在一个基层的区域(居民区、村庄、小城市、市区)内组建的,不得以大区、省、选区或大城市为组建单位。每个"不屈法国"党员只能在一个地理行动小组内担任负责人。

· 职业行动小组聚集希望在企业内或研究机构内开展行动的"不屈法国"党员。

· 功能行动小组是围绕特定职能的横向行动小组,包括设置培训、组织见面会、撰写传单、组织"不屈法国"合唱团、办理地方报刊、自我组织等。

· 主题行动小组聚集希望围绕相应主题手册中的议题开展行动的"不屈法国"党员。

行动小组不得专有一片区域,不得阻止该区域内其他行动小组的创建。因此行动小组不得在特定区域内组建关联团体,并声称在该区域内仅代表"不屈法国"。因此,关联团体的创建只能在其章程中有明确规定的情况下完成,作为倡议的支持团体。例如,建立地方机构、收集衣物、组建公民咖啡厅等。

行动小组之间的联络

行动小组的会议、行动以及倡议应当通过"不屈法国"的中央平台发布,从而使得全体党员可以参加这些活动。行动小组的行动报告应发布在数字平台上,以分享经验并告知全体党内成员。

为了促进倡议产生更广泛的影响力,行动小组可以采取联合行动,并共同筹备会议。但行动小组或行动小组的联合不得构成企图超越其他小组或超越"不屈法国"党员的永久的团体。

然而根据选举所需,党可以根据选举划区提出临时框架。例如2017年立法机关选举时建立的选区会议。

行动支持

"不屈法国"可设置具有法律结构的行动小组,以使他们能够进入会议和组织活动的场所。

党应当提出行动小组的财务模式。

经过认证的行动小组可以免费获得用于国家竞选活动的材料。

"不屈法国"应承担全国发言人的差旅费用。

地方倡议的参与与融资机制如下:若项目经费中有50%的部分来自捐赠,且当"不屈法国"拥有公共财务时,则可由党中央承担剩余的费用,但该费用应遵循党中央设定的上限。

党内设置业务团队及专题手册中心,为党员提供实践、主题和理论培训。

"不屈法国"2017年立法机构选举候选人提名规则[*]

由于选举日程的颠倒,立法机构选举与总统选举的关系比以往任何时候都密切。577场选举并不都具有自己的活力和选举策略。过去我们常常误解这一事实,如今我们不能重复这一错误。

我们应当在立法机构选举和总统选举中协同进行竞选活动,并在所有的选区中均派出"不屈法国"提名的候选人。这些候选人应当承诺遵守本规则的规定。

为了完成人民赋予我们的使命,我们的目标是在总统选举时获得国民议会的多数席位;并且在任何时候都拥有尽可能多的国民议会议员,从而在议会中以及社会中贯彻我们的意志。

在我们认为国家应当完成了人民革命的愿景中,国民议会议员应当全面投入人民动员的工作中,启发他们、陪伴他们、滋养它们,在议会的发言和投票中传达他们的意见。议员不能根据其个人意愿行事,不能无所顾忌,更不能违反集体行动准则。同时我们拒绝第五共和国的缺陷。

根据上述总体方向,我们得出一些教训并构成党内候选人应当遵守的基本规则。

被提名的候选人应承诺:在总统选举中支持让-卢克·梅朗雄;在全国性的竞选项目("共同的未来")框架下参与竞选活动;在竞选宣言中表明拥护"不屈法国"的政治主张,并参与全国性的票数统计;在竞选宣言提交时参与"不屈法国"的财务制度,包括候选人及其指定的承担公共财务职能的政治团体与财务机构签署的捐赠意向;尊重"不屈法国"的首字母缩写、全国竞选名称、图形标志,并整合列入宣传材料R39(官方海报、选举通告、投票);参与"不屈法国"国民议会议员与其他团体为了选举而结成的党团;选举党团执行局及其主席;遵守党团的投票规则及根据"共同的未来"计划而做出的集体决定;应"不屈法国"的地方党团邀请,在

---

[*] 来源:"不屈法国"网站,http://lafrance in sonmise.fr/campagne-legislatives-2017/charte-candidat-e-s/,最后访问日期:2018年7月17日。

其选区外参加至少两次公共会议；以任何形式在国民议会议员与"不屈法国"之间建立起政治合作，从而对重要的法律提案进行审议，通过提交国民议会讨论的议案，对重要的投票尤其是涉及预算、国家问题、社会安全问题的投票提出意见。

另外，出现对当选成员不信任的时候，国民议会议员应当遵守行为规范。为此，候选人应当就以下行为做出承诺：

——签署反腐败独立协会 ANTICOR 的宪章；

——参加国民议会议员选举时放弃其地方职务，以遵守不兼任的原则并全心全意投入选举职位；

——在任职过程中不接受任何可能影响私人利益或法人利益的捐赠、礼物或借贷，并公开谴责任何经证实的腐败企图；

——打击奢侈消费以及与其当选代表职务不相符的特权；

——遵守"不屈法国"规定的透明程序，特别是与议会相关的程序；

——为了在国家社会保障体系内增加国民议会议员养老金计划而提交相关的法律提案，并为之辩护；

——在竞选期间，在其任职过程中完成与相关协会、工会、网络或集体的交流工作；

——公布其日常工作的账目。

候选人应当符合"不屈法国"所承载的价值形象，还应当代表当今被排除在政治代表领域之外的大众阶级。

为此，我们邀请工会成员、社会监督者、社团活动家、科研人员和知识分子、女权主义者、环保主义者、农民和工人阶级活动家支持党的候选人。

为竞选活动而组建的选区公民大会应选出最恰当的候选人。如有需要，可以在省内开展临时工作以促进候选人的"身份识别"、激励和分配。

"不屈法国"竞选团队应组建全国的选举代表委员会，以召集所有与国民议会有关的参与者和工作者。该委员会应确保候选人在全国的合理分配，并监督候选人的男女性别平衡、社会多样性，以及"不屈法国"的政治多样性。

法国共产党

法国共产党党章[*]

序　言

我们聚在一起成立法国共产党,是为了应对时代给我们带来的巨大挑战。为了应对这些挑战,我们应当解放所有个体,加强社会管理,促进信息、权力和财富的共享。在当今世界,人类活动逐渐沦为资源掠夺、盲目竞争、冲突战争,致使其变为一个弱肉强食、不公不法的世界。我们拒绝这样的世界,我们认为金钱强权能够被战胜,资本主义也不是历史的尽头。

我们的政治愿景是通过推翻一切形式的社会剥削、专治和异化,让每个人拥有完全的自主性和发展空间。

人类的自由、平等和互助是人性解放在共产主义中的革命性概念。

共产党人促进人民对政治的干预,以推动民主的历史进步,这是共产党人努力的主要领域。有效并平等地扩大每个人的权利、权力,增长其知识和文化素养是至关重要的,这些将有利于确保集体选择、金钱的合理使用以及有效利用资源并回应各方利益。因此共产党人致力于探索参与式民主的各种方式,以促进公民对政治的参与。

我们一方面要积极采取行动让世界更加公平和人道,另一方面也不能违背我们坚持的精神。共产主义的解放目标通过其日常的行动予以具体化,

---

[*] 来源:法国共产党网站,http://congres.pcf.fr/sites/default/files/statuts-pcf-adoptes-36-congres.pdf,最后访问日期:2018 年 8 月 20 日。

我们希望以一切可能的方式加快我们超越时代的步伐，促进自由、平等、博爱、和平，并维护我们的生态系统。共产党员对社会运动的各种力量及公民精神保持开放的心态。阶级斗争的挑战正在加剧并扩展到新的行动者和领域。共产党员应参与到所有解放斗争中去，并在社会中、企业中与其他公众场域采取行动，以挑战金融霸权、独裁，以及各种形式的社会、经济和政治强权。共产党人希望为所有人争取新的权利和政治力量。党的机关致力于完成政治决定制定过程中的组织工作，促进希望参与这一领域的人民享有平等的权利。共产党员运用每个时代相应的方式，促进公民的聚集，并致力于加强其社会和政治力量。因此，共产党全力发展有利于政治实践和政党发展的各种形式。

上述斗争在欧洲乃至全世界已经迎来了新的局面，我们已经改变了世界。一种新的社会政治形态正在发挥作用，这是一种全球性的对抗，任何选择都是有希望的。因而在今天，法国每天发生的政治对抗体现着欧洲和世界的政治对抗。

加入法国共产党的动机是多样的。这些动机来自革命斗争和国际主义的价值观、成果和创造力，来自理论上的发展及对马克思主义的期望，人们希望从资本主义中解放出来并超越资本主义，人们致力于女权斗争、人权斗争、反种族主义斗争、生态环境斗争、反战斗争、反殖民主义和帝国主义斗争，人们希望建立政教分离的社会，反对歧视和排除异己的行为，并改变青年人的命运。这些入党的动机反映的是人民希望与共产党一同发展斗争方式的强烈愿望。

入党是一种承诺，是每个人的自由选择。它意味着党员渴望了解世界并以自己的方式采取行动改变世界。为此，共产党人确定了党的结构，选择这种组织方式是为了充分提高集体的效率。

动机、经验和技能的多样性是效率的保障。为了更好地促进党的方针和决策的制定，共产党鼓励其党员在参与政治解放运动的同时，加强与社会的联系。这要求我们不断优化党的组织和实践形式，以使得在目标的选择和决策的制定过程中，党的领导者能够尊重不同的意见和声音。法国共产党的审议和辩论正是建立在这种多样性基础之上的。这使得党的决策代表党内多数人的意志，体现党的整体基础和共同利益，由此实现决策的民主。

第一节 共产党员的行动

1. 共同行动

在城市、社区和村庄,在企业和所有工作场所,共产党员组织起来,并针对社会生活中的政治问题,与所有希望促进变革的人一起行动起来,从而通过现行秩序的变革实现共产主义的目标。共产党员采取各种举措,并创造各种形式的运动,以促进集体行动和思想交流的成功。

1.1 集体责任

共产党人的集体责任是在全国的范围内,鼓励每一位党员投身于其选择的政治运动当中去。

1.2 强大的号召力

每一位党员或党员小组,党的每一个地方机构、省级机构和中央机构均应采取一切有效的举措以实施共产党的政治方案。

参与行动倡议的党员、党组织及党的机构应当充分告知相关党的机关,以在集体活动中进行充分辩论,并提供帮助、协调以及恰当的关系网络。

1.3 完全的选择自由

任何有参与意愿的人(无论是不是党员),均可参与党的行动倡议。中央、省和地方的行动倡议均应充分告知所有党员,并鼓励党员积极参与。党员可自由选择是否参与不同地方和不同形式的行动。

1.4 基层运动目标和形式的多样性

党在各地的行动应当根植于当地的生活和工作,并与社区、村庄、工作场地和其他向社会开放的部门紧密团结,以号召大家参与斗争。党在全国范围内组织共产主义运动。

这些基层关系来自共同的利益和目标,并能够促成更加活跃的思想交流,使党员或非党员更加积极地参与行动并分担责任。

共产党认为工作场所是政治、经济和社会力量的汇聚地,也是共产党组织劳动者的优先地点。

任何基层运动均允许发起人自由选择运动的形式。运动的同时可以建立一些党组、委员会、团体、工作组、网络或协调团体,以促进行动的成果,并确保参与者的民主决策。除了必要的长期性运动形式外,还可以在运动期间建立其他形式。

在党组、工作场所发起基层运动是党的各级机关的职责。

党在决定其工作模式、财务管理方法和发起运动的形式时，应当与其机构、党组、委员会、团体、工作组、网络及协调团体进行充分合作，为党的工作和行动的发起提供不竭动力。

1.5 法国共产主义青年团

对于法国共产党来说，年轻人对于改革的充分参与和自主决定，对于法国共产党的认知，有基础性的重要作用。法国共产主义青年团是我们党不可替代的重要力量。

法国共产党及其各级机关，特别是中央理事会及省理事会应当根据党的全国方针和倡议，帮助法国共产主义青年团并促进其运动的发展。法国共产主义青年团拥有独立的团体资格，它与共产党一起充分参加共产党的运动。

法国共产主义青年团是年轻人创造并为年轻人所使用的充满活力的政治、思想空间，是促进年轻人改造世界的工具。

年轻人之间的默契、倾听、平等交换和共同的政治建构，成为法国共产主义青年团、共产主义学生联合会及法国共产党之间的基础性联系。

1.6 伙伴关系

代议制度的深度危机要求建立新的政治实践方式，并要求公民的直接干预、共同合作以及伙伴关系的建立。在这个意义上，共产党员应当以合适的方式与各种进步人士之间建立合作伙伴关系。这些进步人士包括：政治运动、工会运动、社会运动以及相关的公民。在合作的过程中，共产党员应当尊重每个人的身份、具体目标及个体独立性。

这种合作的空间有助于激发社会转型的政治力量。

1.6.1 欧洲和国际行动的协同

共产党将世界上所有力量团结起来，以对抗金融霸权的全球化，并争取建立正义的世界，促进和平与共同发展。共产党员正致力于在欧洲和国际层面建立融合与活动的空间和创造性的政治模式。

1.6.2 欧洲左翼党

欧洲左翼党创建于 2004 年 5 月，其目标为"寻求资本主义和金融霸权集团的替代方案，以阻止他们将通过所谓的精英政治和经济将新自由主义的政治理念强加于人民的日常生活"。法国共产党于 2004 年加入欧洲左翼党。根据欧洲左翼党章程第1条的规定，欧洲左翼党是一个灵活、分散的党派，由独立自主的各欧洲的左翼政党和组织在共识的基础上一同工作。

根据中央理事会的建议，党员以不记名投票的方式决定加入欧洲左翼党。如有必要，党员可以相同的方式决定退出欧洲左翼党。

法国共产党中央理事会派驻代表参与欧洲左翼党大会的讨论和工作，享有投票权，遵守欧洲左翼党的章程规定，并鼓励法国共产党的全体党员参与欧洲左翼党的讨论。

2. 驱动、协同和支持

2.1 党的机关的责任

法国共产党的各级机关均有责任发展每个共产党员的政治参与能力，并增强信息的沟通。党的机关应当传达党员参与讨论的准备内容，以便让党员就重要政治问题进行磋商。为此，共产党在全国范围内鼓动、协调并支持共产党员的运动，并促进党组织的发展壮大。为此，党员应采取一切必要措施，组织相关人员，加强可促进各类运动发展的关系，并将大量的资金用于这项事业。

党组织合并的情况下，党的相关机构应当采取一切必要措施加速其融合。

法国共产党特别重视为每个人，特别是为新党员提供多样化的培训和指导，从而促使每个人可以参与党的讨论和运动。

在中央层面，各机关在中央理事会的领导下，在各自的领域从事工作。其任务是促进国家、欧洲和世界范围内的共产主义运动和政治参与的发展，并将个人纳入组织的结构网络，以促进党的运作并将之与个人的工作联系起来。

在两次党员代表大会之间，党应组织一次或数次积极分子全国会议。这些会议的任务是编写有关实施党的方针的进度报告，提供经验交流的平台，并确定下一年的有力举措。

党的机构每年应当编制预算，为党的各种活动形式提供物质和资金支持。在预算的编制过程中，各种活动的负责人应当参与讨论，并表达其目的和需求。

各活动负责人应当定期汇报其活动情况。

2.2 大区一级的机关和活动

共产主义运动应面对大区范围扩大的问题。在每次省理事会选举后，大区党员会议应选举产生大区委员会，大区党员会议由基层理事会选出的代表、联盟派遣的代表构成。联盟派遣的代表人数根据本章程第4条，按该区域党员人数的比例确定。大区党员会议选举产生大区委员会及其书记、执行长作为负责人，大区负责人应当确保大区内共产主义运动的推动和协调工作。大区委员会与省理事会一同负责选区大区内的选举，并组织相关联盟之间的必要合作。大区委员会特别负责回应大区内共产党员的工作需求，制定大区选举方案，向联盟提出有关大区的政治倡议，并与其他大区进行合作。大区委员会可就讨论的特别问题向相关人士进行咨询。

联盟应决定在大区内推行大区运动的资金使用方式。

第二节 党员的权利

3. 党员

任何有加入意愿的人均可成为法国共产党的党员。党应向党员发放党员证，载明党员的名字，以此赋予其党员资格和本章程规定的党员权利。党员证应当在制作后三个月内发放至党员手中。党员应承诺缴纳党费并遵守党内法规的规定。

党员享有的权利如下。

· 成为党员大会及其部门的成员。

· 选择加入网络、团体，并参与其讨论和行动。

· 以各种方式参与党的方针的讨论。为此，党员有权得知党员大会的时间、地点及日程，如实得知党的机关的相关信息，并有权阅览相关文件。党员可向党的机关告知其个人的或集体的意见、建议和分析成果。党员有权得知党的后续行动。

· 有权接受培训，特别是新党员的培训。党员培训应符合党员的意愿并符合其承诺的活动目标。

党的机构应当为党员权利的保障和实现创造充分的条件。

生活在国外的法国共产党员可选择其行使权利的支部，或由中央理事会将其分配到相应支部。

为了实现中央理事会的职责，法国共产党设立地方网络以促进运动的开展。

4. 党的最高权力

党的最高权力属于党员。党员通过省理事会或中央理事会，以各种方式在其居住或工作的地方以个人或集体的形式组织并参与共产主义运动，设立支部。支付党费的党员拥有投票权。省财务协会（ADF）负责记录和确认党费的缴纳情况。

代表人数的确定应以缴纳党费的党员数量为依据。

4.1 磋商和投票

法国共产党鼓励全体党员参与决策的事前讨论。举办会议的执行人员和机关应确保在讨论前党员可得到会议的相关信息及文件材料，并得知会议的地点、时间、议程及选票。会议就多个问题进行磋商时，会议应就每个问题分别进行专门表决。除此以外任何其他的选票均被视为无效。在投票日的三个月前已缴纳党费的党员才能参与投票。相关地区的执行长应当设立一个委员会，以争取更多的党员参与到会议中，并负责组织投票站的设立，及确保投票的顺利进行。该委员会应当在投票开始前根据ADF的记录制作注册投票人的名单。相关投票人以及机关（包括支部执行长、省理事会、中央理事会）有权查阅该名单。投票当日缴纳党费的党员可参加投票，并由该理事会将当日缴纳党费的党员纳入投票人名单。

投票应以个人名义进行，党的各种职位或负责人的选举一般应以不记名投票的方式进行。如果相关机关的成员要求进行不记名选举，则必须依据其要求进行。

中央会议投票及候选人的选定投票均允许远程投票和委托投票，受托人应同为党员，并应保证匿名。

投票结束后应在投票地进行计票，委员会成员应当制作记录并签名。投票结果应交给助理并立即告知各级相关机关及委员会，并附上投票记录、投票人名单，及有争议的选票。委员会有权确定争议选票的效力。

4.2 决议

党的各级负责人均应当根据法国共产党的全国方针，以多数决做出决议。党员选出的机关应当在公共领域为党员与合作者，及其他组织关系的维系创造条件。

出现争议的情况下，党员有辩护权及表达自己观点的权利。

5. 地方及省级机关

5.1 支部

支部汇集位于同一行动区域的一个或多个市镇的党员，或同一企业的党员。在一个地区、一个行动区域，或一个企业，只能设立一个支部。支部的设立由相关党员共同决定。

为了促进政治生活的丰富、民主和高效，多个市镇的党员可以汇聚在一起创建一个支部。在这样的支部中来自不同市镇的党员可以分别对其市镇的议题进行审议。

如果在一个支部中，党员的数量过多以至难以召开全体党员会议，党员可决定在各党组进行会议，或召开分散会议。

党组汇集在同一工作场所的党员或同一地区的党员，使党组织内党员的数量便于发展党的基层活动。

若某大型企业与行动区域在一个或多个市镇内重合，那么该区域内的党员可以自由决定组成党组或支部。

如果某企业或行动区的活动跨省，则该区域内的党员可决定成立合作团体或联盟附属的支部，并与该省联盟的党员协调一致。

5.2 联盟

联盟汇集同一省内的党员。这些党员通过其在省党员代表大会中的代表，及其选举的省理事会行使最高权力，党员行使权力的方式由省理事会确定。

6. 资深党员联合会

党内的资深党员承载了法国共产党重要的记忆，这些构成了历史斗争和政治经验的特殊遗产。资深党员及斗争历史联合会汇集这些党员并鼓励其参与讨论。资深党员联合会在党的中央机关领导之下确定其自身的工作规则。

7. 党的机关

党的机关构成均应遵循男女性别平衡原则，并充分代表党内及社会的多样性。机关工作的效率建立在其工作方式多样性的基础之上。党的各级机关均限制职务的兼任和反复连任，一般而言，一人在九年内不得担任同一管理职务。

7.1 党的权力机关

党的权力机关包括以下部分。

· 支部党员大会在基层代表党员的利益并发起活动。支部党员大会召集支部的全体党员参加,组织并促进该支部全体党员权力的行使。党员权力的行使应当与地方和企业党组紧密联系。支部党员大会是党员分析问题、提出建议、做出决议并组织活动的场所。支部党员大会选举该支部的执行长和书记。

· 省理事会对省内的宏观问题和微观问题做出决议,它应当与相关支部党员大会保持联系。

· 中央理事会代表全体共产党员。在两次党员代表大会期间中央理事会是党的最高权力机关。

7.2 中央理事会

中央理事会召集全国大会,参会人包括中央理事会成员,省理事会选举的代表,国民议会、参议院及欧洲议会中的共产党团当选代表。

7.3 各机关的职权

各机关自主决定其运行方式、日程及工作机制。各机关会议应当至少每半月举行一次。

各机关应选出其财务主管。

各省或地方机关对于其管理和决策承担全部责任,无论涉及财务管理还是人力资源的使用,以及对规则的遵守。各省或地方机关的代表为地方机关或省的书记。

党的各级机关应当选出一名执行长,负责监督该机关的工作。地方委员会执行长应监督支部党员大会的召开,省委员会执行长负责监督省理事会的召开,中央执行委员会负责监督中央理事会的召开。

各级机关可在其内部组建委员会或工作组,负责筹备、讨论和决策。机关可授权相关委员会或工作组就特定的问题进行决策。

根据全国党员代表大会的规定,各级机关应在其负责的区域实施党的方针政策,特别是讨论和整合委员会和团体的工作。各级机关拥有政治决策权,其决策需经多数同意后通过。决议做出后,各级机关应当保证决议得到尊重和落实。

7.4　中央理事会主席

中央理事会应选举中央理事会主席。

中央理事会主席负责协调和筹备会议的组织。

他/她应当为共产党员及党的工作组、委员会、网络的参会准备提供条件，并确保会议日程能够充分体现他们的活动。他/她应确保会议讨论的民主性，并制作会议报告。

他/她应当确保中央理事会成员与中央执行委员会保持联系。

7.5　执行委员会的选举

省的执行委员会及中央执行委员会由相关机关根据同级书记的建议选举产生。为了在提出建议时吸收集体意见，书记应参考各省或中央的代表委员会的意见。

7.6　执行委员会

执行委员会负责在相关地区实施党的方针政策。执行委员会应为此采取所有必要措施。执行委员会促进和协调工作组的行动，并从其成员的多样性中汲取财富。汇聚多样化的元素有利于确保法国共产党整个政治组织的发展。执行委员会应当将其行动向有关机构报告，这些机构包括：支部党员大会、省理事会及中央理事会。

7.7　地方书记、省书记，及中央书记的职权和责任

地方书记、省书记，及中央书记负责实施相关机关的决议，这些机关包括支部党员大会、省理事会和中央理事会。为此，各级书记应当领导并协调各级执行长的行动，并可以征求执行机关成员的意见。各级书记可以党的名义参与公共生活，并确保党签署的政治协议得到遵守。各级书记应将党的讨论、倡议以及中央理事会或全体党员以多数决做出的决议传达到各级党员，并推动党的活动及民主生活的发展。各级书记应监督党的章程得到遵守。

第三节　党员代表大会

8. 党员代表大会

共产党员应召开党员代表大会以选择党的方针，选举地方执行委员会及党的中央和省级机关。支部党员大会即地方的党员大会，省的党员代表大会及全国党员代表大会共同构成党员代表大会。

党员会议至少每三年召开一次，中央理事会应制作并决定党员会议的日程。在三分之一的省理事会或10%的党员要求下，党员会议必须召开。上述10%的党员应当来自至少三分之一的联盟，并代表各联盟至少10%的党员。全国党员代表大会可筹备召开省党员代表大会，在全国党员代表大会未筹备的情况下，省理事会或联盟内10%的党员可请求召集特别省党员代表大会，这10%的党员应当来自至少三分之一的支部，并代表各支部至少10%的党员。

党员会议应实施党的政治方针、举行党的机关选举，并实现党的两个目标：汇聚绝大多数党员参加有关集体选择的辩论及投票，并允许有不同选择的党员就替代方案进行投票。意见的多样化是党员的权利和本党运作模式的重要原则。

9. 办公室

在地方、省和中央，根据各级执行委员会的建议，可选举产生办公室。办公室可以接替任期届满的执行委员会或理事会，并采取各种措施组织会议讨论和投票，以便党员和党员代表可以掌握决策的过程。

办公室可以在其内部成立一个委员会，以协助其工作并负责根据各方就共同的议题开展讨论。办公室还可以成立负责候选人事务的委员会，该委员会由办公室代表以及各支部至少一名代表（为省党员代表大会服务）或各联盟至少一名代表（为全国党员代表大会议服务）构成。

10. 代表的选举

地方党员大会、省党员代表大会选举其在上一级会议的代表，代表应遵循男女性别平衡原则，并应当分别遵循省理事会和中央理事会规定的方式以及代表表达的不同意见。支部的所有党员以及省党员代表大会的代表均可在按期缴纳党费后成为候选人。未当选为代表的省理事会成员及中央理事会成员应分别参加省党员代表大会及全国党员代表大会的工作，但没有投票权。

11. 方针的选择

11.1 采取共同的讨论基础

中央理事会应确定会议日程，以明确讨论的主题和问题。它应当在一个月内征求共产党员提出建议。所有党员个人或集体、支部党员大会、省理事会均可就议程的部分或全部内容提出建议。会议讨论的内容应由共产党员自主决定。中央理事会根据各方建议，应当制定共同的讨论基础作为党员代表大会议程的基础。这些措施均旨在汇聚尽可能多的党员的才智，以做出共同的选择。中央理事会应当在之后的七日内将讨论基础计划告知所有党员。在这一期间，按期缴纳党费的三百名党员可一起提出讨论基础的替代方案。这些党员应来自至少四分之一的联盟。每个联盟签名者人数不得超过该联盟总人数的10%。这些党员的签名应附上缴纳党费的证明，并可通过签名为替代方案提供支持。讨论基础的替代方案应当涉及党员代表大会的议程，并确保大会议程的一致性和协调性，另外，该替代方案的范围及规模不得超过中央理事会确定的讨论基础。

所有文本均应附上主要方针的简述，简述的长短应当相同。

中央理事会应当设立一个委员会专门负责确保讨论的透明性。各方提出的建议经其同意后生效。

共同基础计划应告知党员。党员大会应当就共同基础计划进行投票，以决定地方党员大会，以及省和全国党员代表大会的共同讨论基础，得票最多的文本成为共产党员最终的共同讨论基础。

11.2 方针的投票

地方党员大会的全体党员，及其在省党员代表大会的代表可以对共同基础进行讨论，并就其部分或全部进行修改。修改后的文本应提交投票，并将投票通过的文本提交全国党员代表大会讨论、修改并表决。

12. 候选人资格及党内机构的选举

12.1 候选人申请

每个按期缴纳党费及党龄超过三个月的党员可以主动申请或被其他党员推举成为党内各机关的候选人，候选人资格应当经过支部党员大会或省党员代表大会的同意。所有机关所属的委员会均可推荐本地的候选人。

12.2 理事会候选人

支部党员大会、省理事会或中央理事会可选举产生各级党员代表大会的理事会以确保候选人资格和信息的透明度。省党员代表大会的委员会应包含各支部代表，中央党员代表大会的理事会应包含各联盟代表。候选人申请应当在各级代表大会开幕前四十八小时提交给委员会。该委员会应当向全体党员公布其工作成果，包括候选人名单和交存的候选人申请。党员代表大会开幕之后，委员会应将其工作成果提交给党员代表大会办公室，包括提交给地方执行委员会、省理事会和中央理事会的推荐名单，及全部交存的候选人申请。

12.3　不记名投票

地方党员大会及省党员代表大会经过讨论并听取选举事务委员会的建议后，以不记名投票的方式选出相关地方的候选人。选举结果以及被淘汰的候选人名单应当报送相关层级的负责信息透明的委员会。

12.4　党内机构选举（地方执行委员会、省理事会、中央理事会）

党员代表大会的成员根据办公室的召集参加讨论。讨论内容应涉及所有被提交并生效的候选人申请。根据共同讨论基础，办公室应提出一份候选人名单，该名单应遵循性别平衡原则，并能保障机关的领导和工作的效率（参见第一节第2条）。该名单的组成必须确保能够公平代表在辩论中表达的不同意见，以确保党员代表大会的大多数成员可以做出共同的选择。在地方执行委员会、省理事会和中央理事会的选举中，该名单构成向书记提交的建议。

上述努力均是为了通过一个共同的名单，党员代表大会成员对于名单有异议的，可以提出名单的替代意见，并向党员代表大会推介。他们可以在候选人名单中选任一名代表，并在随后的阶段内参与完成对该名单的讨论和表决。

候选人的替代名单应当在选举事务委员会首次会议前被提交给党员代表大会办公室。

该替代名单应当与合议名单一样满足下列条件。

·遵循性别平衡原则。

·能够代表不同的地区（中央理事会选举的名单人员应来自至少四分之一的联盟，省理事会选举的名单人员应来自数个地方）。

·替代名单的候选人人数不得超过合议名单的人数。

·中央理事会选举中，替代名单应当得到来自至少四分之一联盟的10％的党员代表大会成员的推介。

·省理事会选举中，替代名单应当得到来自至少四分之一支部的20％的党员的推介。

·不得在多个名单上推介候选人，也不得推介一个名单但支持另一个。

·名单上应当包含书记的意见。

·办公室应当在推介的名单中选出最终名单。与其他名单全部或部分合并的名单不算在内。如果名单的合并未能完成，那么可保留最初提交的替代名单并对之进行表决。党员代表大会成员选任的代表应当通知选择结果。

·表决以不记名投票的方式进行，投票中不得对名单进行添加或删减。名单上获得最多选票的候选人当选。选举结果的通报还应当包括候选人的比例、得票数量以及其他名单中的候选人。各级书记应来自获得最多选票的名单。

第四节　资金来源及管理

13. 共产党员行动的资金

共产党的行动资金来源于以下部分：党员缴纳的党费、捐赠、当选共产党员缴纳的费用、党的机构募集的资金及公共捐赠。

党的资金由省和中央的财务协会收取。全国或欧洲的当选公职的党员费用由中央财务协会收取，其他资金由省财务协会收取。

党员大会以及党的省级机构、中央机构均应通过资金的使用尽可能接近基层党员，以发掘其要求，并提供其行使权利的条件。

共产党员每年应在必要时讨论并决定使用资金的手段和方式。党员们应制定预算，并有责任按照预算开展行动。

14. 财务主管的职权

财务主管与地方、省和中央的领导集体一同为共产党员的活动筹集资金。财务主管应当监督各级机关使用资金的方法，以提高党的政治效率和资金使用效率。党在向当选公职的党员及其党团活动提供资金时也应如此。

各级财务主管应当在相应的党员代表大会中报告任期届满的领导机关管理和实现预算的情况。

15. 党费

15.1　一般党员党费

各级党的机关均应与党员保持紧密联系，以募集党费。这些联系同时也是法国共产党其他经费来源的必要条件和基础。

一般党费的缴纳应当以个人的方式进行。各地应当根据实际情况，以便于各支部财务主管、党员及党组的方式收取党费。党员应当将党费转入法国共产党的省财务协会，共产党应根据法国有关政党财务的法律规定向党员开具收据。党费的缴纳是每个共产党员行使投票权的基本前提。

党费的总额应当为全部收入的1%，固定基数为每人每年12欧元。对于无收入的人士、资金有限或家庭负担较重的人士，党费金额可根据具体情况有所调整。

党费的资金应分属支部、联盟和中央理事会三个部分。根据党的共同决议，各机关的预算应当包含各地方、省或中央根据基层需求，向党的特定机关提供的资金援助。

15.2 当选公职的党员党费

法国共产党的当选成员不因其职位而享有额外收入。除了一般党费以外，当选公职的党员还承诺将其任职的收入捐赠给共产党。国家议员应当将当选公职的党员党费交给财务协会，地方当选公职的党员则应交给省财务协会。当选共产党员通过此类党费的缴纳为相关地方的资金募集做出贡献。共产党在与各方讨论后，为当选公职的党员的履职提供必要的手段。如果当选职务使得党员需要减少或暂停其职业活动，相关机关有权决定允许该党员保留部分补偿性的收入。

党员缴纳当选公职的党员党费后，共产党应根据法国有关政党财务的法律规定向党员开具收据。

16. 捐赠

捐赠应当是永久性的。党因捐赠而获得的资产根据捐赠的性质和目的而决定分配。对获捐资产的分配应当经过集体辩论而决定。

17. 资金募集委员会

各联盟的省理事会可建立一个资金募集委员会，该委员会的成员应当包括财务主管、理事会成员，且每个支部应至少派驻一名代表。

该委员会在省理事会的领导下，通过财务主管的工作，明确党的资金状态，并采取各种措施组织并促进资金的募集。

该委员会确保并监督党费得以依法公平地在各机构之间分配。

在中央层面，资金募集委员会的职责由中央执行委员会承担。

18. 共产党账户的监管

1988年关于政党资金管理的法律允许政党获得公共捐赠。我们党应当在相关操作完成后的7月30日前，在全国竞选账户和政治财务委员会下建立一个账簿，并由两名财务专员审核（财务专员应负责确认账簿的合法性且明确资金不得来源于法人)。

在党的实践中,除了全国竞选账户和政治财务委员会外,只有中央理事会及属于该账户认证范围内的联盟才有资格向省联盟、中央理事会及竞选账户提供资金。任何其他法人或实体(包括支部、党组、协会等)均不得向党内机关提供经费。

第五节　当选公职的共产党员

19. 候选人

党员应决定以党的名义推介并支持候选人参与各种选举。

19.1　候选人建议

在征集候选人申请后,向党员大会及党的省级和中央机关可以提出候选人建议,并将个人候选人推介给党组织。候选人结果应告知居住在选区内的党员。

19.2　党员与党的机关一同提出相关选区内的候选人建议,并经过如下程序决定候选人资格的效力。

在市镇选举、市镇间合作公共机构选举,及城区议会选举中,由坐落于相关市镇的支部党员大会(或支部党员大会与相关省理事会一同)决定候选人资格的效力,具体安排如下:

在居民人数多于20000的市镇选举中,由支部、联盟及中央理事会一同决定候选人资格的效力;

在区级选举及巴黎议会选举中,由省理事会决定候选人资格的效力;

在大区选举中,由大区党员会议决定候选人资格的效力;

在立法机关选举和参议院选举中,由中央理事会根据省理事会的意见决定候选人资格的效力;

在欧洲议会选举中,由中央理事会决定候选人资格的效力;

在总统选举中,由中央理事会举办的全国大会决定候选人资格的效力。

共产党人在选举中除了应当严格遵守法律之外,还应遵循性别平衡原则。性别平衡原则应指导所有的行政工作。党员们应当为候选人的更迭和性别平衡创造更好的条件,以避免职务的兼任和反复连任。

19.3　选票为党员及其代表或代理人所使用,选票上应载明候选人建议。在立法机关选举和参议院选举中,选票应当提交中央理事会确认后生效，以检验其是否符合党的政治方针。

上述程序均为了保障候选人计划能够体现最广大党员或其代表的意见。除此之外，其他候选人申请也需要提交投票。获得最多选票的候选人成为党内机关（党员大会、省理事会、大区党员大会、中央理事会、全国大会、党员会议）的选择。

19.4 党员的投票

党员应当以个人名义对候选人投票，选票为不记名选票。获得大多数选票的候选人绝对胜出。在投票最后，只有最终选出的候选人能够获得法国共产党的提名，并有权使用党的徽标并以党的名义签名。如果需要保留另一名候选人，那么相关党内机关可以暂停该党员的权利。

20. 当选公职的党员

共产党提名的当选公职的党员通过普选获得其职务。当选公职的党员应当通过采取各种措施鼓励公民的政治参与以发展党的运动。

在各议会中，共产党的当选公职的党员可决定单独或与其伙伴共同组建党团并选出其负责人或集体组织者。

在各级选举中，共产党的当选公职的党员应当确保集体团结，并促进人民的民主参与。

共产党的当选公职的党员应当与全国共产党员和共和党人联合会的当选者团结起来。该协会鼓励当选者在服务人民的具体工作中提出多样化的意见，并以其职务对人民负责。该协会提供交流经验及行动和集会方式的场所，并促进党与其他社团和机构进行合作。

来自党内各级不同机关的共产党当选公职的党员应定期合作和交流，并尊重各自的职责。这样才能丰富各自的思想和意见，并提升工作效率。

第六节 责任与合作者

21. 报酬

21.1 共产党负责人

共产党选举的各级负责人均可实施、优化或辞离其职务。为了鼓励这些政治活动，他们有权获得报酬，报酬金额由相关机关决定。

21.2 雇佣的合作者

为了有效使用其资金，党的机关为了满足其工作需求，可以与不同职业的人士进行合作，并按照其资质给予报酬。创立雇佣合作者的职位后，党组织应承担起雇主的责任和社会义务，并充分培训受雇佣的劳动者。这些雇佣合作者的合同应当明确载明工作的目的及条件，并根据劳动法的规定服从雇主的领导。

22. 负责人与合作者的培训

为了限制负责人职务的兼任和反复连任，党组织应当让政治负责人的竞争达到必要的水平。党组织将全部或部分领导职务委托给政治活动家，促使他们通过工作获得政治上的进步。其担任的各种职务使他们获得更多的技能和知识。党内机关应当向相关政治活动家提供必要的培训，以确保其回归职业活动的可能性。

第七节　纠纷和争端解决

23. 纠纷和争端解决规则

纠纷解决机制的设置是法国共产党民主制度的保障。中央纠纷调解和争端解决委员会能够为争端的解决提供思路，并着力于寻求合适的调解方案。在任何情况下，政治辩论过程中的党员主权及其多样性原则均应得到优先考虑。

如果一名党员认为党的某项决策在他/她看来有失公平，那么他/她即可向有关机关（地方、省或中央机关）提出申诉。该机关必须向相关个人和机关进行调查以寻求解决纠纷和争端的积极方案。该机关若无法发现纠纷解决办法，则可向中央纠纷调解和争端解决委员会申请解决。

24. 中央纠纷调解和争端解决委员会

中央纠纷调解和争端解决委员会及其主席由党员代表大会选举产生，并通过党员代表大会获得正当性。

该委员会不得参与政治决定的辩论，但可以就特定正式言论是否符合章程的精神和规定发表意见。委员会应就当事各方提供的书面文件进行调查，并主持意见的交流、对抗和讨论程序。委员会结合各方观点提出意见。

委员会应尽快将其决定告知当事各方，其决定对当事各方均具有约束力和执行力。

25. 党员的开除和权利中止

违反中央纠纷调解和争端解决委员会决定的党员可受到权利中止的处

罚。故意违反人性尊严、损害人类基本价值的完整性、腐败以及加入其他政党的行为均可作为开除党籍处罚的依据。

开除党籍由被处罚的党员所属的机关或其他相关机关提出。

提出建议的机关应向中央纠纷调解和争端解决委员会提出申请，以确认或驳回开除的建议。

第八节 《人道主义》

《人道主义》是共产党的刊物，它在法国媒体中扮演独创性的角色。它对现有秩序提出质疑，对未来提出预见，发出人类解放的新声，并促进共产主义的社会变革。

共产党员是《人道主义》杂志的守护人，他们应当参与对于社会转型有益的共产主义刊物的维护。报纸《若雷斯》也是为了这一目标而创造发展出来的。法国共产党的党员可以在阅读上述刊物的过程中丰富其思想及政治运动，激发其批判精神，并扩大其作为共产主义战士的光辉。这些刊物应当通过其社会运动，积极发行扩散，并着力增加读者。

党的监督理事会参与并维护党的报刊。该理事会应确定这些刊物的宏观方针，并确保方针的正确实施。它有权任命《人道主义》杂志的主任委员及其主席作为负责人。他们承担完整的责任并发挥充分的创造力。

第九节 章程的修改

只有全国党员代表大会有权修改本章程。

中央理事会可以决定颁布内部条例，并由一个中央委员会负责制定该内部条例。该委员会由中央理事会成员，及各联盟代表组成。内部条例应当经中央理事会表决通过后生效。

国民联盟（原"国民阵线"）

国民联盟章程[*]

（2018年3月10日党员大会通过，2018年6月1日党员大会修正）

第一章 一般规定

第1条 目标

国民联盟党创立于1972年，是一个旨在根据1958年10月4日《宪法》第4条的规定，促进法兰西共和国的选举表达和多元民主的政治实体。

本党认为所有法国公民不分籍贯、种族、宗教信仰在法律面前一律平等，并捍卫国家的主权、独立性和同一性。

本党保卫共和国社会的统一、世俗性和民主性，并保卫国家在本土和海外领地的领土完整。

本党尊崇思想和表达自由，并支持民有、民治、民享的政府。

第2条 名称、标志

本党的名称为"国民联盟"，首字母缩写为"RN"，其标志为被空心圆圈环绕的三色火焰。

国民联盟青年团的标志与国民联盟相同，首字母缩写为"RNJ"。

---

* 来源：法国国民阵线网站，https://www.rassemblementnational.fr/statuts-du-rassemblement-national/，最后访问日期：2018年10月31日。

第 3 条 联合总部

本党的住所地设在楠泰尔省瑞士卢 78 号。

中央办公厅（行政理事会）有权向省长请示后选择和更改党的住所。住所变更后，党主席应当再向党员大会做出报告。

第 4 条 期限

国民联盟党为无限期政党。

第 5 条 财产

党的财产只能产生于党签订的协议，包括领导干部在内的任何党员均不得以个人名义单独或共同取得党的财产。

第 6 条 党的经费来源

党的经费来源由以下部分构成：

1. 党员根据党的内部条例缴纳的党费；

2. 党的财产所产生的利息和孳息；

3. 捐赠、遗产以及其他合法财产；

4. 1988 年 3 月 11 日第 88 – 227 号法律规定的公共捐赠；

5. 党向其成员或第三人提供服务而产生的财产，特别是培训、专家咨询、宣传服务及其他所有党直接或间接参与的合法活动；

6. 为了推介本党及党的代表而进行的销售取得的财产。

党员缴纳党费的条件由内部条例予以规定。

第二章 党员

第 7 条 党员资格

所有有志于实现党的目标的自然人或法人，若拥护本章程的规定并足额缴纳相应的党费，即可成为本党党员。党费金额和类型每年由中央办公厅予以规定。

党员缴纳党费的条件由内部条例予以规定。

新加入或资格更新的党员应当宣布拥护本章程的规定，并承诺遵守内部条例的规定及党的机关对之做出的指令。

党的中央办公厅，其办事机关或其主席可全权对入党申请做出审查决定。

若某人的入党申请或党员资格更新的申请被拒绝，且其认为该拒绝决定缺乏依据，可在得知拒绝决定后的八日内向党主席提出异议，党主席应当在两个月内作出裁决，党主席的裁决为最终决定。入党申请的救济不收取任何费用。

加入国民联盟者不得依规定或事实上加入其他政党或政治团体，除非中央办公厅依职权或依当事人的申请给出明确的同意意见。

第 8 条　党员资格的丧失

在下列情形下，党员资格丧失：

1. 自然人的死亡或法人的解散；

2. 辞去党员身份；

3. 期满超过 12 个月未足额缴纳党费；

4. 因严重的理由而被除名或开除；

5. 除了本章程第 7 条规定的例外情形，而依规定或事实上加入其他政党或政治团体；

6. 在选举期间，成为与党的候选人相竞争的其他候选人或支持竞争候选人。

第三章　党的机构

第 9 条　机关

党的机关包括执行机构、议事机构和咨询机构。

1. 以下机构为执行机构：

- 党主席；
- 行政理事会办公室下设的执行局；
- 行政理事会下设的中央办公厅。

2. 以下机构为议事机构：

- 常规召开或特别情况下召开的党员大会；
- 中央委员会。

3. 以下机构为咨询机构：

- 中央委员会扩大会议；
- 地方当选党员理事会。

党的机构选举时禁止委托他人代为投票。

第 10 条　党主席

1. 选定

党主席候选人应当由中央委员会扩大会议内至少 20% 的成员在内部条例规定的期限内推荐。推荐党主席候选人的中央委员会扩大会议成员应当按期缴纳党费，且一名成员只能推荐一个候选人。

党主席由常规党员大会选出，选举结果以有效选票多数决的方式产生。

2. 任职期限

党主席任职至下一次党员大会召开时期满。

3. 职权

党主席负责召集党员大会及中央办公厅会议。

党主席全权代表党参与民事活动，有权提起诉讼、进行上诉、达成和解。党主席可以在其认为必要的情况下任命一名党员作为其代表参与司法活动。

党主席负责主持执行机构和议事机构的会议，若出现支持和反对票数相同的情况，党主席的意见作为最终结果。

党主席可根据中央办公厅的意见，以数字信息方式或邮寄方式向缴费党员咨询问题。被咨询的党员可以是全部党员、某一类型党员，或来自某一地区的党员。咨询的具体方式由内部条例予以规定。

4. 替换

党主席因疾病或其他原因无法履职的情况下，应当由副主席代为履行职权（若副主席有数人，则由第一副主席代为履职）。若第一副主席无法履职，则由其他副主席按照任命顺序代为履职。

若党主席和副主席均无法履职，则由中央办公厅中党龄最长的成员代为履职，若有数名成员党龄相同，则由其中年龄最高的成员代为履职。

5. 特别规定

若中央办公厅发现党主席未能履职，根据前款规定代为履职的副主席应当在六个月内召集党员大会。

第 11 条　执行局（行政理事会办公室）

1. 任命

执行局成员的任命依据本章程第 15 条规定的方式进行。

2. 任职期限

除了本章程第 14 条规定的情况外，执行局成员任职至下一次党员大会召开时期满。

3. 组成

党主席、财务主管及所有副主席均为执行局的当然成员。

4. 职权

执行局在党主席的主持下领导党的工作，有权以各种方式行使广泛的职权。其纪律监督权利由本章程第 25 条规定。

执行局有权任命财务专员。

第 12 条　财务主管

财务主管应管理账目，每天记录前一日的收入、支出及物品核算。

财务主管负责处理与党的财产有关的一切事物；在党主席的监督下处理相关款项的支付和接受。非经中央办公厅同意，财务主管不得动用保留基金。

财务主管应记录其所有的日常操作，并向党员大会报告工作，如有必要其管理行为需要经过党员大会的批准。

第 13 条　总代表和/或总书记

党主席可任命一名总代表和/或一名总书记，任命方式与执行局其他成员的任命方式相同。

第 14 条　中央办公厅（行政理事会）

1. 组成

包括副主席及财务主管的中央办公厅及执行局成员由党主席提名并由中央委员会批准通过。上述成员应当是按期缴纳党费的党员，经过中央委员会多数决投票选举产生。

根据党主席的建议，中央办公厅可改变执行局的组成。

党主席或中央办公厅四分之一以上成员可召集中央办公厅会议。

党主席可邀请任何党员或任何对其主题或工作有益的党外人士以咨询者的身份参加行政理事会的会议，并在他们的帮助下设立特定目标的研究委员会。党主席可邀请联盟的负责人参加会议，以保持中央办公厅与各联盟的联系。

中央办公厅的所有会议中，只有其成员有权对审议的内容进行投票。

中央办公厅需有至少四分之一的成员出席，才能进行有效审议。

中央办公厅成员的职务没有酬劳。

2. 职权

中央办公厅对党的管理问题进行审议，除了专属于执行局、党主席或财务主管的事项，中央办公厅还应当就党的政治方针和政策进行决议。

中央办公厅批准党主席和财务主管所做的购买、租赁或其他维持党的运行的必要行为。

中央办公厅批准主席和财务主管对党的财物所做的必要转让。

中央办公厅有权决定因党主席、财务主管，或其他中央办公厅成员勤勉工作而发放一定数额的津贴，这笔津贴并不具有待遇性质。

中央办公厅每年应制作结算账目。

中央办公厅监督其成员的行为，并对其成员的行为负责。

中央办公厅对党与其他社团联盟的关系做出规定。

3. 任职期限

中央办公厅成员任职至下一次党员大会召开时期满。

其成员可再次当选。

4. 中央办公厅书记

副主席或第一副主席（有数名副主席时）应担任中央办公厅书记。

中央办公厅会议记录应当进行专门登记并存档，并经党主席及副主席签名。

副主席负责与通信和档案有关的所有事务。

副主席负责编写会议记录以及所有与党的运行有关的文书工作，会计工作除外。

副主席应负责1901年7月11日法律第5条规定的登记事务和1901年8月16日政令第6条至第31条规定的登记事务，并确保登记应采取上述条文规定的形式。

第 15 条　中央委员会

1. 组成

中央委员会中至少有100名成员由党员大会选出，20名成员由党主席任命。

无论有任何理由，中央委员会成员如果三次没有参加咨询会，则可视为被中央办公厅辞退。

党主席候选人在其任职期限内均是中央委员会的当然成员。

2. 职权

中央委员会每年至少召开一次会议，会议由党主席召集，中央委员会就党的大政方针采取决议，并向中央办公厅提出意见。在中央理事会会议期间，其成员之外的第三人有权根据《内部条例》的规定请求在会议日程内增加议题。

中央委员会根据党主席的建议批准中央办公厅和执行局成员的任命。

3. 委托

中央委员会成员可委托另一名成员作为其代表，任何成员最多只能代理一个中央委员会成员。

4. 任职期限

中央委员会成员任职至下一次党员大会召开时期满。

中央委员会成员被免职、辞职或死亡时，党主席可临时任命另一名成员代为履行其职权直到中央委员会下一次换届。

第 16 条　中央委员会扩大会议

1. 组成

中央委员会扩大会议由中央办公厅成员、中央委员会成员、联盟负责人、全国或欧洲议员、省议员、大区议员以及居民人数超过 5000 人的城市市长组成。

中央委员会扩大会议成员应当是按期缴纳党费的党员，除非中央办公厅做出例外的决定。

2. 职权

中央委员会扩大会议是党的咨询机构，其会议由党主席召集，会议日程由中央办公厅决定。会议对党的工作内容展开讨论。

第 17 条　地方当选党员理事会

1. 组成

地方当选党员理事会由党内的市镇议员、市长、省议员、大区议员组成。

2. 职权

地方当选党员理事会由中央办公厅召集，并围绕地方管理和地方组织的问题进行讨论。

第 18 条　常规党员大会

常规党员大会召集本章程第 7 条规定的所有党内成员。其决议对缺席的党员具有拘束力。原则上常规会议每三年召开一次，由党主席通过个别通知、媒体通知或数字电子通知的方式召集，会议的召集应至少提前 15 日。

根据中央办公厅的请求，由中央委员会投票通过后，党员大会可推迟十二个月召开。

1. 权利核实

党员只有按期缴纳党费后才享有常规党员大会的投票权。

2. 委托

党员不得委托他人代为参加常规党员大会的投票。

3. 日程

中央办公厅负责制定会议日程。其他的提案如果要党员大会审议，则需要由来自至少 10 个联盟的 1000 个代表（已按期缴纳党费）签名，并在会议前至少八日提交至书记处。

4. 常规党员大会职权

常规党员大会听取并批准党主席和财务主管的报告。如有需要，大会还需接收并批准办公室其他成员的工作报告。

党员大会负责选举党主席及中央委员会的 100 名成员。大会全权决定有关党的运行问题以及所有列入会议日程的问题，专属特别党员大会职权范围的问题除外。对于中央办公厅、党主席、财务主管为了完成党的目标而做出的不违反 1901 年 7 月 1 日法律的行为，如果本章程尚未对其授予足够的权力，党员大会可以予以批准。

第 19 条　特别党员大会

1. 召集

在例外情形下可召开特别党员大会，特别党员大会由党主席自主召集或党主席根据至少五分之一党员的书面申请召集，召集申请应向书记处提交。根据申请而召集的情况下，会议应在申请交至书记处存放后的三个月内召开。

2. 权利核实

党员只有按期缴纳党费后才享有投票权。

若支持和反对票数相同，则以党主席的意见作为最终结果。

3. 委托

党员不得委托他人代为参加特别党员大会的投票。

4. 会议日程

中央办公厅负责制定会议日程。

5. 特别党员大会职权

特别党员大会对紧急问题做出决定。大会可单独决定章程的修改，可以决定党的延期、解散以及与其他有相似目标的社团的合并。

6. 党的名称变更

若特别党员大会投票通过变更党的名称，则应自动修改章程中的相关内容，无须就新的章程进行投票。

第 20 条　党员大会的召集

1. 召集方式

党主席通过个别通知、媒体通知或数字电子通知的方式召集党员大会，会议的召集应至少提前 15 日，召集函应包含会议日程。

2. 多数及电子投票

党员大会的审议应以出席党员或远程投票党员的多数意见通过决议。除了党的领导机构选举外，多数决可以举手表决的方式进行。

根据党主席或执行局的建议，中央办公厅可以决定常规党员大会或特别党员大会投票以电子投票的方式进行。

在这种情况下，副主席应确保各联盟向党员提供必要的信息通信手段。

3. 会议审议的记录

党员大会的审议内容应由一名中央办公厅的书记记录于登记簿，并由参与审议的中央办公厅成员签名。

中央办公厅的审议内容应由一名中央办公厅的书记记录于登记簿，并由该书记及党主席签名，书记还可发放由他证明符合原件的复印件。

第 21 条　党员大会的会议报告

提交给党员大会的报告应当保持更新，并可依申请发放给党员。

第四章　联盟

第 22 条　联盟

中央办公厅有权建立联盟、地方支部或工作组。

中央办公厅根据其负责联盟事务的成员的建议任命联盟或工作组的负责人。中央办公厅有权在任何时候以相同的方式解除他们的职务。上述措施应当为党的利益而服务，并非义务性的，且任何人不得就上述措施提出异议。

除了中央办公厅做出延期决定外，联盟负责人的任期不得超过五年。

第 23 条　全国青年联盟

中央办公厅可创建青年人的特别联盟。其运行方式和组织模式由中央办公厅通过的一个内部条例规定。

其负责人由党主席任命。

第五章　纪检和纠纷调解机构

第 24 条　纠纷调解委员会

纠纷调解委员会负责监督党员对章程和内部条例的遵守、对违反党内法规的行为实施惩戒，并对内部纠纷进行裁决。

纠纷调解委员会的组成和运行规则由专门的内部条例规定。

纠纷调解委员会可就相关问题向党主席提出建议。

除党主席之外的中央办公厅成员均可向纠纷调解委员会提出申请。

第 25 条　执行局的纪检监察决定

若纠纷涉及中央办公厅或执行局成员，则相关的纪检职能由执行局根据党主席的申请履行。

执行局以多数决通过裁决，任何人对其裁决不得上诉。

若出现支持和反对票数相同的情况，以党主席的意见作为最终结果。

第六章　内部条例

第 26 条　内部条例

中央办公厅有权制定并修改内部条例，内部条例对于党的内部运作的条件予以规定。

只有内部条例能够规定本章程的实施细则，及党的目标的实现方式。

内部条例在必要时可以就党员资格及纪检机构可实施的惩戒措施进行特别规定。

纠纷调解委员会及全国青年联盟可制定其内部条例。所有内部条例均应由中央办公厅批准。

第七章 解散

第 27 条 党的解散

党自愿或被迫解散时，特别党员大会规定党的财产的移交。若党员大会无法召开，则由中央办公厅决定财产的移交，党的财产不得移交给党员。特别党员大会或中央办公厅在清偿社团债务、清算费用党员薪金后，可决定接受社团剩余财产的公共机构或私人机构。它们还可为实现上述目标而指定一个或多个机构并授予其必要的权力。

第 29 条 法定手续

党主席或其授权的其他人应以中央办公厅的名义完成 1901 年 7 月 11 日法律和 1901 年 8 月 16 日政令规定的宣告、公布及回执索取的相关手续，它们既涉及社团的创立手续，也涉及社团变更时的常规报备手续。

2018 年 6 月 1 日于楠泰尔省
国民联盟党主席
玛丽娜·勒庞
国民联盟副主席
斯蒂夫·布赫尧

国民联盟内部条例[*]

（2018年6月25日由中央办公厅通过）

其根据国民联盟党章程第26条规定制定，以补充和明确党的内部运作的条件。

第一章　党员

第1条　党员资格

1. 党员资格由《章程》第7条规定。

2. 党的中央办公厅，其办事机关（执行办公室）或其主席可全权对入党申请做出审查决定。

第2条　党费

1. 党员应在每年入党的周年日之前缴纳相应的党费，以延续其党员资格。

2. 党费分为以下几个标准：

- 未满25周岁的党员：15欧元；
- 低收入党员：30欧元；
- 一般党员：50欧元；
- 夫妻党员：80欧元；
- 支持者党员：90欧元；
- 捐助者党员：130欧元；
- 荣誉党员：250欧元以上。

3. 党费以如下方式缴纳：

- 以支票向财务协会或个人财务专员支付党费；
- 在国民联盟党的网站使用银行向财务协会转账；
- 现金支付（超过150欧元的党费不得使用现金支付）。

---

* 来源：法国国民阵线网站，https：//www.rassemblementnational.fr/reglement-interieur-du-rassemblement-national/，最后访问日期：2018年10月31日。

4. 党员可以帮助夫妻、同居者、直系尊亲属或直系卑亲属代付党费，除此之外禁止代他人支付党费。

第 3 条　党员资格丧失

1. 党员资格的丧失由《章程》第 8 条规定。

2. 党员因严重的理由侵害党的利益而被除名或开除（《章程》第 8 条第 4 款）的包括以下几种情形：

背信弃义，故意不配合党的活动；

侵害党的形象，对党的运行或党员的组织造成混乱，或对外公布党内不合；

在选举期间，成为与党的候选人相竞争的其他候选人或支持竞争候选人；

严重腐败失信的行为；

滥用党的管理权力。

3. 《章程》第 8 条第 4 款、第 5 款、第 6 款规定的情形应当由纠纷调解委员会根据《章程》第 24 条规定的情形进行裁决。

纠纷调解委员会适用其自己的内部条例，有权向党主席提出建议并最终由党主席做出处罚决定。

4. 若纠纷涉及中央办公厅或执行局成员，则相关的纪检职能由执行局根据党主席的申请履行。

第二章　机关

第 4 条　党主席

1. 党主席的职权由《章程》第 10 条规定。

2. 根据《章程》第 10 条第 3 款的规定，党主席有权聘用党工，并决定党工和组织机构的等级结构。

3. 党主席可委派特别代表从事党的民事法律行为（员工聘用、借款合同签署、公证行为等）。

第 5 条　财务主管

1. 财务主管的职权由《章程》第 12 条规定。

2. 根据 1988 年 3 月 11 日第 88-227 号关于政治生活资金透明的法律第 11 条，国民联盟应当通过财务协会及自然人财务专员获取财产。党的财产所产生的孳息归国民联盟所有。

第 6 条 执行办公室（行政理事会办公室）

1. 执行办公室的组成和职权由《章程》第 11 条规定。

2. 根据党主席的建议，中央委员会批准执行办公室成员和数名副主席的任命。

3. 执行办公室根据《章程》第 25 条规定行使纪检职能时应实施以下规定。

（1）党主席无法履职时，由副主席（若有数名副主席则由第一副主席）主持执行办公室的工作。

（2）执行办公室有权做出以下处罚决定：

·警告；

·禁止参加党的活动，或禁止担任党的政治领导人；

·暂停职务（期限由执行办公室规定）；

·开除。

另外，执行办公室可在例外的情况下建议其他相应的处罚措施。

（3）在最严重的情况下，执行办公室可以要求以当事人临时停职作为预防措施，直至终局决定告知当事人。

（4）执行办公室可以挂号信的方式传唤当事人，挂号信应附收据回执。当事人应亲自出庭，不得委托他人。他若愿意，也可选择律师或特定的党员协助其出庭。当事人应在开庭的两日前将协助其出庭的人员身份报告给执行办公室。

传唤函寄出二十日后可进行开庭审理。传唤函应当载明被传唤人受指控的事实、其应受到的处罚，以及出庭的其他当事人姓名。

（5）被传唤者有权阅览档案材料。

（6）执行办公室有权传唤或庭审其认为必要的当事人。

（7）执行办公室、被传唤者，及相关证人均有权发表声明。

（8）根据《章程》第 25 条的规定，执行局以多数决通过裁决，任何人对其裁决不得上诉。若出现支持和反对票数相同的情况，以党主席的意见作为最终结果。

（9）执行办公室成员应保守其在审议和投票时知晓的秘密。

（10）执行办公室的所有纪检监察决定均应当说明理由。

（11）执行办公室认为有必要时有权决定推迟庭审或裁决。被传唤者有充足理由时可向执行办公室提交报告申请推迟，执行办公室只能批准一次推迟申请。

（12）执行办公室的处罚决定应当以附回执的挂号信寄送给当事人。

第 7 条　中央办公厅（行政理事会）

1. 中央办公厅的组成和职权由《章程》第 14 条规定。

2. 保密

国民联盟党员、领导，特别是中央办公厅和行政办公室成员均应对国民联盟保持忠诚。党员不得做出对党的诋毁行为，不得损害党的声誉，或损害党的良好运行。上述人员应正式承诺，不以任何方式披露国民联盟的信息和文件或与其代表和领导人相关的信息和文件。上述人员均对其所知的事实具有普遍的绝对保密义务。忠诚保密义务所及事项包括党员与国民联盟所签署的协议。任何违约者应受到处罚，国民联盟也有权要求损害赔偿，并保留任何其他追诉的权利（包括刑事处罚）。上述人员还应当明确承诺保持其履行职权过程中所持有的文件和材料的完整性。

3. 根据《章程》第 14 条第 1 款，党主席可邀请联盟的负责人参加会议，以保持中央办公厅与各联盟的联系。

各省负责人参加会议的规定（包括人数、时间、选择标准等）由中央办公厅确定。

第 8 条　中央委员会

1. 中央委员会的组成和职权由《章程》第 15 条规定。

2. 党主席每年至少召集一次中央委员会。党主席应当在会议召开的十五日前以信件或电子邮件方式将召集函寄送给参会人员。召集函应附上执行办公室制作的会议日程。

3. 第三人有权请求在会议日程内增加议题，请求应当以书面方式于会议召开的五日前提交给党主席。

第 9 条　中央委员会扩大会议

1. 中央委员会扩大会议的组成和职权由《章程》第 16 条规定。

本条例中，大城市议员视为省议员。

2. 党主席有权请求召开中央委员会扩大会议。党主席应当在会议召开的十五日前以信件或电子邮件方式将召集函寄送给参会人员。召集函应附上执行中央办公厅制作的会议日程。

第 10 条 地方当选党员理事会

1. 地方当选党员理事会的组成和职权由《章程》第 17 条规定。

本条例中,大城市议员视为省议员。

2. 地方当选党员理事会主席和副主席的人选应当由党主席提名,并由执行办公室批准。其任职至下一次党员大会召开时期满。

3. 地方当选党员理事会由中央办公厅召集。中央办公厅应当在会议召开的十五日前以信件或电子邮件方式将召集函寄送给参会人员。召集函应附上中央办公厅制作的会议日程。

4. 地方当选党员理事会应围绕地方管理和地方组织的问题进行讨论,并向中央办公厅提交报告。

第 11 条 常规党员大会

根据《章程》第 18 条的规定,常规党员大会即党员会议。常规党员大会的所有选举活动均应当在执行员的监督下进行。

1. 日程

(1) 党员会议原则上每三年召开一次,会期由中央办公厅确定。根据中央办公厅的申请,中央委员会可决定将党员会议延期十二个月召开。

(2) 根据党主席的建议,中央委员会可制定选举附则,以明确其日程和操作规程。该附则应公布于党的网站。

2. 候选人

(1) 副主席或第一副主席(有数名副主席时)应当在党员会议召开的四个月前以书信、电子通信、媒体、官方网站等方式向党员告知党主席选举和中央委员会选举候选人资格提交的条件。提交候选人申请的时限应载于选举操作日程之中。

(2) 中央委员会候选人资格审查开始于接收选举申请的最后一日。候选人应当有两年以上的党龄,按期缴纳党费,且遵守其与党签订的财务协议。

候选人资格审查应当在副主席或第一副主席(有数名副主席时)的监督下进行。对候选人资格条件的异议可向执行办公室提出。

(3) 根据《章程》第 10 条的规定,党主席候选人应当由中央委员会扩大会议内至少 20% 的成员推荐。

推荐党主席候选人的中央委员会扩大会议成员应当按期缴纳党费，且一名成员只能推荐一个候选人。

候选人推荐函应使用指定的格式，并以附收据的挂号信的方式寄出。推荐函寄送的期限应载于选举操作日程之中。

候选人资格审查应当在副主席或第一副主席（有数名副主席时）的监督下进行。对候选人资格条件的异议可向执行办公室提出。

（4）候选人申请提交期限届满后，党内应成立选举委员会。选举委员会的组成人选由副主席或第一副主席（有数名副主席时）提名，并由中央办公厅批准。党主席候选人可选择一名中央委员会扩大会议成员作为其在选举委员会中的代表。

3. 选举机构和选举方式

（1）投票人应满足以下条件：

· 在党员会议召开之日已年满16周岁；

· 在选举操作日程规定的日期当日已按要求足额缴纳党费。

（2）获得绝对多数选票的候选人当选党主席。每位投票人只能将选票投给一个候选人。

若党主席候选人超过两人，则应举行两轮投票。

第一轮投票以前述方式进行，投票日与中央委员会投票日相同。若第一轮投票中没有获得绝对多数选票的候选人，则应组织第二轮投票。第一轮投票中得票数最多的前两名候选人可参加第二轮投票，投票方式与第一轮相同。

（3）得票最多的前100名候选人可当选中央委员会成员。若候选人得票数相同，则年龄较大者胜出。若候选人死亡、辞职或被开除而丧失候选人资格，则由得票数的后一名递补。

在中央委员会选举中，选票上的候选人以字母顺序排列，投票人在其选择的候选人姓名之前画叉。每位投票人最多能选择100个候选人。

4. 投票方式

（1）邮寄投票

投票人应在选举操作日程规定的日期收到以下材料：

· 出席党员大会的召集函，召集函中包含独特的条形码以识别投票人身份并确保其仅能投票一次；

·党主席和中央办公厅选举候选人的介绍名单；

·邮寄投票所需的其他材料（选票、寄回的信封）。

选举规程载明为确保选举公正，投票保密和尊重选民意图所做的其他规定。

（2）电子投票

投票人应在选举操作日程规定的日期收到以下材料：

·出席党员大会的召集函，召集函中包含投票人在网站上投票所使用的唯一匿名标识；

·党主席和中央办公厅选举候选人的介绍名单。

选举规程载明为确保选举公正，投票保密和尊重选民意图所做的其他规定。

5. 计票和选举结果的宣布

（1）计票的方式由选举规程予以详细规定。计票应当在选举委员会和一名执行员的当面监督下进行。

（2）选举结果在党员会议当天宣布。

（3）选举结果宣布后十日内，相关人员可对选举提出异议。

6. 报告

（1）常规党员大会应听取党主席的道德报告和财务主管的财务报告。办公厅的其他成员应向大会提交工作报告。

（2）出席会议的党员以举手表决的方式决定是否通过报告。

第 12 条 特别党员大会

特别党员大会的职权由《章程》第 20 条规定。

特别党员大会中进行的选举均应在一名执行员的监督下进行。

1. 日程

（1）规定会议日程的选举规程由党主席提出，并经中央办公厅批准。选举规程应在党的官方网站上公布。

（2）党内应成立选举委员会。选举委员会的组成人选由党主席提名，并由中央办公厅批准。

2. 选举机构和选举方式

（1）投票人应满足以下条件：

·在党员会议召开之日已年满16周岁；

・在选举操作日程规定的日期当日已按要求足额缴纳党费。

（2）特别党员大会的投票实行有效选票多数决。

（3）如果特别党员大会的召开是由于紧急原因而需选举党的领导机构，则应按照常规党员大会的选举方式进行投票。

3. 投票方式

（1）邮寄投票

投票人应在选举操作日程规定的日期收到以下材料：

・出席特别党员大会的召集函，召集函中包含独特的条形码以识别投票人身份并确保其仅能投票一次；

・提交表决的项目计划；

・邮寄投票所需的其他材料（选票、寄回的信封）。

选举规程载明为确保选举公正，投票保密和尊重选民意图所做的其他规定。

（2）电子投票

投票人应在选举操作日程规定的日期收到以下材料：

・出席特别党员大会的召集函，召集函中包含投票人在网站上投票所使用的唯一匿名标识；

・提交表决的项目计划。

选举规程载明为确保选举公正，投票保密和尊重选民意图所做的其他规定。

（3）投票箱投票

特别党员大会可使用投票箱投票，并实行有效选票多数决。

4. 计票和选举结果的宣布

（1）计票的方式由选举规程予以详细规定。计票应当在选举委员会和一名执行员的当面监督下进行。

（2）选举结果的公布由选举规程规定。

（3）选举结果宣布后十日内，相关人员可对选举提出异议。

第三章　选举和提名

第13条　提名

党内应成立全国提名委员会以完成代表党参加选举的候选人提名工作。

除非执行办公厅做出相反的决议，提名委员会负责所有选举的提名工作。

全国提名委员会由党主席主持工作，并包括一名主席、一名副主席及十一名成员。

全国提名委员会成员由党主席任命，其任期至下一次党员大会召开时届满，该职位可以重复担任。

第四章 联盟

第 14 条 省联盟

1. 联盟负责人即"省代表"，其任命和罢免由《章程》第 22 条规定。联盟负责人接受任命后应承诺履行党授予其的职责。

2. 联盟名称的表述为"某省联盟"，并使用党的标志。联盟自己设计的特别标志应至少包含三色火焰，并经负责联盟工作的中央办公厅成员批准。

3. 除非负责联盟工作的中央办公厅成员有相反意见，省代表可任命或罢免省办公厅成员。省代表应当将省办公厅的组成和成员变动情况即时报告给负责联盟工作的中央办公厅成员。

4. 省办公厅应至少包含一名省代表、一名助理省代表、一名省财务主管，及一名省党员招募秘书。

省办公厅的组成人员可按照其主管事务分类，如媒体主管、信息联络员、社会网络主管等；也可按照行政地区分类，如选区主管、区域主管等。

5. 地方行政主管、省、大城市和大区的当选党员、超过 5000 人城市的市长均为省办公厅扩大会议成员。

6. 助理省代表、省财务主管，及省党员招募秘书负责辅助省代表的工作。上述人员须承诺在其职务结束时归还与其活动有关的所有材料和文件。

7. 只有省财务主管有权使用联盟银行账户，且财务主管也不得通过联盟账户进行支付。未经全国财务主管同意，省代表和省财务主管均不得代表党签署合同（例如借贷合同）。

8. 省财务主管在履职当日应签署一份工作守则，其内容由中央办公厅拟订。

9. 《章程》中的"联盟负责人"代指省代表以及各项任务的负责人。

第五章　咨询

1. 根据《章程》第 10 条第 3 款的规定，党主席可根据中央办公厅的意见，以数字信息方式或邮寄方式向缴费党员咨询问题。

2. 被咨询的党员可以是全部党员、某一类型党员，或来自某一地区的党员。

3. 中央办公厅应根据党主席的意见制作一份规程规定咨询的具体方式。该规程应公布于党的官方网站。

第六章　有关内部条例的规定

1. 本条例是由中央办公厅（行政理事会）根据《章程》第 26 条颁布的，之前的内部条例版本均立即失效。

2. 本条例与党的《章程》一样均对所有党员具有约束力。

3. 本条例可根据需要进行修订，修订的程序与其颁布的程序相同。

4. 本条例应公布于党的官方网站，并应寄送给各联盟新当选的省代表。

2018 年 6 月 25 日于楠泰尔省

国民联盟党主席

玛丽娜·勒庞

欧洲环保－绿党

欧洲环保－绿党党章[*]

（2016年6月第4版，2016年5月8日的章程由全体党员投票和2016年5月28日的党员大会通过）

党的价值及基本原则纲领

欧洲环保－绿党确认2001年于堪培拉通过的世界绿色宪章为全体环保政治组织的基本文本，并吸纳欧洲和世界重要人权保护文本作为基本原则。

欧洲环保－绿党的所有合作人和党员应当宣布遵守以下价值和原则。

·为人类后代保护自然环境和生态系统的责任及面对可预见的灾害时的预见和预防性干预原则。

·保护生物多样性，捍卫生命，并在人类和自然之间建立尊重的和非暴力的联系。

·每个人均有权在洁净的受保护的环境中生活。

·通过重新部署能源资源和大规模的节能政策抵抗气候变化。

·自由支配时间的权利、个人发展及共享发展的权利。

·拒绝忽视地球资源有限性的生产本位主义和无限增长的教条主义价值观。

·承认因特殊利益而存在不可转让的公共财产。

---

[*] 来源：欧洲环保－绿党网站，https://eelv.fr/les-statuts/，最后访问日期：2018年4月2日。

· 根据社会正义而减少社会不平等,并反对任何形式的人类剥削。

· 在人与人之间、代与代之间、地域与地域之间或概括地说,在全社会确保团结一致,和资源财富的公平分配。

· 提倡有节制的生活,对自由主义经济、掠夺逻辑、竞争和浪费所带来的毁灭性后果进行反思。

· 有必要通过加强社会经济、合作经济,促进非市场板块发展,严格管理金融市场的方式,来发展建立在生产和消费模式生态转型基础上的替代性经济手段。

· 思想自由、表达自由、集会自由和传播自由。

· 在个人的整个生命过程中,享有个体解放和意志自治权,接受教育、培训的权利,文化权,健康权。

· 人民有掌握自己命运的权利和民主治理的权利。

· 在尊重政教分离的原则并确保个人有不可转让的自主决定权的情况下,享有宗教信仰自由。

· 反对国家独裁,确保人民享有程序正义的权利和生活隐私受到尊重的权利。

· 异议和抵制压迫的权利,打击一切形式的专制主义和极权主义。

· 承认多样性是社会财富的一部分。

· 保护多元性,尊重少数群体及其权利。

· 促进语言多样性,保护地方文化。

· 保护人性尊严,并承认其优先于任何司法裁判。

· 任何人均有改造、重新获得尊重和重返社会的权利。

· 确认女权主义对于男性和女性均具有解放性的价值。

· 反对种族主义任何形式的歧视,无论是基于性别、性取向、性别认同、社会或民族出身、肤色、语言、年龄、伤残、疾病或任何其他情形。

· 打击腐败,并促进经济、金融领域以及政治领域决策的透明度。

· 接纳并主动团结政治、经济和环境难民的义务。

· 和平、宽容及非暴力的文化,支持裁军。

· 反对核武器,支持放弃民用核能。

· 建立以国际团结、合作为基础的新型南北关系。

· 捍卫民主,即使是以"紧急保卫地球"的名义也不能专制地做出决策。

·支持全球化的、民主的、公平的治理举措。
·支持联合的、社会性的、环保的、民主的欧洲建设。

序　言

我们，参与行动的公民、党员、活动家决意创造一个团结在环保政治旗下的政党。我们认为当今有急迫的必要性来创造一种新的权力和责任文化以深化改革我们的民主，使得它能够包含社会的所有财富和多样性。也即，我党深层次地回应了变革的迫切需求，并希望与某些个人实行的侵吞政治决裂。本党支持对外开放，团结所有生活在世界上的人，并支持他们的解放、自决和对不平等的抗争，并将团结和责任作为行动的动力。

我们决意一道建设的政党会超越传统政党的形式，并在传统功能中加入有活力的网络、最大限度的公民主导，以及那些不愿意等待明天，而是现在就参与变革，以创造各地美好未来的人们所提出的日常动议。

我们希望本党建立在尊重每个人的发言、体验和参与的基础上，并通过其地方网络和活动家一直创新和再创新。我们希望本党内各层次的所有活动家从永久行动计划的制定到选举活动的参与，均享有不变的提案权。在政策、计划和项目的制定中，所有人都如其所愿，自由参与公提案和评论。

本党是政治的、民主的并遵循多数主义。本党遵循宪章规定的原则，宪章与本章程具有同样效力。

我们进行的是一项冒险的事业，我们并非不知创造一项新的事务比重复既存的事务更困难。但为了进步，必须承受风险，发挥想象力，去创造和调整。我们既不能恐惧也不能空想，而是应当寻找新的答案以及实现它们的新方法。

运作原则如下。

－在一人一票之基础上实现党员的平等。

－在运作中遵循示范原则。

－在内部和外部的职务任命、候选人的选定中遵循性别平衡原则，并实施合适的均衡的选举模式。

－在内部和外部的所有负责人选定中承认社会多样性。

— 严格限制内外职务的兼任，不论是同时兼任还是相继兼任。

— 在所有层面确保民主：联盟制、从属制、当选者的代表性、分权。

— 在全体或特定多数决的过程中遵循多元主义，并同时尊重少数者。党员有退党的权利。

— 欧洲环保-绿党实行分化的联盟制，由联盟构成，并在地区内以地方网络作为组织形式。

— 财务独立透明：欧洲环保-绿党所有预算和公共账户均是透明的。

— 欧洲环保-绿党是独立的，尤其独立于国家、公权力、私人企业、社会团体和任何性质的压力。

— 在集体行动和积极行动中采取新形式的权利。

— 获得信息的权利。

— 获得培训的权利。

— 通过适当的机构以非暴力的方式解决纠纷。

第1条 建立

拥护本章程的自然人根据1988年3月11日第88-226号组织法（该法经1990年1月15日法律修改）建立本政党或政治团体。

本党是欧洲绿色党的成员，并服从2001年于堪培拉通过的世界绿色宪章所确立的原则。

第2条 名称

本政党的名称为欧洲环保-绿党。

第3条 目标

欧洲环保-绿党致力于实现下列目标。

· 提倡环保的、民主的社会变革，并为此发起相关项目。

· 将本党有关修正公共政治的主张付诸公众讨论和选举投票。

· 确保在有欧洲环保-绿党成员担任代表的组织或行政机关内，其政治主张的遵从和实施。

· 发动社会力量并调动所有积极性参与到这场社会变革中。

· 参与环保方面的公众教育。

第4条 基本原则

欧洲环保-绿党是合作网状结构的政党。

欧洲环保-绿党属于致力于发展环保政治的更广泛的共同体。为此，本党发展并强化其组织，并与拥护本党价值和目标的组织发展持续的伙伴关系。上述组织成员可依照合作协议的约定成为本党组织的一部分。合作协议的主要作用是明确共同的组织模式、明确上述组织成员在各个机关尤其是地方大会中的代表，并规定上述组织成员如何参与项目酝酿和联合决策。

加入欧洲环保－绿党的自然人同时也是欧洲环保－绿党的全国组织成员。加入欧洲环保－绿党的自然人同时是且只能是一个欧洲环保－绿党的大区组织成员。

欧洲环保－绿党的大区组织直接且排他地与欧洲环保－绿党相联系，并由后者整合其账户。欧洲环保－绿党的每一名党员均应拥护章程及其附件，并应拥护世界绿色宪章。欧洲环保－绿党每个合作网络的成员均应拥护党的价值宪章和世界绿色宪章。

欧洲环保－绿党确保深化民主并超越政党形式的缺陷。本党在更广阔的机构和组织生态系统中开展活动，它超越了政党政治的单一功能，并深入社会生态。

党的地区组织由相关大区内的居民构成。

联盟理事会决定大区的划分，在国外永久居住的法国人可共同构成一个"大区"，无须采取法国行政区划的结构。

大区组织的章程和内部条例应当与联盟组织的章程和内部条例一致，当出现二者抵触的情形时，适用全国的党内规范，欧洲环保－绿党的内部条例规定大区章程的基本元素。

地方网络构成欧洲环保－绿党的基本单位，地方网络的建立和运作由党的内部条例及大区章程规定。除了获得相关大区政治理事会或联盟理事会同意的情况外，地方网络在任何时候都不得具有法人资格。地方网络根据内部条例规定的模式采取跨大区的组织形式。

党员应当享有表达自由和讨论自由的权利，但同时也应当遵循党根据本章程和内部条例做出的决定。任何人都不得以党的名义采取与党的原则、价值决定相左的姿态。党员在不同意组织的意见时都有放弃投票的权利。如果一个职位由两个人共同担任，这两个人应当是不同性别的。

第5条　住所地

党的住所地为巴黎10区圣马丁街路247号。党的住所地可以根据联盟理事会的决议而迁往别处。

第 6 条　存续期限

欧洲环保－绿党是无固定存续期限的政党。

第一章　环保政治组织

第 7 条　含义

欧洲环保－绿党是全球环保政治组织的一员，并为之提供动力。

该组织由一个合作网络、一个政党和一个资源中心构成。

加入环保政治组织的成员可以选择加入合作网络的团体，还是政党的团体。

第 8 条　组织大会

1－任务

组织大会是召集环保政治组织中的合作网络团体和政党团结进行集会的地方。它可以为整个环保政治组织制订行动计划。组织大会每年至少召开一次。

2－构成

组织大会由来自大区合作网络的 30 名成员和来自政党的 30 名成员构成。组织大会成员的产生办法由各自的内部条例予以规定。

3－运作

联盟理事会主席负责召集组织大会。组织大会可全权以内部条例或宪章的形式制定其自己的规则。该规则应当明确合作网络和政党之间的运作模式，特别是外部的代表条件、参加合作人选举的条件，以及违反这些条件时的惩戒措施。

第 9 条　组织大会管理小组

1－任务

组织大会管理小组的任务是筹备组织内部活动并调动其积极性。它是在组织大会和联盟理事会确定的行动方向下，组织大会参与各方交换意见的场所。

组织大会管理小组在联盟理事会或组织大会的两次会议期间召集。

管理小组负责制作组织大会的议事日程。

2 - 构成

组织大会管理小组由 8 至 16 名成员组成。其中一半来自合作网络团体，另一半来自政党团体，且来自政党团体中的一名成员应当为行政办公厅的成员。组织大会管理小组的成员数量每年由组织大会规定。组织大会管理小组成员的产生办法由各团体的内部条例予以规定。

第 10 条　地方网络——欧洲环保 - 绿党的地方组织

地方网络汇聚欧洲环保 - 绿党的党员和合作人，是欧洲环保 - 绿党的基层讨论和集会机构，有提案权，并代表本级机关。

地方网络组织地方的行动、竞选和地方政治提案。地方网络负责保证欧洲环保 - 绿党在地方的统一行动。

地方网络每年至少召集一次党员和合作人会议。该会议通过特定方式确定地方网络的目标，协调行动，并选定行动队。地方网络同时筹备积极分子活动，特别是在竞选期间根据地方小组和环保之家的建议开展积极分子活动。

相邻的地方网络可以建立联合会。

第二章　合作网络

第 11 条　含义

欧洲环保 - 绿党在个人和集体的多重合作关系基础上展开行动，并与所有环保政治组织下的团体结成关系。合作网络的功能是支持所有致力于产出和汇聚生态保护知识和技术的提案与行动。为了实现这一目标，欧洲环保 - 绿党通过项目和公共政治的形式提出可行的政策建议，并进行政策推广。

合作网络是环保政治的横向联结点。

第 12 条　合作人

12 - 1　合作网络

合作网络聚集所有合作人。

12 - 2　个人加入合作网络

加入合作网络的人需满足以下条件：

1. 支付会费，金额由合作网络规定；
2. 拥护环保政治组织的宪章及世界绿色宪章。

合作网络成员资格因如下原因丧失：

1. 辞退；

2. 死亡；

3. 未如期缴纳年度会费；

4. 暂时或永久开除（根据合作网络宪章规定的条件，相对人有权事先做出解释）。

12-3 双重身份党员

欧洲环保-绿党的合作网络向其他与本章程规定的价值相符的政党党员开放。有其他政党党员身份的合作网络成员不得在欧洲环保-绿党的机关中代表合作网络。

第13条 合作联合会

为了在社会中传播欧洲环保-绿党的政治计划，党向已组建的环境协会或非正式团体开放。欧洲环保-绿党可以与上述组织签署中央或地方层面的合作协议，以明确交流合作的性质。

第14条 合作网络的机构

合作网络拥有自己的运作规则。

在中央层面

组织大会管理小组应根据运作规则确定的方式任命两名协调人。

- 一名协调人负责合作网络的财务管理。
- 一名协调人负责合作网络的邮寄名录管理。

在大区层面

每个大区根据自己的方式选出两名合作网络协调人，并由相关大区的政治理事会批准生效。

- 一名协调人负责大区内合作网络的财务管理。
- 一名协调人负责大区内合作网络的邮寄名录管理。

第15条 专题委员会

本党建立专题委员会。它参与方针的制定，并提出政策建议。它向所有人开放，并在内部选出其组织者。

第16条 转移给合作网络的财产

第一年的党费和捐款应被编入合作网络的预算账户。组织大会管理小组可以每年决定参与党的资金管理。

欧洲环保－绿党财务主管和合作网络的财务协调人之间的功能分配由组织大会运作规则决定。

账户的注销：在财政年结束时，合作网络预算项目的余额将转入合作网络账户。

第17条　网络管理的全国代表

全国组织大会可任命一个全国合作网络管理代表和一个副代表。

第三章　政治组织

第一节　成员

第18条　党员

拥护本章程及其附件、拥护欧洲环保－绿党的价值宪章和世界绿色宪章的自然人可以加入本党。党员应当按照内部条例规定的方式及时缴纳党费。

个人党员通过地方小组入党，或在不以地理单位为划分标准的其他小组加入欧洲环保－绿党，如企业小组、主体小组，或与中央特定利益相关的其他小组。

不以地理单位为划分标准的其他小组由中央行政办公厅管辖，并由中央行政办公厅审查其组建申请。此类小组的成员也可以在行政上从属于其居住地的地方小组，并在地方小组享有内部和外部的投票权。

政治组织的党员在常规和特别党员大会上对于其管辖范围内的集体决定有个人投票权。

党员可以根据章程规定的条件建议举行全体党员投票。

除了特别规定外，党员可以同时属于另一个政治实体。

欧洲环保－绿党一直关心党员的长期培训。为此，党制定了一系列培训措施。地方网络特别需要迎接新成员，并在新成员入党的第一个月向他们提供地方网络所属地区的培训。

第19条　入党

党的成员即为党员。

相关的大区组织可以以申请人的立场有悖党的基本方向为由拒绝入党申请。被拒绝入党申请的当事人可以向规定的机构提出申诉。任何党员如果对某个有全国影响力的人入党之事有疑义，可向联盟理事会提出异议。

全国理事会可对该入党申请作出终局裁定。

第 20 条　党员资格的丧失

1－除名

党员资格因如下原因而丧失：

· 根据内部条例规定的方式辞退；

· 死亡；

· 未按照内部条例规定的条件按期缴纳年度党费；

· 因为严重的错误而被暂时或永久开除（根据合作网络宪章的规定的条件，相对人有权事先做出解释）。

2－党员除名和重新入党的程序

所有开除或暂停党员资格的决定均应告知所有大区组织。根据内部条例的规定，当事人可以向联盟理事会提出政治申诉。

被欧洲环保－绿党除名的人可以在至少一年的期限过后再次申请入党。联盟理事会出席成员以三分之二的多数同意其入党申请时，其重新入党即生效。

第二节　大区和地方组织

第 21 条　地方小组——政治组织的基层机构

地方小组是政治组织的基层机构，并在地方聚集党员。地方小组代表政治组织并以自己的名义从事活动。地方小组负责组织党员培训，告知政治组织的提案和意见，发展党的活动和民主生活。地方小组筹备并组织所有属于政治组织的活动并监督活动良好融入政治组织，并在更广泛的层面使其融入地方网络。

党的内部条例规定地方小组的条件和管理规则。

党内应每年召开一次地方小组代表大会。

第 22 条　地方小组的合作

地方小组可以在省、大城区和全国进行跨区域的合作，也可以在同一个大区内实现跨两个省的合作。大区层面做出的合作决定应当符合大区章程。

第 23 条　大区

政党在大区层级的组织划分可以和大区的行政划分不同。

大区组织可以根据全国内部条例的规定制定并修改其自己的章程和内部条例。大区组织的章程和内部条例不得有违背党的党章和内部条例的规定。

大区应当遵守党的原则和党员大会、联盟理事会做出的决定，地方小组对之进行监督。

大区政治机构聚集大区内的地方小组和地方小组的党员。

大区拥有法人资格，可以加入全国层面的财务管理，也可以掌握自己的财务，但需要经过全国竞选账户和政治财务委员会的批准。

第 24 条　大区政治理事会

大区政治理事会是大区的议事机构。除了中央和大区章程特别规定的例外情形，大区政治理事会以内部条例规定的多数票通过决议。

大区党员大会至少每三年召开一次，根据内部条例规定的标准选定大区政治理事会成员，并在其内部选出男女数量均等的大区执行办公室成员。

大区章程根据中央内部条例的规定确定大区政治理事会当选成员的数量。

大区政治理事会的当选成员分为两部分：地方小组代表和大区党员大会的当选成员。地方小组应当根据内部条例规定的条件代表大区政治理事会 50% 的成员。

大区政治理事会必须包含大区的一个合作人代表团，并拥有言论自由。

第 25 条　大区仲裁委员会

每个大区内部应设立一个纠纷的预防和裁决委员会，并由内部条例规定其构成、任务和职能。

第三节　联盟理事会

第 26 条　联盟理事会

1 - 构成

联盟理事会根据内部条例规定的方式选出 120 个当选成员，任期为 3 年。

联盟理事会应当包含相同数量的男女成员。

联盟理事会由如下成员构成：

· 由大区党员选举产生的 80% 的当选代表及其候补代表；

・由中央党员选举产生的 20% 的当选代表及其候补代表。

以下的成员为联盟理事会咨询成员：

・专题委员会的负责人；

・大区负责人的代表；

・欧洲环保－绿党在欧洲绿党的代表；

・12 名国民议会、参议院和欧洲议会党团代表，各自议会党团选出 4 名。

2－联盟理事会办公室

联盟理事会办公室负责确保联盟理事会决议的顺利实施。联盟理事会第一次会议时根据内部条例的规定选出其办公室成员。

联盟理事会办公室成员应包含联盟理事会主席，联盟理事会主席由联盟理事会根据内部条例规定的方式选出。

联盟理事会办公室成员有权根据内部条例规定的条件受到津贴，发放津贴的决定由联盟理事会根据财务委员会的意见做出。

联盟理事会办公室成员可在内部条例规定的条件下被解除职务。

3－联盟理事会的财务委员会

联盟理事会应在全体大会后的第一次会议上选出一个特别的财务委员会。该委员会与国家财务主管和财务专员讨论财政事务。内部条例规定联盟理事会的财务委员会的构成。财务委员会由联盟理事会产生，但独立于行政办公室。财务委员会的运行模式和召集模式由其内部条例规定自主决定。财务委员会应拥有行使其职权所必要的权力。

4－参与组织大会

联盟理事会是组织大会的组成部分并参与其全部工作。

5－合作人的参加

应从志愿的合作人中选出 20 名成员参与联盟理事会的工作，并使其在联盟理事会中有发言权。他们负责确保联盟理事会和合作网络的密切联系。

第 27 条　任务

联盟理事会是欧洲环保－绿党中央政治机构的领导机关。它负责在党员大会确定的政治框架下，为了实现党的目标，根据组织大会或其方针理事会的建议确定党的全国政治方针。

联盟理事负责投票通过预算，除了联盟大会或全体党员投票就此问题做出决定。联盟理事会有权代表欧洲环保－绿党提起诉讼。

第 28 条　权力

联盟理事会每年至少召开一次，其会议由其办公室、其四分之一成员、半数分支机构，或中央行政办公厅召集。其办公室对联盟理事会的良好组织肩负集体责任。

联盟理事会办公室负责编写会议日程，并与行政办公室展开合作。日程编写前，当选代表和主体代表均可以书面形式向联盟理事会办公室提交议事建议。

联盟理事会主席有权参加中央行政办公厅的会议。

第四节　行政办公厅

第 29 条　组成

行政办公厅的成员根据内部条例规定的方式，在党员大会中选出。

行政办公厅成员数量为 11 至 15 人，其中包括全国书记、全国财务主管和一名发言人。行政办公厅成员候选人应当为党龄至少一年的欧洲环保－绿党党员，或者作为合作人继而成为党员至少两年。

第 30 条　任务

中央行政办公厅执行党的决议，并确保欧洲环保－绿党在内部条例规定的条件下得以正常运行。

中央行政办公厅应遵守联盟理事会、党员大会和全体党员投票的决议，并确保党的政治持久性。

行政办公厅有权以党的名义提起诉讼。

第 31 条　撤职

联盟理事会可在任何时候根据内部条例规定的多数投票决定解除中央行政办公厅成员的职务。

第 32 条　中央行政办公厅成员的职务津贴

中央行政办公厅成员有权获得职务津贴，其数额由联盟理事会根据财务委员会的意见决定。

第 33 条　中央行政办公厅的会议及决议

中央行政办公厅的会议向联盟理事会成员和监督机构开放。全国行政办公厅的成员可以根据内部条例规定的方式以多数投票决定召开闭门会议。

第五节　项目理事会

第 34 条　项目理事会的组成

项目理事会由以下成员组成：

行政办公厅成员、联盟理事会成员、议会党团代表、大区当选公职的党员代表、省当选公职的党员代表、地方当选公职的党员代表、欧洲绿党代表。

具体的构成比例由内部条例规定。

第 35 条　项目理事会的任务

项目理事会的任务是根据党的项目的进程确保党的项目的沿革和演进，及各委员会和当选公职的党员之间的协作，并使项目适应新的需要。项目理事会不能达成一致意见的问题需提交联盟理事会讨论。

第六节　选举的参与

第 36 条　参与外部选举候选人的选定方式

代表欧洲环保－绿党参与选举的候选人由党员以恰当的系统方式选出。合作人也可参加总统选举候选人的选定。

在任何情况下都不得参考先前投票的结果。应特别注意收集希望重新加入欧洲环保－绿党的人提交的候选人申请。

每一种选举候选人的方式由内部条例规定。选举方式需要确保欧洲环保－绿党在地方选举中首要候选人的性别平衡。

第 37 条　职位重叠的限制

为了促进职位的充分行使、人事更迭，保障更多的人可担任职位，内部条例应当规定内部和外部的职位、现任和前任的职位均不得重叠。

第七节　监督机构

第 38 条　党内法规理事会

1－构成

党内法规理事会有九名成员，其成员由联盟理事会根据内部条例规定的方式从担任欧洲环保－绿党党员地方或中央的内部行政职务至少两年的党员中选出。

2－任务

党内法规理事会确保全党内对全国和大区的章程和内部条例的遵从，

并确保全党遵循欧洲环保-绿党的职权机关的决定。它负责确保职位不得重叠、性别平衡以及代表符合现行规则。

3-权力

党内法规理事会可以通过紧急程序撤销不符合规定的决议，也可以选择暂停该决议的执行。

为了完成其职责，党内法规理事会拥有调查权。党内法规理事会可以依职权审理纠纷，并有权根据内部条例规定的违法清单施加惩戒措施。

提请审理、送达和上诉的程序由内部条例规定，并在内部条例规定的条件下作出裁决。

党内法规理事会有审计权，并有权向从属于党的所有法人机构提出建议。

向党内法规理事会提出的请愿不得被中止。

4-提请审理

欧洲环保-绿党的所有党员均可在内部条例规定的条件下向党内法规理事会提请审理。

第39条 平等和实践监督局

1-任务

平等和实践监督局是欧洲环保-绿党的联盟机构，它负责监督全党对于章程序言的价值宪章中所规定的道德价值的遵守。

平等和实践监督局应向联盟理事会提交年度报告审议，并有权对妇女在各级机关的代表权、多元化问题、歧视问题、预防利益冲突的问题、少数群体保护的问题进行裁决。

党员和党的机关可以向平等和实践监督局提出申请或者依职权主动对一般情况或特定情况制作报告。各大区也可设立平等和实践监督局，其职权由内部条例规定。

2-组成

联盟理事会在联盟党员大会后的开幕会议上选出12个平等和实践监督局成员。其成员应当最大程度依照性别对等比例选出。如果其成员辞职或者丧失党员资格，应当由名单上同等性别的下一位成员接替其职位。

3-职责

平等和实践监督局应在其内部任命一个协调人负责与党的机关（行政

办公厅、联盟理事会办公室、党内法规理事会等）进行交涉。

第 40 条　财务专员

应根据性别平衡原则选出两名财务专员，财务专员有知情权和咨询权。财务专员为完成其职责有权调阅相关文件，有权在党员大会、账目批准时，或任何适当的场合，向联盟理事会或其财务委员会提交财务状况报告和对内部机关的监督报告。他们有权提出建议，并维护党员的知情权。

第四章　资源中心

第 41 条　含义

资源中心是所有与欧洲环保－绿党建立密切合作关系的第三方机构。这些机构根据内部条例的规定参与组织大会的工作。

第 42 条　目标

资源中心促进知识的讨论，当选公职的党员和积极分子的培训以及环保政治的研究。

第 43 条　组成

资源中心主要由生态研究的人员和基础设施组成，是一个公众生态教育机构，也是当选公职的党员和积极分子的互助和培训中心。

为了实现组织大会的目标，欧洲环保－绿党可以与资源中心的组成机构签署协议结成双边伙伴关系。欧洲环保－绿党应参与资源中心成员之间的协调工作，并确保组织大会与资源中心紧密协作。

第五章　党员大会

第 44 条　所有党员大会的共同规定

如期缴纳党费且未收到暂时或永久开除的通知的党员可以平等参加常规和特别党员大会。

第 45 条　常规党员大会

党员大会是欧洲环保－绿党的最高机关，并对其方针政策进行决策。

常规党员大会每三年召开一次。召开的日期应至少在会议开幕之七周前告知党员。常规党员大会的进程由内部条例规定。

联盟理事会确定常规党员大会的会议日程，并至少在会议开幕之三周前将其作为召集函寄送给党员。党员大会只能就议程上的问题进行讨论和表决。

党员大会分为两个阶段。第一阶段为"分散会议",以各地区集会的形式召开。联盟理事会可以对召开会议的地区进行削减,在更加有限的范围内召开会议,由该地区内根据内部条例的规定有权投票的党员参加。第二阶段为"联盟会议",在一个单一的地点召开。会议由第一阶段分散会议按照完全或不完全的比例名单选出的代表团组成,联盟会议必须在分散会议后下一个月,根据内部条例规定的模式召开。联盟会议应选出财务专员(负责确保内部监督的良好运行)、联盟理事会中央机构和中央行政办公厅的成员。

第46条　特别党员大会

在两次常规党员大会会期之间可召开特别党员大会。特别党员大会可由联盟理事会根据内部条例规定的方式召集,由欧洲环保－绿党至少20%的党员请求召集,或者由至少8个大区政治理事会根据内部条例规定的方式请求召集。

第47条　全体党员投票

欧洲环保－绿党运作的所有行为,均可以请求进行全体党员投票,由全体党员就该行为涉及的问题进行表决。全体党员投票的组织可以邮寄送达的方式进行,也可以根据内部条例的规定以电子信件的方式进行。

根据来自至少三个大区的十分之一党员请求而召集的全体党员投票(即"积极分子倡议"),单一大区不得发起五分之一党员所请求的全体党员投票。联盟理事会、党员大会或者八个大区政治理事会组成的小组可以组织全体党员投票。

全体党员投票形成的决议具有党员大会决议的效力。

根据内部条例规定的方式,地方团体或者地方团体联盟可以在其职权范围内通过法律或政治文本向党的执行机构提交建议,以发起积极分子倡议的全体党员投票。

总统选举候选人的选定以全体党员投票的方式进行,党员和合作人均可参加。

第六章　章程的修改和解散

第48条　章程的修改

章程只能通过特别党员大会或全体党员投票以66%的多数选票修改。

第49条 解散

欧洲环保-绿党的解散只能通过特别党员大会以75%的多数选票完成。

解散时,特别党员大会应当任命一名或数名专员负责欧洲环保-绿党的财产清算。其财产只能分配给与欧洲环保-绿党追求目标相似的机构。

在紧急情况下,联盟理事会、中央行政办公厅可以反对大区机构的解散。无论如何,大区机构的资产仍然由欧洲环保-绿党的中央机构获得。

第七章 司法和财务规定

第50条 党费收入

1-党费

入党需缴纳的党费分为两个部分,中央的部分由联盟理事会决定其金额,大区的部分由地方小组决定其金额。

入党的党费计算参照全国统一的表格。

应制定针对低收入者的规定。

合作人根据组织大会确定的方式向合作网络提供资金。

2-其他收入

欧洲环保-绿党还应收取当选者党费、与政治生活相关的公众资金捐赠,及其他合法收入。联盟理事会应当就如何在中央机构、大区和地方机构之间分配资金进行表决。

第51条 责任和透明性

全国财务主管有义务根据有关政党的特别法律,良好地管理账目及账目的合并。财务主管、党内法规理事会成员和财务委员会成员有权调阅各种账目文件。

第52条

内部条例应当补充本章程的规定,并确定本章程没有规定的各种问题。内部条例的修改应由联盟理事会以66%的多数选票通过,或者由党员大会、全体党员投票以60%的多数选票通过。

第53条 程序

欧洲环保-绿党应当完成现行法律法规规定的公布和宣告程序。

欧洲环保－绿党内部条例[*]

（2016 年 7 月第 18 版）

Ⅰ 环保政治组织

Ⅰ－1 地方网络

地方网络聚集欧洲环保－绿党的党员和合作网络成员，每年至少召开一次会议。地方网络组织地方的行动、竞选和地方政治提案。地方网络负责保证欧洲环保－绿党在地方的统一行动。数个邻近的地方网络可以建立协调机制。

Ⅰ－2 合作网络组织大会的基本规则

政党与合作网络之间的关系由章程第 8 条、第 9 条、第 10 条规定。组织大会有权制定运作基本规则，以明确是否有必要实施上述条款。

合作网络成员数量由合作网络规定。

合作网络成员和机构的规则由章程第 11 条、第 12 条、第 13 条规定。

合作网络自主决定其运作，并有权自主制定其内部条例（或内部基本规则）。

Ⅱ 政治机构

Ⅱ－1 入党

Ⅱ－1－1 入党申请表

入党申请表如下："本人姓名……出生日期……居住地……未参加任何其他政治机构，知晓本党党章（和大区章程）的规定，宣布加入欧洲环保－绿党。日期及签名。"

Ⅱ－1－2 入党

欧洲环保－绿党由个人党员组成，其党员同时排他地成为欧洲环保－

---

[*] 来源：欧洲环保－绿党网站，https：//eelv.fr/les-statuts/，最后访问日期：2018 年 4 月 2 日。

绿党全国机构的成员。

每个党员只能根据其居住、工作地或选举名单注册地加入一个地方小组。经大区政治理事会或者大区执行办公室同意，可以有例外情形。

入党申请应当立即报送地方小组并告知大区行政机关。报告应当遵循中央行政办公厅议定书的意见。如果出现问题，可以要求提供证明文件、监督个人支付方式的特性，及召集相关证人以验明真实情况。入党申请书应附个性化支付方式说明、预授权或分次自动转账的同意书。没有银行账户的人应提供附有居住证明的汇票。在网上申请入党的人可以通过银行卡支付。

大区政治理事会或其授权的大区行政办公室应当向党员提供入党申请的接收或拒绝通知。对入党申请的拒绝应由满足以下条件的多数投票决定：

——总投票的50%多数（投肯定票或赞成票的数量超过所有同意、反对、空白选票的50%）；

——有效选票的60%多数（投肯定票或赞成票的数量超过所有同意、反对选票的60%）。

地方小组的当选公职的党员的拒绝意见可以被大区机关视为拒绝入党的理由。

大区机关应当在大区书记处收到入党申请后至多两个月内做出是否批准入党的决定（七月提交的入党申请审核期限延长至10周）。入党申请和党费缴纳的存放日为两个月审核期限的起算日。如果在审核期限内大区机关未做回应，入党申请应视为被接收。为了了解更多信息，大区机关可将审核期限延长一个月，前提为延长决定在前两个月内进行表决。

新党员在入党生效后即享有投票权。入党生效以大区政治理事会的批准决定或者审核期限到期为准。但新党员只有在大区政治理事会的批准决定做出之日或者审核期限到期日三个月的期限过后才能参加内部职权机关选举投票、涉及选举策略的投票、候选人选定的投票和内部选举。

Ⅱ-1-3 渗透

如果个人或组织有渗透的意图（一些人对外不公布其目的，并被指使而从事特定事务，他们与同时积极参与党的集体活动并明示其目的的人不同），大区行政办公室或全国行政办公厅可以暂停这些组织成员的入党进程，并同党内法规理事会一起进行调查。当审核入党的期限到期时，大区机关应当向联盟理事会报告调查结果。

Ⅱ-1-4 党员资格的丧失

根据欧洲环保-绿党党章第 20 条的规定，党员资格因如下原因而丧失：根据内部条例规定的方式辞退、死亡、未按照内部条例规定的条件按期缴纳年度党费、因为严重的错误而被暂时或永久开除。

欧洲环保-绿党的行政办公厅有权为了紧急保全而暂停党员资格。党员所属的大区政治理事会有权在党员资格暂停之日起 2 个月内做出最终的惩戒决定。

党员被开除之前，有权提前至少一周通过回信向大区政治理事会复议。

大区政治理事会或大区行政办公室有权针对严重错误立即做出暂时开除的决定。暂时开除的最长期限为六个月。受到处分的党员可以向大区政治理事会说明情况，并有权向中央机关（联盟理事会、党内法规理事会）寻求救济。

Ⅱ-1-5 上诉的程序

上诉委员会的组成

受到超过三个月的开除或暂停党员资格处分的党员，可以根据章程第 20 条的规定向联盟理事会办公室提出上诉，该上诉不得中止处分的实施。

联盟理事会办公室应设置一个上诉技术研究委员会，该委员会由联盟理事会办公室成员中选出的两人、行政办公厅成员中选出的两人、党内法规理事会成员中选出的两人构成。该委员会应当在一个月的期限内召开（除去节假日）。

上诉的程序

－受到超过三个月的开除或暂停党员资格处分的党员，可以向上诉技术研究委员会提起上诉。

－如果处分决定由大区政治理事会或者其授权的大区行政办公室做出，并且该上诉全部或部分基于法律依据，则应当转交党内法规理事会处理上诉。

－如果处分决定由党内法规理事会做出，那么委员会应当结束此案，或请求党内法规理事会重新进行调查，或向联盟理事会报告，以阐明是否存在可能的新情况或对政治材料进行重新评估。

－如果上诉具有政治属性，委员会可以不附理由结束此案，或者向相关的纠纷预防委员会、联盟理事会报告。

－全国行政办公厅和大区行政办公室为了紧急保全而做出的开除或暂停党员资格的决定，在有权决定的机关做出确认之前，不得向联盟理事会提起上诉。

联盟理事会对于上诉的处分

联盟理事会可以在辩论之后，通过投票作出确认处分决定或撤销处分决定的裁决。

Ⅱ-2 大区和地方机构

Ⅱ-2-1 机构

大区应制定大区章程和大区内部条例，它们不得与全国规则相抵触。如果出现抵触的情形，应适用本党党章和内部条例。地方制定的章程不得与全国和大区的规则相抵触，如果发生抵触则适用上位规则。大区章程、内部条例缺乏解决某一问题的相关规定时，则适用全国规则。

为了制定大区或地方章程和内部条例，确保平等原则、辅助性原则、联邦分化原则、实验原则，本条例Ⅱ-2的条款以如下不同的格式表明其不同的性质。

· 区域（或地方）内部条例中无法修改的强制性规定以粗体显示。

· 区域（或地方）内部条例中有选择余地的规定下画双横线。

· 区域（或地方）内部条例另有约定才使用的规定下画虚线。

Ⅱ-2-2 地方小组

欧洲环保－绿党在每个大区内的地方组织形式是地方小组。地方机关不得做出违反大区机关的决定，但能够对于大区的决定实施集体不服从的原则。

二级大区的组建由大区党员大会或大区政治理事会批准，大区政治理事会的行政管理确保二级大区的良好运作。地方小组应至少包含五名党员，以维系其存续。大区政治理事会批准地方小组的区划，并有权根据区域面积调整地方小组的党员数量门槛。地方小组应当与地方行政区划相对应。最小的区划为市镇或城市的区，大区政治理事会有权批准例外的情况。

Ⅱ-2-3 地方小组联合会

相关地方小组的党员可以以多数决组建地方小组联合会。每个地方小组的多数投票应满足以下条件：

－投票总数的50%多数（投肯定票或赞成票的数量超过所有同意、反对、空白选票的50%）；

－有效选票的60%多数（投肯定票或赞成票的数量超过所有同意、反对选票的60%）。

该投票由所有地方小组党员组成的党员大会进行。建立地方小组联合会的提案应当包含地方小组党员大会的日程。地方小组党员大会投票后，应报请大区政治理事会批准。

在大区政治理事会拨付的经费范围内，地方小组或地方小组联合会有权自主决定支出。这些支出应按照大区章程规定的方式完成，大区章程可以规定大区向地方小组联合会授权的方式和可以授权的职权范围。

地方小组联合会的行动队由相关地方小组所有党员组成的党员大会选出。其履职期限由大区内部条例规定。选举应按照本条例第Ⅱ－8条规定的方式进行，地方小组联合会的每个地方小组至少应有一位代表，代表的义务由本条例第Ⅱ－8条规定。

Ⅱ－2－4　大区

Ⅱ－2－4－1　创建

大区由拥护本规则的党员组成，大区的名称为"某大区欧洲环保－绿党"，大区的创建应遵循1988年2月11日的法律和1990年1月15日的法律。大区机构为欧洲环保－绿党在大区的代表。除了联盟理事会规定的例外情形，"欧洲环保－绿党"的名称在大区适用。欧洲环保－绿党的中央机构和机关由本党党章和全国内部条例规定。

Ⅱ－2－4－2　某大区欧洲环保－绿党的组成

某大区欧洲环保－绿党由居住在该大区境内的全体党员组成。

Ⅱ－2－4－3　目标

某大区欧洲环保－绿党的目标如下。

－参与政治生活，特别是监督欧洲环保－绿党的政治意见在地方的表达不被扭曲。

－讨论当今社会问题解决的替代方案，提出这些领域的行动计划并付诸实施，对于社会必要的转型阶段给予特别的重视。

－在有关环保的领域采取行动。某大区欧洲环保－绿党应援引欧洲环保-绿党的基础性文件并承认其效力。某大区欧洲环保-绿党的机构应尊重党内法规和大区内党员权利。在这种意义上，某大区欧洲环保-绿党的机构有权确保地方小组行动的合法性。

Ⅱ-2-4-4　财产

大区欧洲环保-绿党的财产包含如下部分：

－党员缴纳的党费，属于联盟的除外；

－大区和海外领地的当选公职的党员缴纳的党费；

－欧洲环保-绿党中央的拨付；

－大区欧洲环保-绿党的财务管理团体募集的资金；

－其他合法财产。

Ⅱ-2-4-5　机构

大区行政办公室负责处理某大区欧洲环保-绿党的行政事务，并负责与党的中央机构的交涉。以大区为基础组织起来的欧洲环保-绿党的中央和地方两个层面均有法定代表人：中央层面的全国书记和地方层面的大区书记。

Ⅱ-2-4-6　大区党员大会

大区党员大会作为某大区欧洲环保-绿党的最高机关聚集大区内拥有投票权的党员。大区党员大会应当至少每三年召开一次。

在两届大区党员大会之间，大区政治理事会或者大区内的党员可以召集特别党员大会。召集人应当为至少30%的党员或者至少60%的大区政治理事会成员（召集函中的会议日程应包含党员大会的召开请求）。党员不得在距离上一次党员大会三个月内申请再次召开党员大会。大区党员大会在投票大区方针提案中选出某大区欧洲环保-绿党的方针。大区党员会在对等名单下依比例选出大区政治理事会的代表。

所有某大区欧洲环保-绿党的党员大会均由大区行政办公室完成召集事项，并在会议召开前至少三个月通知党员。召集函应当包含会议日程、党员大会开始和结束的时间、大会将讨论或表决的文件。

无法出席的党员可选定党员作为代理人，党员不得受到多份委托。对于大区党员大会日程的某些细节问题，大区政治理事会可以投票决定。

Ⅱ-2-4-7　大区政治理事会

大区政治理事会是两届大区党员大会之间的主要决策主体。除了大区或中央法规规定的特别例外情形，大区政治理事会根据多数投票意见做出决定，多数投票应满足以下条件：

－总投票的50%多数（投肯定票或赞成票的数量超过所有同意、反对、空白选票的50%）；

－有效选票的60%多数（投肯定票或赞成票的数量超过所有同意、反对选票的60%）。

大区章程或大区内部条例应规定大区政治理事会成员的人数。大区内部条例规定保持其总体性别平衡的方式。

大区政治理事会每年至少召开五次会议，会议由大区行政办公室或者其三分之一成员召集。

大区政治理事会内部分为三个有表决权的代表团：

－第一代表团由抽签产生的党员组成；

－第二代表团由在大区党员大会的当选公职的党员组成；

－第三代表团由地方小组的代表组成。

上述三个有表决权的代表团加上合作成员组成的仅有咨询发言权的代表团。

在上述四个代表团中，抽签产生的党员数量应当占大区政治理事会的5%—20%。该比例应当由大区内部条例规定。如果大区政治理事会成员中的党员总数为N，抽签产生的党员数量为n，大区政治理事会的构成如下。第一代表团人数：n。第二代表团人数：N－n/2。第三代表团人数：N－n/2。咨询代表团人数为N的10%—20%，具体比例由大区内部条例规定。

第三代表团的席位根据如下方式在地方小组分配：每个地方小组可以主张一个大区政治理事会的席位，如果可被分配的席位多于地方小组数量，其余的席位应按比例分配给党员人数多的地方小组。为了避免有的地方小组在大区政治理事会缺乏代表，两个或数个毗邻的地方小组可以自由组合，申请共同组织地方大区党员大会，并向大区政治理事会派驻共同代表。这种组合的提议应当经大区政治理事会在大区党员大会的筹备过程中批准。在任地方小组代表辞职或被除名时，代表的替换应以大区内部条例规定的方式进行。

第一代表团中，党员在自愿申请的基础上抽签产生，参加抽签的党员在地方大区党员大会上进行登记。申请加入其他代表团的党员不得申请加入第一代表团。抽签在大区党员大会上在男性申请人和女性申请人之中分别进行，以保障代表团中的性别平衡。

第二代表团中，代表是在性别平衡的名单中选出的，余下席位按比例分给得票多的党员，并可根据党的内部候选人选定方式重新排序。

第三代表团中，党员代表的数量与第二代表团相同。代表的选举方式与党的内部候选人选定方式相同，该选举在大区党员大会的第一阶段进行，通过在各地方小组召开的分散的党员大会选出。

咨询代表团中，大区的合作网络成员可自由选定其代表。如果合作网络缺乏选定合法代表的方式，大区政治理事会可接受候选人的申诉，并以男女分别抽签的方式确定合作网络代表。

Ⅱ-2-4-8 大区行政办公室

大区行政办公室负责实施大区党员大会和大区政治理事会确定的政治方针。大区行政办公室应遵循性别平衡原则。其成员数量由大区政治理事会在选区前确定，其中包括一名大区书记、两名发言人（一名男性、一名女性）、一名大区财务负责人。

大区行政办公室的成员同时也是大区政治理事会成员，除非大区内部条例做出相反的规定。如果大区内部条例做出相反规定，行政办公室的成员则应辞去大区政治理事会成员的职务，其席位的更替应以明确缺席成员席位更替的方式进行。在这种情况下，辞职者仍保有在大区政治理事会第一次会议中的投票权。

大区行政办公室成员由大区党员大会或大区政治理事会根据大区章程的规定选出。在其成员由大区党员大会选出的情况下，候选人应当事先在大区政治理事会当选。在其部分成员由大区党员大会选出的情况下，其余一部分成员由大区政治理事会在第一次会议中选出，此时选举的举行和政治理事会代表团抽签的期限已开始起算。该期限应在党员大会日程中提前确定。由大区政治理事会选举的行政办公室成员在任何时候均可被政治理事会根据大区内部条例规定的方式以多数决罢免。由大区党员大会选出的行政办公室成员可被大区党员大会根据大区内部条例规定的方式以多数决罢免。

当大区行政办公室成员职务终止时（辞职、罢免、空缺等），其职位的替换决定由大区政治理事会根据前一届大区党员大会投票结果的比例做出。如果一部分行政办公室成员是直接由大区党员大会选出的，那么应由大区内部条例规定以何种方式完成空缺职位的替换。

Ⅱ-2-4-9　某大区欧洲环保-绿党的财务机构

大区财务主管管理某大区欧洲环保-绿党的账户和大区政治理事会投票决定的预算。应欧洲环保-绿党全国财务主管的要求，大区财务主管每年应制作某大区欧洲环保-绿党的资产负债表。他还应根据下文中规定的方式整理次级大区的账户。

大区财务主管每年应向大区政治理事会至少提交一次资产负债表，还应当在每年第一季度结束之前向欧洲环保-绿党的全国财务主管提交大区所有账户的整理明细。该账户明细应由一位财务专家确认并属于大区。所有的次级大区机构持有自主财务权（即自主决定花销），每年应在其收入范围内制作预算。

大区政治理事会应在党龄超过一年的党员中选出两名财务专员，负责监督账户的使用和当选者的转账。财务专员应向大区政治理事会提交年度特别报告，阐明账户及资产负债情况。该特别报告还应向每一次大区党员大会提交。

Ⅱ-2-4-10　大区协商会

大区书记每年应至少筹备召开三次大区协商会。大区书记应就专题行动、专题竞选和党的选举活动同全国机关进行合作并交换意见、经验和方法。

大区协商会财务主管团体、选举代表团和其他大区负责人之间展开商讨，并可以邀请大区行政人员参加。大区政治理事会仍然是其管辖权范围内的决策主体。

在全国财务主管的领导下，大区财务主管定期召开会议，跟进大区预算的状况。

大区书记应以咨询者的身份出席联盟理事会，并与联盟理事会内的大区当选代表一同向联盟理事会报告大区的现实状况。大区书记可以根据自己选择的程序向项目理事会派驻其两名成员。对于欧洲环保-绿党或大区政治理事会拒绝在大区内实行的行动、计划，或因紧急情况而在大区不可实行的行动、计划，大区应当咨询行政办公厅或者联盟理事会办公室。

Ⅱ-2-4-11　以党的名义进行的公开政治言论

大区书记或大区发言人负责欧洲环保-绿党在整个大区范围内的信息

传达事务。他们承担大区的言论表达工作，并确保党在中央、大区和地方三个层次上的协调一致和上令下从。地方小组的发言人和信息联络人负责传达地方范围内的事务。外部当选公职的党员在其职权范围内和辖区范围内确保言论的表达与党的信息一致。

Ⅱ-2-4-12 财务团体

某大区欧洲环保-绿党应创设大区财务团体。财务团体应当得到某大区欧洲环保-绿党的认可和宣布，并应经欧洲环保-绿党的全国财务委员会批准。大区财务团体的目标是募集某大区欧洲环保-绿党的收入，并将除去管理费的其他部分完整地转入某大区欧洲环保-绿党名下。财务团体的账户每年应当根据1988年法律修正案的规定被转入某大区欧洲环保-绿党名下，与大区财产相整合。财务团体的章程应作为大区章程的附件。

Ⅱ-2-4-13 积极分子倡议的全体党员投票

根据章程第50条的规定，地方小组或者地方小组联合会可以提交政治或司法的文本作为积极分子倡议全体党员投票的主体。地方小组在党员大会上提交积极分子倡议的全体党员投票申请后，可由代理人存放在大区书记处，大区书记处有权公布一份项目动机说明，并征求党员签名。该项目动机说明应当包含提交全体党员投票表决的文本、负责人的地址以及首次签署人的名单。

签名数量不得超过2500个，并应在全体党员投票申请交存后的15日内告知党员。签名的征集由代理人在两个月的期限内完成。如果成功征集到大区内20%党员的签名，代理人应当将签名交存至大区行政办公室。后者将检验其合法性并公布提交全体党员投票表决的文本、投票开始和结束的时间，以及公开计票的地点和时间。

投票通过信函的方式进行，全体党员投票的动议应当以大区规定的方式附在邮件中。投票应对外持续八日。选票中包含四个选项："是""否""抗议""弃权"。计票的结果应对外公布。签署者及投票人在签名或投票时应当是按期缴纳党费的党员。全体党员投票多数通过的文本，应提交党员大会就相同问题进行审议，党员大会由参加全体党员投票的党员或其代表出席。除非有欧洲环保-绿党公布的计划，不得就同一计划反复提交全体党员投票。所有全体党员投票可能需要的任何预算变更应当一同提交投票，共同通过的文本立即具有执行效力。如果预算变更没有提交全体党员投票，则由大区政治理事会决定必要的预算变更。

Ⅱ-2-4-14 与其他政党签署的协议

根据大区政治理事会和大区行政办公室的联合提议，并经过大区党员大会投票通过，大区可以与其他政党就长期合作伙伴关系签署协议。该协议应当包括如下内容：

－双重党员身份的规则；

－在各种选举（地方和大区选举）中确定候选人的方式；

－当选公职的党员缴纳党费的方式。

该协议应当经联盟理事会批准。

Ⅱ-2-4-15 大区的数字工具

大区应当使用欧洲环保－绿党提供的工具，建立电子议事系统。该系统配备一个使用基本规则。大区机关可以就该基本规则向数字工具委员会咨询意见。

Ⅱ-2-4-16 解散

某大区欧洲环保－绿党解散时，大区余额应当被转入欧洲环保－绿党名下。大区有负债的情况下，欧洲环保－绿党不对被解散组织的债务负责。

Ⅱ-2-4-17 托管

大区出现危及党的完整性的重大原因时，党的行政办公厅有权做出托管决定。在这种情况下，行政办公厅对相关大区管辖的事务负责。

托管可以是全部或部分的（比如仅就财务或文件管理进行托管）。行政办公厅可以在紧急情况下做出托管决定，并提交联盟理事会批准生效。托管决定由行政办公厅负责大区关系的成员执行。托管的取消由行政办公厅决定，并经联盟理事会批准生效。

所有大区都可决定对次级区域机构进行托管。在这种情况下，大区行政办公室对相关次级区域机构管辖的事务负责。托管可以是全部或部分的。大区行政办公室可以在紧急情况下做出托管决定，并提交大区政治理事会批准生效。托管决定由大区行政办公室的代表负责执行。托管的取消由大区行政办公室决定，并经大区政治理事会批准生效。

Ⅱ-2-5 大区纠纷预防和裁决委员会

Ⅱ-2-5-1 职能

每个大区应当建立大区纠纷预防和裁决委员会。大区纠纷预防和裁决委员会的职能是预防纠纷，并对欧洲环保－绿党在大区内的问题进行调解。大区纠纷预防和裁决委员会审查诉讼案件中的档案，并可以向党内法规理事会申请裁决其无法解决的纠纷或不在其管辖权范围内的纠纷。大区纠纷预防和裁决委员会有以非暴力的方式调解和解决纠纷的权利和义务。大区纠纷预防和裁决委员会可向大区政治理事会提供意见和建议。

Ⅱ-2-5-2　组成和运作

大区纠纷预防和裁决委员会应由至少四名成员组成。其成员由大区党员大会或者大区政治理事会选举产生，并每次对其中半数成员进行改选。大区行政办公室成员不得兼任大区纠纷预防和裁决委员会成员。

大区章程或大区内部条例应规定大区纠纷预防和裁决委员会成员的任期、当选资格及改选的间隔时间。候选人提名后，选举以不记名投票的方式进行。大区内部条例应规定地方小组代表的人数上限，除此之外，候选人应当尽量体现大区内的区域多样性。出现职位空缺的情况时，大区政治理事会有权选定补充成员。欧洲环保－绿党中党龄超过两年的党员才有资格成为大区纠纷预防和裁决委员会成员。

大区纠纷预防和裁决委员会对材料进行审查后，应将裁决结果提交给大区政治理事会，大区政治理事会对于临时或永久开除决定的事务具有唯一的决定权。

Ⅱ-2-5-3　申请裁决

大区内的党员，以及大区和地方机关均可以向大区纠纷预防和裁决委员会申请裁决纠纷。裁决申请应当以书面形式完成（当面送达、邮寄或电子寄送的方式均可）。大区纠纷预防和裁决委员会如果发现足以使欧洲环保－绿党信誉扫地的失职行为，可以依职权主动进行调查和裁决。大区纠纷预防和裁决委员会有义务向大区政治理事会汇报其主动裁决的事项并获得其事前同意、建议或者保留意见。在紧急情况下，大区纠纷预防和裁决委员会可以请求大区政治理事会或者大区行政办公室处理纠纷。进行调解的大区政治理事会或者大区行政办公室成员应回避后续有关纠纷的决定。

Ⅱ-3　联盟理事会

Ⅱ-3-1　选举

根据章程中规定的大区和国家的分配方式进行。

联盟理事会 20% 当选成员在中央层级由联盟党员大会以不记名投票方式选出，投票需要遵循性别平衡原则，余下席位则分配给得票数最多者。

联盟理事会 80% 当选成员在大区层级由分散会议选出。在大区层面选出的联盟理事会成员应依据大区党员人数比例计算，计算时间由联盟理事会规定。该人数具有参考性。每个大区在联盟理事会至少拥有两个席位。为了在中央层面实现性别平衡，如果一个大区的代表人数为奇数，那么大区应当抽签选出一名候补的男性代表或候补的女性代表。

在每个大区内，性别平衡名单由分散会议书记处制作并发布。该名单并不必须参照党的方针提案，名单可以是不完全的，但应包含至少两对。日后可制作该名单的补充部分，但补充部分不得超过备选职位的 50%。

名单中的人数根据得票数量的比例确定。

Ⅱ-3-2 党龄

党龄一年以上的党员才可成为联盟理事会成员。

Ⅱ-3-3 候补

每个联盟理事会成员均可配置一个同等性别的候补成员，该候补成员与正式成员是在同一个名单中选出的。应鼓励正式成员让其候补成员偶尔出席联盟理事会的会议。

Ⅱ-3-4 职位空缺

联盟理事会成员职位在如下情况下发生空缺：

- 一对代表均丧失党员资格；

- 代表或其候补成员连续缺席三次联盟理事会会议，或其自当选后累计缺席五次会议。

当一对代表中的一名成员出现职位空缺时，其中一位代表保持其职位不变，另一个空缺职位由当选名单上下一位同性别的人填补。

如果没有人能够填补空缺的职位，那么这一对代表只能等到下一次改选后才能重组。

当联盟理事会出现性别不平衡的情形时，辞职的一对代表应当整体被另一对代表替代，替代者应当从代表较少的性别中选出，而不是由原代表名单上的下一位替代。如果无法在名单当中选出新的一对代表接替辞职的代表，那么该席位保持空缺。

每个分散会议的组织者都应当在会议记录上附上所有代表名单，并上报联盟理事会办公室。

Ⅱ-3-5 投票权

联盟理事会投票时,联盟理事会的每个成员均根据联盟理事会办公室规定的条件享有不可转让的投票权,除非转给其他成员或者他或她的候补成员。

Ⅱ-3-6 日程

在章程规定的框架下,联盟理事会应每年制定会议日程,并按会期召开会议,两次会议不得间隔超过四个月。

Ⅱ-3-7 特别会议

联盟理事会在其至少四分之一成员的要求下,或在行政办公厅或者联盟理事会办公室的召集下,可召开特别会议。

Ⅱ-3-8 决策

有效投票:"同意""反对"。

总投票:所有"同意"、"反对"和"空白"选票;空白选票被计算在内。

未参加投票者和弃权者应在记录中标明。

联盟理事会的决策应满足以下两个条件:

－总投票的50%多数(投肯定票或赞成票的数量超过所有同意、反对、空白选票的50%);

－有效选票的60%多数(投肯定票或赞成票的数量超过所有同意、反对选票的60%)。

对于修正案和程序性事项(日程、会期、辩论的组织)的投票,应满足有效选票的50%。空白选票可以统计,但不影响投票结果。

如果是在修正案投票之前为了选择工作组织,政治决定的选择性投票可被视为对程序性事项的投票。无论如何,保留和修改的最终决策文本的表决按照50%/60%的规则进行。

对最终政治文本进行表决的投票模式类似"抢凳子"的游戏,被采纳的最终政治文本应满足总投票的50%多数和有效选票的60%多数的双重条件。

对于提案报告的投票不属于程序性投票,应按照50%/60%的规则进行。

所有联盟理事会成员都可以请求进行记名投票。

Ⅱ-3-9 联盟理事会的会议日程和会议召集

联盟理事会的召集函除了会议室文件外均以电子文本形式发出。

会议召集函应当在会议召开三个月前送达联盟理事会所有正式和候补成员、政治办公厅成员、党内法规理事会成员、项目理事会成员、平等和实践监督局成员、财务专员、全国委员会负责人、议员、大区书记、欧洲环保-绿党代表，以及参加联盟理事会的合作人代表。召集函应附会议日程的第一份计划案。

会议的一号文件应当在会议召开十五日前送达。一号文件包含会议日程计划、提交联盟理事会审议的议案，如有必要还应附上不同报告书。

会议室文件即三号文件，包含日程建议、行政办公厅和议会的信息、提案、提要和问题，以及与联盟理事会相关的报告。文件应当按联盟理事会会议日程的时间顺序排列。会议室文件应当送达签到的联盟理事会成员。

联盟理事会的工作在线上进行，必要时通过编辑软件进行工作或由工作专员完成。工作专员应当检查提交给联盟理事会的议案，并可以向联盟理事会办公室提交关于文本、提案的建议，并就时事政治和修正案制作报告。工作专员听从联盟理事会办公室的组织安排，上文规定的被召集参加联盟理事会的机关成员均可成为工作专员。

Ⅱ-3-10 提案文本

Ⅱ-3-10-1 提案文本交存的方式

以下人员有资格交存提案文本：联盟理事会成员、全国专题委员会成员、项目理事会办公室成员、大区政治理事会成员、大区党员大会成员、行政办公厅成员，以及平等和实践监督局成员。

所有提案均应由联盟理事会至少15名成员（正式成员，或候补成员）签名，签名的联盟理事会成员应当来自至少3个大区。提案应当在联盟理事会会期开始三周前（最迟应在星期五午夜）交存联盟理事会办公室。每次会期中联盟理事会的每个成员均不得签署超过三个提案。委员会交存的提案除了需由联盟理事会成员签名外，必须另外由委员会负责人或者委员会至少4名成员签名。

为了征求意见，专题提案应当由联盟理事会办公室报送至专题理事会办公室及委员会。

专题理事会办公室及委员会的意见应当寄送至联盟理事会办公室,并作为附件写进会议二号文件。

行政办公厅和议员的问题和意见也可以相同的方式提交,转交给相关人士,并写入会议室文件。如果该问题和意见涉及会议日程规定的闭门会议事项,则不得提交和转交,但应当写入会议日程和会议室文件。

Ⅱ-3-10-2 内部条例的修正案

有关修改内部条例的提案应当在标题上明确写明是内部条例修正案,并在条例规定的期限内交存,也可以在紧急情况下交存。交存内部条例修正案之前应当取得党内法规理事会的意见。联盟理事会办公室应当特别注意内部条例修正案的生效进程和实施状况(以处理联盟理事会报告并提交给党内法规委员会的方式进行)。

Ⅱ-3-10-3 提案交存和转交的生效

联盟理事会可以将提案纳入会议日程并发送会议室文件,以此使提案的交存生效。超期交存的提案应交给联盟理事会办公室,联盟理事会办公室可以评估提案的功能、现实性,以及会议日程上可以使用的时间,来决定其生效的机会。除非出现不可抗力的情形,联盟理事会办公室或提案的起草者应当保证在提案表决前两个小时将提案文本的印刷品在会场分发。在文本的标题中应明确注明该文本的附加性质。

相似的或有补充关系的提案可以合并。合并提案的事实应当在二号文件发送前报送给联盟理事会办公室。如果联盟理事会会议在开幕前未实施合并,则提案的发言人可以在会议中联合受到邀请,并在周日汇报联合提案。

联盟理事会办公室拒绝接受提案交存的理由应当以书面形式明示,并载入一号文件送达联盟理事会所有成员。拒绝接受交存的理由只能包括:文本违背价值宪章、文本具有污蔑性或其他违反刑法的情况。

如果对于拒绝接受交存的理由有异议,最终可由党内法规理事会作出具有约束性的最终裁定。

Ⅱ-3-10-4 提案的修正

提案的修正案应当少于500字或少于10行,应当以书面形式提交给会议。无论修改内容如何,编审都必须在提案文本中写入修改、更正或补充的内容。

Ⅱ-3-11 联盟理事会的领导和运作

联盟理事会应根据联盟理事会办公室的建议指定一个领导工作组负责主持其工作。工作组成员应来自两个联盟理事会办公室或者行政办公厅。

Ⅱ-3-11-1 联盟理事会领导工作组的职能

为了确保联盟理事会辩论在符合程序性规定的基础上的顺利进行，联盟理事会领导工作组的成员可以在一个会期内变动数次。为此，该小组应注重效率并可不以男女性别平衡的方式组成发言人团队（特别情况下应按照"拉链原则"组成），组织提案合并和投票。该小组同时还是辩论公正性的监督人，并确保按照强制发言时间进行辩论。联盟理事会会议在会议日程规定的日期召开，并可由领导工作组的一名成员宣布开幕。联盟理事会领导工作组确保党内法规的实施，并可宣布会议的暂停。如果参加辩论的人数过多以至于时间难以分配（由会议主席评估），可根据性别平衡原则抽签决定。

Ⅱ-3-11-2 联盟理事会会议的召开

联盟理事会的召开应在两日内围绕以下必要阶段展开。

- 对联盟理事会会议日程的表决。
- 联盟理事会办公室进行报告，并跟进之前的会议决定。
- 向行政办公厅和欧洲及全国议会议员的质询。
- 对一般政治形势的辩论：行政办公厅应当参加，发言时间应当与每个党员大会的提案相符。
- 审议向联盟理事会提交的提案。
- 党内法规理事会进行工作报告。

除这些必要阶段外，也可增加其他内容，如有需要可组织邀请相关领域人士参加有时间限制的专题辩论。如果递交提案之人缺席会议使得就该提案进行审议时无人对提案进行支持辩论，那么在会议日程无变动的情况下该提案可被推迟至下一次联盟理事会审议。

Ⅱ-3-12 联盟理事会报告

联盟理事会主席应当撰写并签署联盟理事会报告，提交联盟理事会办公室及全国书记处后 48 小时生效。联盟理事会报告应在联盟理事会会议闭幕后三周内寄送至联盟理事会所有现任成员和候补成员、行政办公厅成员、党内法规理事会成员、财务专员、全国委员会负责人、大区书记处、专题理事会成员、平等和实践监督局成员以及参加联盟理事会的合作人成员。联盟理事会的详细报告应当为严格的内部文件。

联盟理事会报告发布的过程应确保大区和地方小组的知情权，并推动党的发展。联盟理事会办公室还应当采取必要措施，以概括的和可理解的方式，使得大众、党员、合作人在最短的时间内知晓其工作。

Ⅱ-3-13 预算的表决

根据财务委员会的意见和行政办公厅的提案，联盟理事会对欧洲环保-绿党的全国预算进行表决。根据财务委员会的意见，联盟理事会可以在财务年内组织对预算的修改。

Ⅱ-3-14 工作组

联盟理事会可组织分散的特别工作组。工作组从全体党员和欧洲环保-绿党的合作人中选出。工作组组成时应当明确要完成的目标、需遵循的时间表、到期日、运作预算。

Ⅱ-3-15 常设选举委员会

联盟理事会可以选出代表组建常设选举委员会。常设选举委员会应当遵循性别平衡原则依比例选出。联盟理事会的选举应当以上一次党员大会的提案或者候选人名单为基础。常设选举委员会的职责是在遵循平等的章程原则、比例原则、多样性原则、禁止兼任原则和开放性原则的基础上向联盟理事会提供候选人方案。

Ⅱ-3-16 辩论的公开

所有党员和欧洲环保-绿党的合作人均可列席联盟理事会的审议。

Ⅱ-3-17 闭门会议

在制定会议日程时，联盟理事会可以宣布就部分辩论和表决事项采取闭门会议的形式进行。闭门会议时，只有收到联盟理事会办公室发送的召集函的个人才能够参加会议。

Ⅱ-3-18 时间

联盟理事会会议的投票时间最迟应于星期六的 19 点 30 分或星期日的 16 点 30 分结束（如果附在召集函上的会议日程明确规定进行夜间会议，投票应在投票日 22 点 30 分结束）。

Ⅱ-3-19 财务委员会

财务委员会由十二位成员组成，其成员的选举应当为得票最多的名单依比例从相关联盟理事会成员和财务和人力资源主管中选出。

财务委员会在其内部选出最有资质的两人担任双重领导。

财务委员会成员有权调取所有会计文件，财务委员会履职的相关费用由欧洲环保-绿党承担。

Ⅱ-4 联盟理事会办公室

Ⅱ-4-1 联盟理事会办公室的选举

联盟理事会在其开幕大会上或者在联盟理事会办公室出现职位空缺时，在其内部选出依照性别平衡原则而组成的联盟理事会办公室，其成员由一位主席及四位成员组成。

联盟理事会办公室主席应由两轮不记名投票中得票最多者当选。第一轮投票中的票数前两名参加第二轮投票竞逐。联盟理事会可以以75%多数投票罢免联盟理事会办公室主席。

联盟理事会其他成员依性别平衡的比例名单选出。为了使每个获得10%投票的党员大会提案获得充分代表，联盟理事会办公室成员数量可以增加。联盟理事会可以以65%多数投票罢免联盟理事会办公室成员，罢免必须是集体罢免。新的办公室成员选举最晚应当在联盟理事会下一次会议时进行。

Ⅱ-4-2 联盟理事会办公室的职能

联盟理事会办公室的职责是为联盟理事会完成准备工作，并跟进确保会议的质量。联盟理事会办公室与行政办公厅一同提出联盟理事会的年度计划。联盟理事会还应当制作每次会议的会议日程，并通过口头或书面的方式制作有关上一次会议决议执行情况的报告。联盟理事会办公室参与行政办公厅的会议，并承担联盟理事会通过议案产生的义务。

Ⅱ-5 项目理事会

Ⅱ-5-1 组成

项目理事会由以下部分组成：

- 来自联盟理事会的二十名成员；
- 行政办公厅的四名成员；
- 委员会的两名代表；
- 全国议会当选公职的党员的两名代表；

– 地方当选公职的党员的六名代表；

– 欧洲环保 – 绿党的两名代表；

– 合作网络的两名代表；

– 大区议会的两名代表。

Ⅱ – 5 – 2 选定

党员大会召开三个月内，联盟理事会依比例在其成员中选出十名男性和十名女性。

其他相关机关也应当在上述期限内选出其在项目理事会的代表。

除联盟理事会之外的其他机关均可以其内部成员替代其中一名代表。

出现职位空缺时，相关机关可决定成员的替换。

Ⅱ – 5 – 3 办公室

项目理事会下设办公室以确保其活力。其办公室由四名成员构成，其中一名来自行政办公厅。

Ⅱ – 5 – 4 工作小组和听证会

项目理事会可自主决定或经过其他机关的要求设立工作组以解决现实问题或它认为其他有决定性作用的背景问题。项目理事会认为必要时有权组织工作小组的或全体成员的听证会。

Ⅱ – 5 – 5 任务

项目理事会根据现实情况、议会辩论、基层倡议以及专题委员会的成果，实施党的项目。

项目理事会应当投票决定是否采纳书面建议。

建议如果获得60%的投票，即可被采纳，采纳后向联盟理事会汇报即获得效力。

建议如果获得少于40%的投票，则视为被驳回。

建议如果获得40%—60%的投票，则建议文本应提交联盟理事会讨论。

Ⅱ – 5 – 6 运作

项目理事会每年至少召开两次全体会议，每年应向联盟理事会汇报一次工作。

Ⅱ – 6 专题委员会

专题委员会在时事的分析、公职的构成、技术性文件的鉴定、党的项目的推进等领域向党的行政机关提出建议。

Ⅱ-6-1 职能

主体文员会对各专门主体进行研究。主要的委员会也可将一项工作委任给数个小组委员会承担。

每个委员会在其负责的领域应完成以下工作：

- 向联盟委员会提供行动方针的分析和建议，并向欧洲环保-绿党定期提供决策方案；
- 制作联盟理事会及行政办公厅可用文件；
- 与行政办公厅一同建立和维护关系网络和信息网络；
- 经过相关机关的同意后组织相关活动（暑期活动、记者会、研讨会），以创造机会使得党对时事的解析能够与公民社会或政治社会中的其他团体有效对话；
- 在全国和大区层面参与党员的培训；
- 与党的全国新闻发言人一起，代表党参加社会行为者或其他团体的活动；
- 在大区设立知识网络及联络网络；
- 与欧盟的其他绿党委员会进行合作，保持与欧洲绿党联盟的联系。

委员会的职能还包括制作应对时事的行动计划。委员会负责人应将其对时事的分析告知发言人，并可以针对媒体或议会披露的涉及本党内容提出意见。发言人也可就紧急的时事向委员会负责人征求意见。

Ⅱ-6-2 组成

委员会由党员、合作成员，以及党外人士构成。委员会成员每年可获得一笔津贴，数额由联盟理事会决定。委员会成员也可以向欧洲环保-绿党进行专用于其委员会的定向捐赠。党外人士可以注册于委员会名录并参与委员会工作，党不得享有党员专属的权利：投票、举办活动、提交议案等。党外人士如注册于委员会则不得对外宣布独立于委员会。

Ⅱ-6-3 功能、全体会议及负责人的选定

各委员会的全体会议对委员会名录进行更新。全体会议应从在委员会有至少6个月工龄的党员成员中选出委员会的负责人或办事处成员人选，并报送联盟理事会同意生效，他们可以是一男一女的双重负责人。如果联盟理事会驳回其人选，委员会应当在两个月内重新召开全体会议并选出新的

办事处成员。

一个负责人或双重负责人应负责组织委员会的会议并协调委员会的工作。

委员会的负责人或共同负责人是联盟理事会根据委员会全体会议的建议选出的。委员会全体会议每三年至少召开一次，并在会议上选出委员会负责人。联盟理事会应记录不同委员会全体会议的召开日期。

委员会负责人的职责是组织会议及培训、开发人力资源、应对媒体、调整文案、联系联盟理事会。行政办公厅委员会代表负责组织委员会负责人会议，每年至少召开三次。

全体会议可批准制定委员会总结报告（包括委员会名录、作品集、应对事件的情况、签署的协议等等），并提交给联盟理事会。无法出席全体会议的委员会成员可以委托其选择的另一名成员。但一名成员只能承担一个委任状。

委员会每季度至少召开一次会议，会议内容应记录于委员会总结报告中。每两次会议应间隔一定的时间。

Ⅱ-6-4 与其他机关的关系

Ⅱ-6-4-1 与联盟理事会的关系

委员会负责人有权参加联盟理事会的会议，但没有投票权。他们有权参与联盟理事会提案的修改工作。委员会负责人的差旅费用由党的预算承担，委员会无须支付费用。

联盟理事会应当预留特定时间用于召集联盟理事会当选成员和委员会负责人的对话。

联盟理事会应记录不同委员会全体会议的召开日期。

专题提案应寄送给相关委员会以供其进行研究。

联盟理事会负责人可参加项目理事会会议。

Ⅱ-6-4-2 与项目理事会的关系

联盟理事会负责人可在第Ⅱ-5-1条规定的条件下参加项目理事会会议。

Ⅱ-6-4-3 与行政办公厅的关系

由于行政办公厅处理的时事问题与委员会的管辖相关，委员会的负责人或代表主动或应行政办公厅的要求可向行政办公厅当面进行报告。如果委员会的负责人或代表无法当面出席，也应至少提供意见。行政办公厅和委员会可制作其共同工作的联合报告，提交给联盟理事会。委员会负责人会议应至少在每次联盟理事会会议时与行政办公厅联合工作。

委员会确保并跟进时事问题的解决，并在合理的时间内回应行政办公厅的请求：应对媒体、提供相关专题的建议、协助新闻发布会的召开。

行政办公厅在委员会的代表负责确保委员会履职的条件并保障行政办公厅与委员会以及与党的其他机关之间的合作。每个委员会都有一名行政委员会的联络成员，负责协调二者工作的主题。联络成员定期与委员会负责人进行会议，以协调其工作、交流其经验并比较其研究成果。

Ⅱ-6-5 出版物

委员会的文本可优先写入党的出版物。每期"欧洲环保-绿党讲堂"对其预留至少两页的版面，并在官网上对其预留空间。电子邮件列表允许每个委员会成员参与正在进行的工作。

Ⅱ-6-6 培训

委员会应当为积极分子和支持者的培训提供必要的教学支持。各大区应组织有关不同主题的培训日，主题可来自相关委员会成员提供的文件。如果某一大区没有相关委员会成员，那么该成员的差旅费用由党的预算承担，支付条件由联盟理事会规定。

Ⅱ-6-7 预算

委员会每年制定整体预算，包含其会费和捐赠金。委员会应制作年度行动报告和财务决算。预算之外的经费计划应当获得行政办公厅的事先同意。

Ⅱ-6-8 创设与解散

任何创设委员会的建议均应当获得联盟理事会的批准。创设提案需包含委员会的目标、领域、工作及运作方式。创设委员会需要来自至少三个大区的十名党员。如果连续两年后，委员会仍未达到上述党员人数条件，则应当在下一次联盟理事会会议中解散该委员会，除非可提出重新推动该委员会的方式。

经过合作网络的请求或联盟理事会的建议，可创设新的临时或永久委员会。委员会的合并或重组也可以相同的方式进行。

Ⅱ-6-9　联系

委员会应当在暑期参与委员会联席会，以报告交流其工作。

Ⅱ-7　行政办公厅

Ⅱ-7-1　组成

行政办公厅内部的席位有十一至十五个。席位数量由联盟理事会在党员大会的会期内确定。其中四分之一的席位被分配给联盟理事会得票较多的提案，其他席位依比例分配给相同会议中的提案。出现性别不平衡的情况时，超员性别中获得最少选票者由其得票的后一名成员替代。

行政办公厅必须包含以下人员：一名女性发言人、一名男性发言人、一名全国书记、一名或两名副书记、一名全国财务主管。上述人员的任职名单在行政办公厅内部产生。

行政办公厅成员应当列席联盟理事会会议，但没有投票权。他们应对联盟理事会负责。

Ⅱ-7-2　任命程序

在分散党员大会（第一轮）提出的方针提案均应与一份完整的行政办公厅成员名单挂钩，名单应当是性别平衡的，由提案的签名人提供。行政办公厅成员候选人只能来自上述分散党员大会方针提案所附的名单。

只有每个名单上的前两名候选人才能当选为全国书记。联盟会议（第二轮）时，如果出现文本合并的情形，合并产生的提案所附名单中的候选人只能来自原提案所附的名单。合并产生的名单中的首位候选人只能来自原先两个提案所附的名单中的首位候选人。未合并的文本不得改变名单顺序。

向联盟会议提交的名单中的候选人人数与席位相同，且不得有超过三分之一的候选人来自同一个大区。名单中党内法规规定的必要职位人选应当列明。名单上获得最多选票的候选人可当选名单上为其分配的职位。合并的名单应当由各名单中所有候选人签名后才能生效。

由联盟理事会产生的行政办公厅成员辞职后，应依据联盟理事会成员替换的程序替换。行政办公厅成员当选后在任职期间保有在联盟理事会的投票权。

Ⅱ-7-3　职位空缺

在行政办公厅未到期的职位出现空缺的情况下，由提交给分散党员大会的名单中尚未当选的票数第一的候选人接替空缺，并需达到行政办公厅的性别平衡。如果党内法规规定的必要职位出现空缺，应在行政办公厅内部选出最有资格替代者并报联盟理事会批准生效。全国书记只能由提交给分散党员大会的各名单中前两名候选人替代，或由副书记替代。

由于性别原因无法接替职位空缺的未当选的票数第一的候选人仍应保留在名单中的同一位置。

行政办公厅的成员如果在未通知其他成员且无其他正当理由的情况下缺席工作，则应在当季度末对其做出停职处罚，如果其对停职处罚未有异议，则该职位应被视作空缺。

Ⅱ-7-4　运行规则

行政办公厅的运行实践规则，尤其是约束发言人、书记、财务主管的行为的规则，由行政办公厅在改选之后制定。该规则需进行专门登记，并报联盟理事会批准。

Ⅱ-7-5　罢免

联盟理事会在任何时候都可罢免行政办公厅成员，罢免可以是集体决议，也可以66%的多数投票决定。

Ⅱ-7-6　行政办公厅的会议与商讨

行政办公厅每周至少召开一次会议。全国书记可以自主决定召集行政办公厅会议，也可以根据至少半数的行政办公厅成员申请，或根据至少三分之一的联盟理事会成员申请召集行政办公厅会议，会议应当在申请收到后四日内召开。

行政办公厅会议日程以及会议需要讨论表决的文本应当最迟于会议开幕前24小时送达行政办公厅成员及联盟理事会办公室成员。

行政办公厅决议采取总投票的50%多数决，即投肯定票或赞成票的数量超过所有选票的50%。

在行政办公厅内部的表决中，其每个成员均有一票且不可转让。出现支持和反对票数相同的情况时，全国书记的投票决定最终结果。行政办公厅可进行记名投票。

Ⅱ-7-7　讨论过程的公开

联盟理事会的所有成员以及管理机关成员均可参加行政办公厅的讨论。行政办公厅也可以决定其部分讨论以闭门会议的方式进行。行政办公厅历次会议记录应尽可能如实记录会议中各方观点的多样性。会议记录应于会议后两周内发送至联盟理事会及党内法规理事会成员。

Ⅱ-7-8　中央书记处及负责协助和会计事务的技术小组

行政办公厅应制定文件规定中央书记处的运行和组织原则，并向联盟理事会报告。

Ⅱ-8　内部选举中候选人的选定

内部条例所规制的所有机关均应遵循性别平衡原则。

所有机关均应代表各个层次的利益并表现出多样性。

内部选举候选人应根据获得最多选票的名单比例选出。

每个名单应当以规定的顺序排列（1H/1F 或 1F/1H）。

每个名单中的当选者数量应当依比例决定。

任何机关的选举中，提交的名单需获得全部有效选票的 50% 多数，才能使投票生效。

Ⅱ-9　投票方式

Ⅱ-9-1　投票的定义

有效选票：所有"是""否"（或"赞成""反对"）的选票。

总投票：所有"同意"、"反对"和"空白"选票；空白选票被计算在内。拒绝投票的不计入总投票，党应记录在案。

注册人：所有有选举权的成员，潜在投票人。

Ⅱ-9-2　决策的做出

机关的投票要满足如下条件才能形成决策：

— 总投票的 50% 多数（投肯定票或赞成票的数量超过所有同意、反对、空白选票的 50%）；

— 有效选票的 60% 多数（投肯定票或赞成票的数量超过所有同意、反对选票的 60%），除相关机关的特别决议外。

在党员大会及全体党员投票中，投票要达到总投票的 50% 多数才能形成决策：投肯定票的数量超过所有同意、反对、空白选票的 50%。该条件并不应用于党内法规的修改程序。

Ⅱ-9-3　委托

在党员大会或全体会议中，无论会议的层级和目标为何，无法出席会议的党员均可委托他人代为出席，受托人应当是在相同党员大会或全体会议中有投票权的党员，任何人不得同时接受一个以上的委托。

委托书不得是空白的，应当包括如期缴纳党费的委托人和受托人的姓名。如果一名党员已经接受了委托，则应当将新的委托转给其他党员。

Ⅲ 参与选举

Ⅲ-1 服从、策略和承诺

Ⅲ-1-1 服从

- 参与国民议会选举、参议院选举、总统选举或欧盟选举的决定应由中央机关做出。

- 对于中央或欧盟以外的选举（如市镇、省、大区等的选举），参与选举的决定由相关层级的机关做出，但应当向党员大会或联盟理事会报告。

- 参加选举的候选人由负责选举或选举人团体（如果选举发生在若干个选区）的党的机关选定。

- 对于任何选举，联盟理事会均可随时提供意见。选举组织者的上级机关应确保选举尊重民主程序。

Ⅲ-1-2 策略

每场选举中，可在候选人选定之前就选举策略进行表决。

Ⅲ-1-3 承诺

党员资格是被提名为欧洲环保-绿党候选人的必要条件。出现以下行为的个人不得被提名：

- 不能遵守对欧洲环保-绿党的承诺；

- 在选举前一年受到禁止被提名候选人的处罚，或者被欧洲环保-绿党除名。

Ⅲ-2 外部选举中候选人选定的方式

Ⅲ-2-1 对选举名单的表决

外部选举候选人的选定必须首先产生选举名单，名单确定候选人人选及其在名单中的顺序，该名单应依比例投票产生。每个候选人名单应当符合性别平衡原则，并依规定的格式呈现。每张选票均增加了改变候选人配置的可能，但必须严格保障男女平衡，名单上的第一位候选人可以变更为另一名异性候选人。在最终名单上的候选人姓名，以及每份名单的最终结果均应根据投票人的选择决定。若选票因为选择错误而被宣告为无效，则该选票不得影响最终选举结果，但应计算在相关名单的投票中。最终选举结果根据候选人的积分确定。名单上的第一位候选人的积分与名单中姓名数量相同，第二位比第一位少一分，依此类推。具有最高积分的人被列在名单的顶部，然后候选者根据积分多少由高到低排列。

Ⅲ-2-2　比例

相关机构可决定是否根据最高平均数（d'Hondt规则）或最强剩余数来计算选票确定当选人。无论通过何种方式计算，均应保证结果的男女平衡。名单上的所有候选人姓名均应得到公布和安排。

Ⅲ-2-3　在地方或中央以不记名投票的方式选出候选人

在跨选区的选举中，每个候选人代表希望成为候选人的一个或多个选区，联盟理事会应当在选举程序开始之前确定代表选区数量的限制，每个候选人还应当代表一个支持的政治方针列表。选举以两票制的方式进行。每个选举人应分别在两张选票上选出一个候选人名单和一个其选区内的候选人。

席位在各选区的分配顺序根据选举名单得票的比例确定。每个名单应通过其代理人根据上述顺序选出一个在选区中的候选人，并遵循性别平衡原则，尊重积极分子的选择和政治特权。如果当选的候选人也同样在其选区内获得最多数，那么名单的选择将不受质疑；如果相反他未获得多数，那么应当由产生最多数选票候选人的名单来确定是否在同一选区的胜利概率范围内，它优先于其配额。

选举之前，相关机关应当划定选区小组（十至十五个选区一组），选区小组应有相似的当选概率。一个候选人名单不得获得多于在选区内根据名单投票的结果比例而获得的席位数量。

Ⅲ-2-4　候选人名单首位的性别平衡

在大区的选举中，每个大区都应提名两位异性同时作为候选人名单的首位。联盟理事会应当给出一个或数个方案，以供大区根据方案选择最终名单。

Ⅲ-2-5 市镇选举候选人的选定

Ⅲ-2-5-1 辅从性原则

市镇选举中,市镇内的欧洲环保-绿党党员决定候选人,党员数量应超过五人。党员少于五人时,由市镇所属的地方小组决定。巴黎、里昂、马赛市可以组织区域内的象征性选举。相关地方小组应负责组织选举,除非市镇被数个地方小组覆盖。在市镇有多个地方小组的情况下,由大区负责组织选举。

Ⅲ-2-5-2 候选人名单的比例选举

在市镇选举中,候选人名单的首位是分别选定的。为了确定名单的整体人选,应采用比例选举方式。选举名单可以是协商产生的唯一名单或者数个名单。为了确保候选人名单的首位的性别平衡,可分成男性选举组和女性选举组。

Ⅲ-2-5-3 性别平衡

在所有超过40000居民的城市及省会的市镇选举中,每个地方机构均应当向大区政治理事会推荐一男一女两个候选人。

巴黎、里昂、马赛市应当推荐候选人名单中男性和女性的首位。

大区政治理事会应创设大区选举委员会以确保内部多元化。该委员会根据大区党员大会提案比例构成,可向大区政治理事会提出方案以确保超过40000居民的城市及省会的候选人名单首位的性别平衡。该方案应当获得选举委员会三分之一的支持。

性别平衡指的是包括管理人员在内的女性至少占50%。

Ⅳ 责任的限制

Ⅳ-1 职务重叠的限制

Ⅳ-1-1 选举职务的限制

市镇间合作公共机构:市镇团体、居民点、都会。

选举法:

- 小城市:3500—20000居民;
- 中等城市:20000—100000居民;
- 大城市:超过100000居民。

欧洲环保－绿党内部职责	分数	欧洲环保－绿党外部职责	分数
次级区域小组书记	1	居民数量介于20000至100000的市镇间合作公共机构理事	1
观察员（性别平衡或多样性）		巴黎、里昂、马赛市内各区的理事	
全国伦理委员会成员		少于3500居民城市的市长	
财务专员			
大区政治理事会成员			
大区行政办公室成员	2	超过100000居民的城市或镇间合作公共机构理事	2
欧洲绿党行政官员		居民数量介于3500至20000的城市的副市长或巴黎、里昂、马赛市内各区的副区长	
大区书记	3	居民数量介于20000至100000的市镇间合作公共机构副主席	3
委员会的代表或组织者		居民数量介于20000至100000的城市副市长	
联盟理事会成员		少于20000居民的城市市长或市镇间合作公共机构副主席	
		总理事或大区理事，巴黎、里昂、马赛理事	
党内法规理事会成员	4	超过100000居民的城市的副市长	4
行政办公厅成员		居民数量介于20000至100000的城市市长或市镇间合作公共机构主席	
		大区或省议会副主席	
		超过100000居民的市镇间合作公共机构副主席	
		里昂和马赛的市镇理事及区长	
全国选举的发言人、财务主管或代表	5	巴黎副市长或区长	5
		议员	

续表

欧洲环保-绿党内部职责	分数	欧洲环保-绿党外部职责	分数
全国书记	6	超过100000居民的行政区域的市长或主席	6
		国民议会主席	
内部职务累积最高分	6	外部职务累积最高分	6
内部及外部职位累积最高分			10

Ⅳ-1-2 责任的限制

Ⅳ-1-2-1 内部职位的共享

如果一个内部职位由两人共享，则两人各自均应获得该职位在以下选举职务的限制表中显示的分数。

Ⅳ-1-2-2 职务不可在时间上重叠

以下机构的当选者不得连续就任四个职务：大区议会、省议会、巴黎议会以及超过10000居民城市的管理人员。

Ⅳ-2 不得兼任的职务表

除了法国和欧盟法律规定不得兼任的职务外，任何人不得兼任下表中规定的职务和职位。

	行政办公厅成员	联盟理事会成员	党内法规理事会或全国伦理委员会成员
大区行政办公室成员	不得兼任		
行政办公厅成员		不得兼任	不得兼任
联盟理事会成员	不得兼任		不得兼任党内法规理事会成员/可以兼任全国伦理委员会成员
财务专员	不得兼任		不得兼任
议会党团的总书记或副书记	不得兼任		不得兼任
内阁成员	不得兼任		不得兼任
国民议会成员	限制兼任*		不得兼任
部长、国务秘书、欧盟专员	不得兼任	不得兼任	不得兼任

*任何党的内部管理机构都不得有超过四分之一的成员拥有在相同地理区划内的外部职务，也不得有超过四分之一的成员拥有在该地理区划外的当选合作人头衔。在欧洲议会拥有席位的法国籍议员应视作与法国国民议会议员和参议院议员相同。

为了使候选人名单的投票与本条例相符，应当充分遵循对等原则：当选的最后一个成员如果是编外成员，则应当由与其相同性别的成员接替。

当行政办公厅成员兼任议会议员的时候，他或她也不可同时兼任全国书记、发言人或者选举代表。此兼任也适用于大区行政办公室成员。

不得兼任的大区职务	大区议员
大区书记	不得兼任
大区法院人	不得兼任
大区选举代表	不得兼任
大区行政办公室成员	限制兼任

Ⅳ-3 解释和裁判规则

任何人都不得兼任两个超过20000居民的市镇间合作公共机构的行政管理人员。

任何人都不得兼任小组主席和同一层级的行政管理人员。

议会议员可以兼任巴黎、里昂、马赛以外的城市的市镇会议议员。

行政管理人员可视为助理或副职主管。

不得兼任的职务表中代表分数最多的职务应优先被计算入相关职务的统计。如果一位当选者因其某一机关成员的身份而成为另一机关的当然成员，则应计算行政管理职务。应计算两个行政管理职务的分数，并忽略基层议员职务的分数（例如，如果一位副市长兼任市镇间合作公共机构副主席，那么我们应当计算副市长加上市镇间合作公共机构副主席的分数，忽略其作为市政会议议员的分数）。

补选后需要协调时的例外情形：这种例外情形需要上级行政机构以三分之二多数批准。当事人可以向上级审议机关提出申诉，受理申诉的机关应以三分之二多数作出裁决。

如果一名新党员的职务是在其未入党的时候取得的，并且其职务兼任已违反了不得兼任的职务表的规定，则应当随着其职务的更新而计算其是否违反兼任规定。

V 纪检机关

V-1 党内法规理事会

党内法规理事会是内部纪检机关。

V-1-1 组成、选任及运行

V-1-1-1 组成

多样性

党内法规理事会不得有超过三名成员来自同一大区。

兼职

党内法规理事会成员均不得兼任中央层面的党内职务。

V-1-1-2 选任

选举

党内法规理事会由联盟理事会选举产生,任期三年。

选举次数根据候选人的数量及需提供的职位数量而变化。选举分为两个阶段:预备选举和正式选举。

选举时应当明确标明在职成员和候选人来自的大区。选票填写的候选人加上在职成员,不得有超过三人来自同一大区。

每一轮投票时,每张选票上选出的候选人数量应当等于或少于提供的职位,并且应当遵循党内法规理事会的性别平衡原则。

如果同一个性别的候选人数量超过提供给该性别的职位数量的五倍,则应当进行预备选举以减少选举候选人的数量。在预备选举阶段,候选人根据其得到的票数排名,只有获得选票数量前50%的候选人才能进入下一轮选举。出现票数相同的情况下,进入下一轮选举的人可以超过半数。如果获得选票数量前50%的候选人数量少于正式选举需要的候选人数量,则进入下一轮选举者应当超过半数以补足正式选举需要的候选人数量。

正式选举最多举行三轮。第一轮选举中获得超过30%选票的候选人可以参加第二轮选举。第二轮选举中获得超过60%选票的候选人可当选。

如果选举结果导致超过三名党内法规理事会成员来自同一大区,那么应淘汰来自同一大区的当选者中得票较少者。如果党内法规理事会提供的职位没有选满,则应当组织第三轮选举,候选人应当获得超过60%的选票才可当选。如果第三轮选举结束后，党内法规理事会提供的职位仍没有选满，则会启动新的申请，并且补充选举将安排在下一次联盟理事会的议程上。

职位空缺

如果党内法规理事会成员连续缺席当面会议或电话会议超过三次，且没有委托其他成员请假，那么其职位应被视为空缺。党内法规理事会内部的职位在未到达任期出现空缺时，联盟理事会办公室应当组织临时选举。联盟理事会根据本条例第 V-1-1-2 条的规定提供职位。为了确保党内法规理事会的工作顺利进行，任期结束的成员的任职将被延期至新的成员选举产生。任职延期不得超过职位空缺之后的第二次联盟理事会召开。

V-1-2 职责

党内法规理事会的职责如下：

- 审查党内法规以及规范性文件的修正案，并在联盟理事会通过修正案前，修改相关材料以确保修正案符合党内法规的规定；

- 依职权或依申请就党内文件是否符合党内法规的问题提出意见；

- 监督党员权利的实现和义务的履行；

- 确保党的基本原则得到尊重，包括不兼任原则、性别平衡原则、代表多样性原则，以及欧洲环保-绿党党章序言所规定的原则；

- 根据违法和处罚对照表（附件三，略）以及选举职务的限制表（附件二，略）的规定，对违反党内法规的行为做出处罚；

- 发现并记录违反欧洲环保-绿党决议的行为，并依此制定一份规定相应处罚性质和规模的守则。该守则及后续对它的修改均应获得联盟理事会的批准。

V-1-3 申请和权力

V-1-3-1 申请

向党内法规理事会申请裁决应当通过信件或电子邮件的方式完成。党内法规理事会受理之后应将其收到的文件发送给当事各方。除了当事人怠惰拖延的情形外，党内法规理事会应当在最短时间内处理其接收的所有材料。

例外情况下可采取紧急程序，紧急程序下党内法规理事会应当在十日内作出裁决。紧急程序在如下情形下启动：

- 极端情形或环境；
- 某期间即将到期的情形；
- 比一般程序下进行的救济更加重要的事项。

救济程序不得中止。

V-1-3-2 说明

当事人权利

申请被受理后，当事人各方都应当出庭受审。

各方当事人均可要求一名党内法规理事会成员回避。

回应说明

相对当事人应在收到材料后十五日内做出回应。

法定人数

党内法规理事会应当达到五人出席的法定人数要求才能作出裁决。

作出裁决

党内法规理事会作出的内部裁决需以事实为依据，法律为准绳，并以60%以上的多数投票作出裁决。

不公开

党内法规理事会的内部审议和投票过程不应对外公开。

V-1-3-3 裁决

裁决期限

除了采取紧急程序的情形外，对于裁决和意见的申请，党内法规理事会应当在六个月的期限内作出裁决。

公布

党内法规理事会的裁决应当在作出后十日内告知相关当事人以及中央书记处。中央书记处应在收到后十日内告知大区书记处、联盟理事会成员以及行政办公厅。

裁决的上诉

在作出裁决时，党内法规理事会应当写明负责接受上诉的党的机关，以及上诉的期限。如果过了上诉期限后，党内法规理事会的裁决仍未得到执行，党内法规理事会可根据个人，或机关的错误或者机关的缺席做出其认为合理的任何惩罚措施。党内法规理事会编写的守则中应明确载明其采取的惩罚措施。

V-1-3-4 时效

违法事实的申诉时效为三年,从违法事实被发现之日起算。取消惩罚的时效为三年,从裁决作出之日起算,裁决明确排除的除外。

V-1-3-5 对党内法规理事会裁决的上诉程序

在最初的程序中申请人没有提交新事实的,可以将之告知党内法规理事会,如有必要,党内法规理事会可做出新的指示。

对党内法规理事会裁决进行上诉的机关是联盟理事会。上诉可由申请人进行也可以由联盟理事会办公室强制介入。

V-2 平等和实践监督局

V-2-1 职责

平等和实践监督局的职责如下:

- 监督各方参与实践的积极性,从道德的角度评估那些被认为有问题的人;
- 与党的领导人及相关机关一同促进党内的讨论和思考;
- 收集信息、投诉、建议和意见,并对性别平等的事宜给予特别关注。

V-2-2 组成

平等和实践监督局的组成由章程第39-2条规定。

V-2-3 运行

平等和实践监督局每年应至少向联盟理事会汇报一次工作。联盟理事会应对平等和实践监督局的意见进行后续跟踪,并在六个月内与之进行沟通。平等和实践监督局内部报告以一致同意的方式通过,如果不能达到一致同意,则可向联盟理事会提交两份意见相左的报告。

V-2-4 申诉方式

党员或党的机构可直接以电子邮件或信件的方式向平等和实践监督局提起申诉。由平等和实践监督局来衡量并判断收到的申诉是否属于它的职权范围。同时它也保留对受理的申诉的优先顺序进行排序的权力。

V-3 党在组织大会的代表

V-3-1 组织大会中政党团体的选定

为了实施章程第8条的规定,应在联盟党员大会召开后3个月内选定政党团体的三十名成员。联盟理事会主席根据联盟理事会办公室的建议选出其中二十四名成员；行政办公厅选出四名成员；大区会议选出两名成员。如果其成员丧失欧洲环保－绿党的党员资格，那么由产生他的机构选择替换人选。

Ⅴ－3－2 组织大会管理委员会中政党成员的选定

为了实施章程第9条的规定，组织大会管理委员会中政党成员是在政党团体全体大会后的组织大会第一次会议中选出的。联盟理事会主席以及行政办公厅的一名成员必须作为组织大会管理委员会中的政党成员。

Ⅴ－4 法规遵守委员会

行政办公厅的一名成员负责确保法规得到遵守、实施，并处理其与党内法规理事会的关系。这一职能不是排他的，它可以同行政办公厅的其他职能互补。在党员大会召开后三个月内，行政办公厅的该成员应在行政办公厅的支持下向联盟理事会提出法规遵守委员会组成人员的建议。

该委员会可以由联盟理事会成员，党的其他机构代表、志愿者，以及管理、组织法方面的专家组成。

Ⅴ－5 财务专员

联盟大会在党员中选举一男一女两个财务专员，其职责是对财务状况进行监督。财务专员每年应当向联盟理事会以及常规党员大会提交报告。

违法和处罚表（附件二，略）。

Ⅵ 资源中心

资源中心的成员机构及合作机构（基金会、生态研究小组、公众生态教育机构、当选公职的党员和积极分子互助培训中心）可出席组织大会，并在组织大会中拥有专门发言时间。他们可以向组织大会办公室提交相关文件（报告、意见等），这些文件应当附在日程说明中。

Ⅶ 党员大会及全体党员投票

Ⅶ－1 常规党员大会

Ⅶ－1－1 会议文件

相关人员应当在分散党员大会召开的五个星期内，将方针提案、行政办公厅候选人名单、临时提案、知识贡献，以及签署方名单提交给中央书记处。方针提案不得超过 12000 个词，并应由至少来自 10 个大区的 1% 的已缴费党员签署。临时提案（或专题提案）及知识贡献（在辩论过程中表达，但不需要对之进行表决）不得超过 5000 个词，并应由至少来自 10 个大区的 1% 的已缴费党员签署。

每个方针提案应当选出一名全国代表，负责与中央书记处进行必要的沟通。如果某个候选人没能满足相关条件（比如未能按期缴纳党费或其他相关费用、未能遵守不得兼任的规定），提案代表应当在 24 小时之内对该候选人进行替换，如果未能替换，则该名单无效。

每份提案应用 5000 个词陈述其候选人名单（包括候选人的姓名）。它们与其他文本适用同样的技术规则。方针提案及其他文件的介绍顺序由抽签决定。

大区财务主管或全国财务主管应当在签署人名单交存期限前提供候选人已按期缴纳党费及其他相关费用的证明。中央书记处应当将会议讨论的文本、需要进行表决的具体内容同分散党员大会的会议日程、会议召集函一同寄送给每个党员。会议召集函应当载明每个分散党员大会召开的地点。

会议日程应载明具体时间表及对具体内容进行表决的详细时间。该时间表是强制性的，在分散党员大会召开过程中时间表不得被更改。

Ⅶ-1-2　分散党员大会

每个党员只能参加他/她所在大区组织的分散党员大会的工作和投票。党员当无法出席时，可委托其他缴费党员代表他/她参加分散党员大会的辩论和投票。受托出席的党员必须与委托人注册于相同大区。分散党员大会不接受远程投票。

参加分散党员大会的每个成员除了有自己的投票权外，只能持有一份投票委托书，即每人最多有两票。投票委托书必须由中央书记处批准。当投票委托书丢失时，中央书记处可发放副本代替。

大区政治理事会与大区提案代表一同确保大区内党员按期出席本大区的分散党员大会。分散党员大会中，除非会议日程中有明确的例外规定，每项具体内容的投票只进行一轮表决。

海外领地的欧洲环保－绿党大区可以根据其履职方式决定使用电子投票的方式。

Ⅶ-1-3 代表

分散党员大会在就其相关文本进行投票时,应当在该大区的党员中选出其派驻于联盟党员大会的代表。

代表依据完全或不完全的名单比例投票选出,应遵循性别平衡原则,采取优先投票制,选举名单不得混合圈选,得票最多者当选。

每个大区代表的人数应当与大区内的党员人数成正比,大区党员人数(参照人数)的计算日期由联盟理事会规定。另外,每个大区至少应当在联盟党员大会拥有两个代表席位。联盟党员大会所有代表的总数为400人。

全国行政办公厅应当在参照人数确定后确定每个大区的代表人数。全体代表名单应在分散党员大会召开后三日内由大区书记处报送中央书记处,并应分别注明当选代表、候补代表以及名单中的其他人。欧洲环保－绿党应当以中央经费向联盟党员大会代表发放资金,以覆盖其差旅和住宿费用。联盟理事会最晚应当在其召集分散党员大会的常规会期内确定费用标准。

Ⅶ-1-4 联盟党员大会

联盟党员大会的职责是回应大区辩论的内容,直面分歧,并讨论各方文本综述可能的共性,并通过最终投票来确定政治方针。文本综述可在议程1中确定联盟党员大会时完成。若某一全国方针文本在分散党员大会中未获得5%以上的选票,那么其代表不得将未合并的文本提交联盟党员大会审议。也就是说只有在分散党员大会中获得至少5%的选票的方针文本才能签署并交存于联盟党员大会。相同地,只有获得超过5%选票的方针文本中的行政办公厅候选人名单才能获得确认或与其他文本合并。被候选人如果不能出席党员大会,则必须以书面形式向中央秘书处或联邦党员大会办公室提交候选人承诺。每个提案应有相同的男性代表和女性代表。

如果提案的数量是偶数,则应遵循性别平衡原则。

如果提案的数量是奇数,则男女数量的不平衡不得超过男女人数差异的两倍。

获得奇数个双重提案的大区,应组织全国抽签提供额外的双重数据,以改善性别平衡。

欧洲环保－绿党的全体党员均有权参与联盟党员大会的审议。联盟党员大会可以就其部分辩论宣告以闭门会议的方式进行。在联盟党员大会的投票中,每个代表有一票,且不得转让。联盟党员大会不接受远程投票。

如果代表因病或个人原因无法履职，名单中的下一名可接替该代表职位，并应以书面形式向中央书记处或联盟党员大会办公室报告。

联盟理事会或其授权的行政办公厅应确保代表出席会议。行政办公厅可以根据分属党员大会的投票结果修改联盟理事会的会议日程。

Ⅶ-1-5 决议的产生

在联盟党员大会中，决议以总投票的50%多数产生，投肯定票或赞成票的数量超过总投票（同意、反对、空白选票）的50%，且上述条件在分散党员大会阶段和联盟党员大会阶段均适用。对章程或内部条例的修改应当获得多数的投票结果。在分散党员大会中因额外大区投票而获得全国层面多数时，即被视为产生决议，并不得在随后的联盟党员大会上被推翻。

因在分散党员大会中额外大区投票未能获得全国层面多数，而未能产生的决议，可以提交给联盟党员大会。

联盟理事会应当在联盟党员大会召开的第二日下午召开会议，并实施其应进行的人员选定。

Ⅶ-2 特别党员大会

Ⅶ-2-1 召集

以下机构或人员有权召集特别党员大会并确定会议日程：

联盟理事会，或欧洲环保-绿党至少20%的党员，或至少八个大区政治理事会。

联盟理事会应根据75%的多数意见决定召集特别党员大会，根据联盟理事会当选成员的要求，对召集决定的投票可以采用不记名的方式进行。希望召集特别党员大会的大区政治理事会应将其决定告知行政办公厅或联盟理事会办公室，当希望召集特别党员大会的大区政治理事会数量达到八个后，行政办公厅或联盟理事会办公室应负责组织召开会议。分散会议和联盟会议的会期应在召集申请被接受后的三个月内得到确定。

Ⅶ-2-2 期限

中央书记处收到提交会议讨论的文本之日与党员大会第一阶段会议召开之日应间隔至少四周。

另外，中央书记处向党员寄送召集函（包含会议日程及提交会议讨论的文本）之日至党员大会第一阶段会议（分散会议）召开之日应间隔至少三周。

Ⅶ-2-3 日期、"参考数量"及日程的含义

联盟理事会应当依据第Ⅶ-2-1条、第Ⅶ-2-2条规定的期限确定特别党员大会的会期及召集日期、补充会议日程，以及接受及发放提交会议讨论的文本的期限。联盟理事会还应当确定作为大区间代表席位分配计算基础的"参考数量"以及代表津贴的总额。

在紧急情况下，若联盟理事会无法给出意见，则由联盟理事会办公室依据第Ⅶ-2-1条、第Ⅶ-2-2条规定的期限确定特别党员大会的会期及召集日期。在这种情况下，联盟理事会办公室有权确定接收及发放提交会议讨论的文本的期限、"参考数量"，以及代表津贴的总额。

联盟理事会没有做出决定或联盟理事会办公室做出紧急决定时，如果决定涉及召集期限、接受及发放提交会议讨论的文本的期限、"参考数量"，以及代表津贴总额，应适用常规党员大会的规定。

Ⅶ-3 全体党员投票

Ⅶ-3-1 积极分子倡议全体党员投票的请求

积极分子倡议全体党员投票应由至少1%的党员签署并由一名代理人递交中央书记处，中央书记处可决定将有关项目计划和目标的文本公布，并使发起方获取更多党员签名。公布的文本应包含提交全体党员投票的文件、代理人的地址，以及发起人的签名表。

所获签名数量不得超过2500个，申请提交后，相关文本应在15日内发送给各级签名党员。项目代理人应当在两个月的期限内搜集签名。当发起方获得10%党员的签名后，代理人应将签名表提交给中央书记处，并由中央书记处审查其合法性。

Ⅶ-3-2 全体党员投票的组织

联盟理事会、党员大会、八个大区政治理事会，或积极分子发起全体党员投票后，中央书记处应公布提交全体党员投票的文本、投票开始和结束的日期，以及公开计票的时间和地点。

相关机关应当事先确定实施电子投票的技术手段。

信件远程投票应在八日内完成，电子投票应在二十四小时内完成。

Ⅶ-3-3 投票的条件

对全体党员投票的签名者和投票者均应是如期缴纳党费的党员。某文

本获得全体党员投票通过的条件与党员大会就同样问题做出决定的条件相同。

选票包含四个选项："同意""反对""空白""拒绝投票"。计票完成后,选举结果即应公布。

Ⅶ-3-4 执行

当全体党员投票形成的决议所要求的预算修改已提交全体党员投票通过后,全体党员投票通过的文本立即具有执行效力。如果预算修改未提交全体党员投票通过,则由联盟理事会讨论决定可能发生的预算修改。

Ⅷ 司法及财务规则

Ⅷ-1 内部条例的修改

章程规定内部条例的修改应由联盟理事会以 66% 的多数通过,或者由党员大会、全体党员投票以 60% 的多数通过。有关修改内部条例的提案应当符合第Ⅱ-3-11-2 条的规定。

Ⅷ-2 财产来源

欧洲环保-绿党的资源包含:

归属中央的党费,其份额每年由联盟理事会确定;

归属大区的党费,其数额直接由大区机关确定;

保留给地方小组的份额,其数额直接由大区机关规定,并分配给各地方小组;

合作网络成员的捐赠;

当选公职的党员的党费;

公共政治生活融资得到的资金;

其他合法的财产来源。

Ⅷ-3 党费

Ⅷ-3-1 党员缴纳的数额

党员缴纳的数额包含三个部分:联盟理事会确定的中央份额、大区份额、保留给地方小组的份额。对低收入者应有特别规定。党费应当在申请入党时缴清,而不能在大区政治理事会同意入党之后再缴纳。

Ⅷ-3-2 再次入党

如果直至当年12月31日党员仍未缴纳党费，那么党员暂时不得参加会议，不得被提名为候选人，不享有知情权，并不得参与网上对名单的讨论。其后续缴纳党费应被视为再次入党。

如果党员未能按期缴纳党费，那么党员不得参与决定性的投票（包含各机关投票、积极分子全体党员投票、提名程序、党员大会投票）。

已经按征费设定定期分期付款或自动转账的党员自其首次付款时即享有所有党员权利。

如果相关机关明确认定党员未足额缴纳党费，那么大区财务主管应当敦促相关人员付清党费。如果相关人员仍未付清党费，大区行政办公室应当对其做出暂停党员资格的处罚。

Ⅷ-4 当选公职的党员的党费

Ⅷ-4-1 当选公职的党员党费的计算方式

Ⅷ-4-1-1 当选公职的党员党费计算表的原则

当选公职的党员党费根据全国唯一的党费计算表算出，该计算表适用于欧洲环保-绿党在各地方、各省、各大区、中央以及欧洲的全体当选公职的党员，同时包含合作网络成员。

当选公职的党员党费计算表的适用对象应当在候选人提交申请时已签署支付承诺合同。

和其他党员及合作网络成员一样，当选公职的党员应当每年向欧洲环保-绿党缴纳党费。

Ⅷ-4-1-2 党费基数

当选公职的党员党费应当按照与其职务相关的所有津贴、工资和出勤费用的净额计算。

对于收到工资的当选公职的党员：

党费基数等于总额扣除强制性社会缴款（在这种情况下自选的卡雷尔或冯百尔型退休款不计算在需要扣除的范围内）。

对于收到津贴的当选公职的党员：

可选的退休金缴款从基数中扣除。

如此计算的净额不能减免其他任何部分（包括从源头扣除或不扣除所

得税)。

第一份完整的津贴(或工资)证明将由当选成员提供,用于计算评估,然后每年根据当选公职的党员十二月的津贴或工资进行更新。

如果当选公职的党员未能提交津贴(或工资)证明,那么党费基数应按照与向当选公职的党员发放津贴的审议机关相符的津贴数额计算。

计算津贴(或工资)的目的是完成党费的计算。

Ⅷ-4-1-3 党费的计算

每月净收入超过1000欧元的当选者应另外向中央机构缴纳15欧元。党费计算表应符合现行财务立法。

Ⅷ-4-1-4 实施日期

当选公职的党员党费计算表于内部条例投票之日实施。

过渡阶段

现任当选公职的党员应继续按照其候选人承诺中规定的方式缴纳党费。当选公职的党员应在下一次新的选举中适用现行有效的党费计算表。

当选公职的党员若当前缴纳的费用超过2002年11月全国党费计算表中规定的数额,或按照2010年大区理事会投票产生的具体方式缴纳党费,则应当继续按选举级别向有关机构缴纳相同数额的党费直至任期结束,并在下一次选举中适用欧洲环保-绿党现行内部条例规定的规则。

中央机构或欧盟机构的当选公职的党员的计算方式将在9月做出规定,并可溯及2013年6月1日。

Ⅷ-4-1-5 党费管理

中央或欧盟当选公职的党员的党费归于中央机构。地方、省及大区的当选公职的党员的党费归于大区机构。

由于在法国领土之外没有地方、省及大区层级的当选公职的党员,因而将海外法国人投票产生的中央或欧洲层级当选公职的党员党费的三分之一用于欧洲环保-绿党的海外大区。

Ⅷ-4-1-6 党员党费计算的基数

每位党员每年应按照全国党费计算表支付党费。当选公职的党员津贴减去党费构成当选公职的党员每年个人收入基数的一部分。

Ⅷ-4-1-7 决议的实施及承诺的遵守

1-所有希望代表欧洲环保-政党参加选举的党员所提交的候选人申请

均应包含承诺函，载明其愿意按照全国党费计算表中规定的数额缴纳当选公职的党员党费。

2－不得对任何人减免党费。党费的缴纳应当定期以自动扣除或转账的方式向党的财务管理机构缴纳。即使涉及竞选活动的举行或债务的清偿，也不得减免当选公职的党员的党费，应当以特定的方式退还这笔费用。

为了便于党的运作和管理，费用的退还每月进行一次，并应采取自动扣除的方式。

3－党员在任期内，可以根据个人原因对党费金额的计算或支付期限进行调整。这种调整应当获得相关机构财务主管或书记的书面同意，并通知相关行政机构的成员。党费金额的计算或支付期限的调整应当以书面协议的方式完成并载明期限。

4－财务主管应当向欧洲环保－绿党在职的当选公职的党员介绍财务规则。当选公职的党员可以享有一段最长为一年的临时特别期间，在该期间内免缴党费。申请被提名担任欧洲环保－绿党职务的党员自提交候选人申请之日起缴纳当选公职的党员党费。

5－寻求再度当选的候选人应当向党遵守其全部承诺。大区或全国财务主管应当在提交选举申请前开具缴费证明。

6－财务主管每年应当向相关机构进行一次财务报告，并详细介绍当选公职的党员的党费缴纳情况。

6－1－联盟理事会年度第一次及第三次会议文件中应包含中央及欧盟当选公职的党员的党费缴纳情况报告。党费缴纳情况报告应当包含减免党费的申请。享受减免党费待遇的党员应当支付部分党费，以获得缴费证明。

7－包含党内机关职位在内的所有职位候选人均应当持有当选公职的党员党费缴纳证明。

8－绿色和环保当选公职的党员联盟成员无须缴纳当选公职的党员党费。

9－为了符合全国会计、竞选和政治财务委员会的规定，如果一名当选公职的党员因其所在大区的决议或因其主观愿望而缴纳的党费超过党费计算表的规定，那么超过部分应视为捐赠。

Ⅷ－4－2　议员的过渡措施

Ⅷ－4－2－1　当选公职的党员党费计算表的适用原则

议员应按照其最初的承诺每月缴纳1300欧元的党费直至其任期结束。

从下一次新的任期开始，议员应当按照 2013 年 5 月通过的党费计算表缴纳党费。

因职务原因而拥有额外津贴的议员应按照其额外津贴的比例缴纳党费。

根据 2013 年 5 月通过的党费计算表，津贴为 537167 欧元的国民议会议员应缴纳 1458 欧元的党费。若其缴纳 1300 欧元，则过渡时期减免的比例为 10.84%。

因而，对于那些因职务而拥有额外津贴的议员，其党费的比例应将上述减免的比例转加到 2013 年 5 月通过的党费计算表中所对应的数额中。

上述过渡措施自 2013 年 1 月 1 日开始实施。

Ⅷ-5 责任和透明度

当选公职的党员，每年最晚应在其当选届满一年前的两个月内对外公布有关其任职的议会向其提供的财务、技术和人力资源的文件。这些手段不得以任何直接或间接的方式使当选公职的党员增加个人财产。

当选公职的党员应当每年定期或在其任期结束时，将剩余的未使用金额提交给其所属的议会。

如有必要，上述文件应当包含当选公职的党员或其所属的党团所聘请的合作人的姓名及其托付给这些合作人的任务性质。

为了更好地达成这一透明度的要求，并确保公民和媒体能够理解，党组织可以向当选公职的党员提供每年应提交的文件模板。

Ⅸ 数字化工具

Ⅸ-1 数字化工具委员会

党内应组建一个数字化工具委员会，其职能是负责在欧洲环保-绿党内部使用交流和审议的数字化工具，以及为积极分子提供其所需要的技术解决方案。

数字化工具委员会由 21 个联盟理事会选举产生的工作人员组成。联盟理事会每年应当就该委员会的组成和目标进行更细致的部署。

数字化工具委员会应根据欧洲环保-绿党各机构的要求制定提案并发表意见。数字化工具委员会应就属于欧洲环保-绿党、地方和中央机关的数字工具的使用提供咨询。

Ⅸ-2 基础设施

欧洲环保-绿党根据各机构,及其积极分子的价值和政治职位,提供相关的数字化参考工具。相关当事人可以向数字化工具委员会提出申请,要求对相关工具进行优化或重组。

附件:略

后　记

党内法规制度建设离不开对于国外政党法规和党内法规的合理借鉴。法国是政党政治较有特色的国家，政党法规和党内法规也是法国政党政治体系的重要组成部分。翻译法国政党法规和党内法规，对中国共产党的党内法规制度建设有重要的参考价值。

本书的翻译对象，包括法国宪法的政党条款、关于结社契约的法律、关于政治生活资金透明的法律、选举法等多部涉及政党的重要法规，以及长期在法国执政或具有较大影响力的共和国前进党、共和党、民主运动党、社会党、民主与独立派联盟、"不屈法国"、法国共产党、国民联盟（原"国民阵线"）、欧洲环保－绿党等政党的党章、党纲和其他重要的党内法规。这些规范覆盖了法国主要政党法规和主要政党的党内法规，是了解法国政党政治体系的重要参考资料。

本书是武汉大学党内法规研究中心策划的"国外政党法规和党内法规译丛"的重要成果。"国外政党法规和党内法规译丛"从2016年开始策划，第一批《德国政党法规和党内法规选译》和《日本政党法规和党内法规选译》已经在2017年底出版。第二批成果包括韩国、法国和西班牙等国的政党法规和党内法规选译，本书就是第二批成果中的一本。随后，武汉大学党内法规研究中心还将开展第三批即俄罗斯、美国、英国等国政党法规和党内法规的翻译工作。本书也是武汉大学党内法规研究中心借助外脑开展本项目的一次成功尝试。本书的出版，得益于厦门大学肖琼露博士和刘文戈老师的辛勤工作，肖琼露博士和刘文戈老师有较高的语言能力和业务能力，特别是对于法国政党法规和党内法规有深入的研究和思考，十分适合承担本项翻译工作。

本书由肖琼露博士担任翻译，刘文戈老师根据肖琼露博士的译本进行校对，分别按照各自的职责承担相应的翻译责任或校对责任。需要自我批评的是，作为本译丛的策划，我并不懂法语，只能根据中文习惯在各位优秀译者的指导下，艰难且缓慢地审阅本书，在此向各位译者和各位读者道歉。当然，我也承担相应的审阅责任。

本书的成形和出版获得了很多师友的关心和帮助，特别是武汉大学党内法规研究中心各共建单位的支持和帮助。感谢武汉大学党内法规研究中心将本译丛列为重点资助项目，并提供翻译和出版资金支持。感谢厦门大学对本书的支持。感谢武汉大学党内法规研究中心李丹青老师为本书出版做出的贡献。感谢社会科学文献出版社任文武老师、周映希老师和责任编辑的大力支持和协助。

由于时间仓促，本书定然存在很多错漏之处，请各位党内法规理论研究和译著界的同人先进不吝赐教！我们相信，没有大家的批评，我们就很难正确认识自己，也就不可能真正战胜自己，更不可能超越自己。

祝　捷

于武汉大学半山庐

2019 年 3 月

图书在版编目(CIP)数据

法国政党法规和党内法规选译 / 肖琼露译. -- 北京：社会科学文献出版社，2019.5
 (珞珈党规精品书系)
 ISBN 978-7-5201-4363-9

Ⅰ.①法… Ⅱ.①肖… Ⅲ.①政党-法规-汇编-法国 Ⅳ.①D956.511

中国版本图书馆 CIP 数据核字(2019)第 032595 号

珞珈党规精品书系
法国政党法规和党内法规选译

译　　者 / 肖琼露
校　　者 / 刘文戈
策　　划 / 祝　捷

出 版 人 / 谢寿光
责任编辑 / 杨　雪
文稿编辑 / 张春玲

出　　版 / 社会科学文献出版社·城市和绿色发展分社 (010) 59367143
　　　　　地址：北京市北三环中路甲29号院华龙大厦　邮编：100029
　　　　　网址：www.ssap.com.cn

发　　行 / 市场营销中心 (010) 59367081　59367083
印　　装 / 三河市尚艺印装有限公司

规　　格 / 开　本：787mm×1092mm　1/16
　　　　　印　张：23.75　字　数：389千字

版　　次 / 2019年5月第1版　2019年5月第1次印刷
书　　号 / ISBN 978-7-5201-4363-9
定　　价 / 98.00元

本书如有印装质量问题，请与读者服务中心 (010-59367028) 联系

版权所有 翻印必究